2016—2017 中国慈善信托发展报告

中国慈善联合会慈善信托委员会　编

中国社会出版社
国家一级出版社·全国百佳图书出版单位

图书在版编目（CIP）数据

2016—2017 中国慈善信托发展报告 / 中国慈善联合会慈善信托委员会编 . —北京：中国社会出版社，2018. 7
ISBN 978 - 7 - 5087 - 6046 - 9

Ⅰ. ①2… Ⅱ. ①中… Ⅲ. ①慈善事业—信托业—研究报告—中国—2016—2017 Ⅳ. ①D632. 1

中国版本图书馆 CIP 数据核字（2018）第 179552 号

书　　名： 2016—2017 中国慈善信托发展报告
编　　者： 中国慈善联合会慈善信托委员会

出 版 人： 浦善新
终 审 人： 李　浩
责任编辑： 陈　琛

出版发行： 中国社会出版社　**邮政编码：** 100032
通联方式： 北京市西城区二龙路甲 33 号
电　　话： 编辑室：（010） 58124838
销售部：（010） 58124837
传　真：（010） 58124837
网　　址： www. shcbs. com. cn
shcbs. mca. gov. cn
经　　销： 各地新华书店

中国社会出版社天猫旗舰店

印刷装订： 北京华创印务有限公司
开　　本： 170mm×240mm　1/16
印　　张： 18. 5
字　　数： 265 千字
版　　次： 2018 年 8 月第 1 版
印　　次： 2018 年 8 月第 1 次印刷
定　　价： 55. 00 元

中国社会出版社微信公众号

《2016—2017中国慈善信托发展报告》
编委会成员名单

中国慈善联合会慈善信托委员会简介

中国慈善联合会是一个全国性、联合性、非营利性社会团体，致力于维护公众和慈善行业利益，致力于推动建立一个与中国经济社会发展水平相适应的专业、规范、透明、高效的现代中国慈善行业生态，致力于推动建立一个与中华民族伟大复兴使命相适应的精神家园。

慈善信托委员会是中国慈善联合会（以下简称“中慈联”）下设的分支机构，成立于2016年11月，由慈善组织、金融机构和专业工作者倡议发起、共同参与，旨在促进慈善信托应用与普及，为社会力量参与慈善事业提供更畅通的途径，推动慈善事业持续健康有序发展。

宗旨

慈善信托委员会的宗旨是：

（一）推动建立完备的法律制度和良好的运营机制，促进慈善信托发展；

（二）指导具有慈善目的的社会力量更好地利用慈善信托开展慈善活动。

慈善信托委员会的主要工作包括：

（一）搭建多方沟通合作平台；

（二）建立慈善信托行业智库，为政府主管部门和行业发展提供智力支持；

（三）加强行业规范建设，完善慈善信托行业标准，推动行业自律；

（四）开展相关培训并引导和推动慈善信托实践。

成员情况

中国慈善联合会慈善信托委员会现有47家成员，其中单位委员38家，个人委员9家。此外，委员会有单位顾问9家，个人顾问8人，荣誉顾问2人。中国信托业协会首席经济学家蔡概还先生为主任委员，中国社会福利基金会为常务副主任委员单位，锦天城律师事务所高级合伙人李宪明先生为常务副主任委员，陕西省慈善协会、四川信托有限公司、国投泰康信托有限公司、长安国际信托股份有限公司、中航信托股份有限公司、紫金信托有限责任公司为副主任委员单位。

委员名单（按笔画顺序排列）

单位委员

大业信托有限责任公司
万向信托有限公司
上海市慈善基金会
山东省国际信托股份有限公司
云南国际信托有限公司
中国民生信托有限公司
中国对外经济贸易信托有限公司
中国妇女发展基金会
中国扶贫基金会
中国社会福利基金会
中国金谷国际信托有限责任公司
中信信托有限责任公司
中航信托股份有限公司
中融国际信托有限公司
长安国际信托股份有限公司
平安信托有限责任公司
东莞信托有限公司
北京市中盛律师事务所
北京市尚公律师事务所
北京市瑞银律师事务所
北京当代艺术基金会
四川信托有限公司
老牛基金会
成都市慈善总会

华能贵诚信托有限公司
华融国际信托有限责任公司
兴业国际信托有限公司
招商银行股份有限公司
昆仑信托有限责任公司
国投泰康信托有限公司
郑州慈善总会
建信信托有限责任公司
陕西省国际信托股份有限公司
陕西省慈善协会
南京市慈善总会
壹陆管理咨询（北京）有限公司
紫金信托有限责任公司
鹏润控股有限公司

个人委员

刘景峰　许　阳　李宪明　陈　岚　金锦萍　姚江涛
高传捷　傅　强　蔡概还

顾问名单

单位顾问

上海市慈善基金会
山东省国际信托股份有限公司
中国对外经济贸易信托有限公司
中国金谷国际信托有限责任公司
北京当代艺术基金会
老牛基金会
成都市慈善总会
华融国际信托有限责任公司
郑州慈善总会

荣誉顾问

王连洲　李伏安

个人顾问

王　昊　王　涌　李　佳　张　平　金锦萍　周小明
赵廉慧　黎颖露

目录 Contents

序　言

伴随着改革开放的伟大进程，我国的慈善事业发展迅速，捐赠总额逐年增长，社会组织有序发展、志愿服务蓬勃兴起、创新模式层出不穷，在扶贫济困、扶老救孤、助医助学、灾害救助、环境保护等方面发挥了巨大的作用。2016 年《中华人民共和国慈善法》（以下简称《慈善法》）的正式施行，标志着慈善事业已经全面进入法制化轨道。2017 年党的十九大报告对慈善事业提出了新要求、绘制了新蓝图，意味着我国慈善事业已经站在新的历史起点，迎来快速发展的黄金期。

慈善信托是我国慈善事业的新型方式和重要载体。《慈善法》赋予了慈善信托的法定地位，专门设立慈善信托专章，并将设立慈善信托由信托法规定的批准制改为备案制。2017 年 7 月，银监会与民政部联合发布《慈善信托管理办法》，更为慈善信托发展提供了制度保障。自《慈善法》2016 年 9 月 1 日正式实施以来，全国慈善信托渐入佳境，创新不断。截至 2017 年底，全国共计 66 单慈善信托登记备案，信托初始规模约 7.79 亿元，涉及扶贫、医疗、教育、救灾、环保、文化、科技等多个领域，慈善信托对于慈善事业的推动作用以及其蕴含的社会价值已经初步显现。

慈善信托具有财产独立性强、资产保值能力强、设立简便快捷、信息披露严格、充分尊重委托人意愿、运作长期稳定等特征，其作用主要表现在三个方面。一是可以鼓励先富阶层通过慈善事业传承家族精神；二是有利于信托公司丰富产品结构，增强和高净值人群的客户黏性，同时履行企业社会责任；三是可以为慈善组织提供多样化的资源筹集途径，同时增强其项目管理、财务管理的专业化水平。尽管慈善信托具有很多独特优势，但慈善信托还处在萌芽阶段，还面临着税收优惠政策不足、公共认知程度较低等现实问题，还需要政府部门在税收优惠、培育管理、宣传倡导等方面继续出台扶持政策；需要信托公司和慈善组织密切合作，在信托产品设计、慈善项目管理等方面继续探索新思路、新举措，形成多方合力，共同推动慈善信托的健康、可持续发展。

《2016—2017 中国慈善信托发展报告》是中国慈善联合会慈善信托专业委员会全体委员和工作团队历经数月的研究成果。该报告力求用翔实的数据呈现慈善信托两年来的发展全貌，用专业的视角分析慈善信托面临的机遇和挑战，希望可以成为政府部门的政策依据，信托公司、慈善组织的决策参考和社会各界了解慈善信托的重要窗口。在报告付梓之际，感谢各位委员、工作团队所付出的辛勤努力，希望你们再接再厉，精益求精，为中国慈善事业和信托行业贡献出更多客观的、专业的、优秀的研究成果。

中国慈善联合会副会长兼秘书长　刘福清

2016年中国慈善信托发展报告

◎ 中国慈善联合会慈善信托委员会

2017年2月

关于慈善信托委员会

慈善信托委员会是中国慈善联合会（以下简称“中慈联”）下设的分支机构，成立于2016年11月，由慈善组织、金融机构和专业工作者倡议发起、共同参与，旨在促进慈善信托应用与普及，为社会力量参与慈善事业提供更畅通的途径，推动慈善事业持续健康有序发展。

慈善信托委员会的宗旨是：

（一）推动建立完备的法律制度和良好的运营机制，促进慈善信托发展；

（二）指导具有慈善目的的社会力量更好地利用慈善信托开展慈善活动。

慈善信托委员会的主要工作包括：

（一）搭建多方沟通合作平台；

（二）建立慈善信托行业智库，为政府主管部门和行业发展提供智力支持；

（三）加强行业规范建设，完善慈善信托行业标准，推动行业自律；

（四）开展相关培训并引导和推动慈善信托实践。

中国信托业协会首席经济学家蔡概还先生为主任委员，中国社会福利基金会为常务副主任委员单位，锦天城律师事务所高级合伙人李宪明先生为常务副主任委员，陕西省慈善协会、四川信托有限公司、国投泰康信托有限公司、长安国际信托股份有限公司、中航信托股份有限公司、紫金信托有限责任公司为副主任委员单位。

前言

2016 年是我国慈善事业发展具有里程碑意义的一年。3 月 16 日，我国首部慈善领域的基础性、综合性法律——《中华人民共和国慈善法》（以下简称《慈善法》）由第十二届全国人民代表大会第四次会议表决通过，国家主席习近平签署第 43 号主席令予以公布，自 2016 年 9 月 1 日起施行。《慈善法》全面系统地确立了国家慈善事业发展所需要的现代规范，依据我国实际并借鉴国际经验，《慈善法》对各级政府的管理行为，社会组织的运行管理，以及每位公民的慈善方式都进行了规范。《慈善法》的出台将为规范慈善活动有序运行，促进慈善事业健康发展提供根本的法治保障。

“慈善信托”是《慈善法》的一大亮点。《慈善法》明确了慈善信托的重要地位，并在其中以“慈善信托”列为专章加以规范。慈善信托是我国慈善事业的新型方式和重要载体，具有安全、灵活、透明、高效、持久的优势。《慈善法》明确了慈善信托受托人可以是慈善组织或信托公司，采用备案制，主管机关为民政部门，可以根据需要设立监察人……这些具体的规定，提高了慈善信托的可操作性，为慈善信托的发展提供了制度保障。2016 年 9 月 1 日正式实施以来，全国慈善信托试点热情高涨，全国已有 12 个省区市开展慈善信托备案工作，共成功备案慈善信托 22 单，初始资金达 0. 85 亿元，合同规模约 30. 85 亿元，为推动我国慈善事业发展注入了新的动力。

慈善信托委员会是我国首个慈善信托的行业联合体，推动慈善事业持续健康有序发展是我们的重要使命。通过本报告，我们回顾了 2016 年慈善事业发展环境，梳理了我国慈善信托的实践和发展特点，提出发展慈善信托亟须解决的问题，并对 2017 年我国慈善信托发展进行展望，以期进一步宣传慈善信托这一新型慈善方式，深化慈善信托试点工作，促进我国慈善信托的应用与普及，并为社会力量参与慈善事业提供畅通途径。

一、慈善信托发展环境

2016 年，我国慈善事业取得巨大成就，慈善捐赠规模创历史新高，《慈善法》推出慈善信托这种新型慈善方式，伴随慈善信托实践首个行业组织成立，慈善信托引发社会各界的广泛关注。

（一）中国慈善事业发展回顾

随着我国居民财富的增长，以及千年流传“乐善好施”理念的传承，我国慈善事业日益壮大。慈善年度捐赠屡创历史新高，慈善法制建设取得重大突破，捐赠形式更加多样，资助机制逐步完善、国际合作进一步加强，民众参与程度不断深入。专业化发展和模式创新成为行业的双轮驱动，中国慈善事业进一步迈向法制化、规模化、国际化。

1. 慈善捐赠创历史新高，个人捐赠表现亮眼

中国慈善联合会在京发布《2015 年度中国慈善捐助报告》显示，2015 年，我国境内接受国内外社会捐款捐物总额共计 1108.57 亿元，较 2014 年增长 66.31 亿元，再创历史新高。企业是我国捐赠的主要力量，捐赠额达到 783.85 亿元，占捐赠总额的 70.7%。个人捐赠表现亮眼，捐赠总额达到 169.30 亿元，较 2014 年上涨 53.72 亿元，其中个人的小额捐赠（单笔金额在人民币 1 万元以下）总额从 2014 年的 58.6 亿元上升为 75 亿元。普通民众进行小额捐赠的规模不断扩大，反映我国慈善氛围越发浓厚，全民参与慈善的形势日渐成熟。

2. 慈善捐赠领域不断拓宽，教育领域捐赠额居于首位

目前吸收捐赠最多的三个领域分别为教育、医疗健康和扶贫，三者接受的捐赠占总额的比例过半。2015 年教育领域获得的捐赠额超过了医疗健康，跃居第一位，这主要缘于当年我国高校获得了较多的大笔捐赠。与此

同时，偏远贫困地区基础教育吸引社会爱心人士关注，依法依规兴办爱心小学成为近两年的慈善热点。

3. 互联网技术创新慈善公益形态，网络捐赠平台影响力不断增强

2015年首届99公益日，205万爱心网友捐款1.279亿元，创下国内互联网的募捐纪录；2016年99公益日，腾讯公益慈善基金会的配捐金额首次达到1.9999亿元，产生了巨大的撬动效应，更多公益机构和项目参与配捐资金池。网络捐赠平台募集善款的规模不断扩大，带动公益行业的新生态重塑，慈善与商业结合越发紧密，出现了捐赠与购物相结合、捐赠与新媒体直播同步等新型网络捐赠方式；以往单纯捐赠特定公益项目的传统捐赠模式逐渐转向基于机构信任与行业生态建设的公益资助2.0模式；移动化和社交化所孕育的多元化公益方式涌现，“指尖公益”成为全民热潮，以网民为代表的平民捐赠发展迅速。

4. 国际慈善合作取得突破性进展，形成常态化合作机制

国际慈善组织在华活动不再局限于直接捐赠、单方开展项目等方式，开始与国内机构形成常态化的合作机制。同时，中国民间慈善组织如中国扶贫基金会、爱德基金会等，从2015年起实现了“走出去”，设立海外分支机构，在当地开展长期、可持续、本土化的援助项目。

（二）《慈善法》开启慈善信托元年

《慈善法》单设一章慈善信托，以《中华人民共和国信托法》（以下简称《信托法》）为一般法，对慈善信托的运行管理做出特别规定，建立了慈善信托的基本法律框架，为慈善信托发展提供了制度保障，开创了慈善信托事业发展新纪元。

1. 明确了慈善信托的备案制度

《慈善法》明确慈善信托属于公益信托。但与公益信托采用审批制不同，慈善信托采用备案制。慈善信托的简便、灵活、高效的特征，可以更好地体现委托人的意愿，更高效地管理慈善财产。由审批制改为备案制，

简化了慈善信托设立手续，体现了政府部门对慈善信托这一新型慈善方式的肯定和期待。

2. 制定了可操作的具体规定

《慈善法》吸取公益信托落地难的经验教训，为慈善信托业务开展制定了较为具体的规定，包括规定慈善信托备案部门为受托人所在地县级以上民政部门，明确慈善信托的受托人由慈善组织或信托公司担任，制定了慈善财产的使用规则，明确了慈善信托的信息披露规则，等等。这些较为具体的规定，解决了困扰公益信托多年的管理、审批、操作等具体问题，使信托公司或慈善组织受托开展慈善信托业务具有可操作性。

3. 税收优惠问题有望突破

《慈善法》首次提到了慈善信托的税收优惠问题：慈善信托应当报民政部门备案，“未按照前款规定将相关文件报民政部门备案的，不享受税收优惠”。即按照规定报民政部门备案的慈善信托，在满足一定条件下，可以享受税收优惠。上述规定使慈善信托享受税收优惠有了法律支持。同时，由于《慈善法》明确了慈善信托的主管机构，民政部门可以慈善信托主管单位的身份，与税务部门沟通、协调并落实慈善信托的相关税收优惠问题。

4. 信息公开制度更加完善

《慈善法》在《信托法》的基础上，对慈善信托的信息公开做出进一步规定：“慈善信托的受托人应当根据信托文件和委托人的要求，及时向委托人报告信托事务处理情况、信托财产管理使用情况。慈善信托的受托人应当每年至少一次将信托事务处理情况及财务状况向其备案的民政部门报告，并向社会公开。”通过委托人监管、监察人监督、信息公开等制度设计，慈善信托能够更好地反映委托人的意愿，有助于针对性地解决慈善事业发展中存在的问题，带动慈善事业向更透明、更高效的方向发展，将成为推动我国慈善事业发展的重要力量。

（三）慈善信托细化政策不断出台

《慈善法》出台后，慈善信托的设立过程中，社会各界对于慈善信托备案要求、运行管理、税收优惠等有很多讨论，需要在实际操作中进一步明确。对此，民政部门及时颁布了规范性文件，为慈善信托操作提供原则性指导，地方民政局也根据法规精神出台了关于地方性慈善信托活动的管理办法。

1.《关于做好慈善信托备案有关工作的通知》

2016年8月25日，民政部、中国银行业监督管理委员会联合发布《关于做好慈善信托备案有关工作的通知》（民发〔2016〕151号）。151号文中对备案管辖机关、备案文件材料和程序要求、职责划分及信息公开做出了明确限定，是《慈善法》中慈善信托涉及备案要求的进一步细化，为慈善信托的具体备案和操作运行提供了政策依据。核心内容包括：

第一，明确规定备案管辖机关。151号文中明确规定了慈善信托的备案管辖机关：信托公司担任慈善信托受托人的，由其登记注册地设区市的民政部门履行备案职责；慈善组织担任慈善信托受托人的，由其登记的民政部门履行备案职责。信托公司设立慈善信托项目实行报告制度，新设立的慈善信托项目应当在信托成立前10日逐笔向银行业监督管理机构报告。这是对《慈善法》“向受托人所在地县级以上人民政府民政部门备案”这一规定的进一步细化。

第二，明确民政部门和银行业监督管理机构各自法定管理职责。151号文规定“民政部门依法履行受理慈善信托受托人关于信托事务处理情况及财务状况报告、公开慈善信托有关信息、对慈善信托监督检查及对受托人进行行政处罚等管理职责。银行业监督管理机构依法履行对信托公司慈善信托业务和商业银行慈善信托账户资金保管业务监督管理职责”。在此基础上，提出建立民政部门和银行业监督管理机构的协同机制。

第三，明确备案程序和书面材料。151号文中规定，慈善信托受托人按照《慈善法》规定向民政部门提出备案申请的，应提交的书面材料包括：备案申请书、委托人身份证明、担任受托人的信托公司的金融许可证或慈善组织的社会组织法人登记证书、信托合同等书面信托文件。其中信托文件应载明慈善信托名称；慈善目的；委托人与受托人姓名、名称和住所、信托财产的范围、种类、状况和管理方法；不与委托人存在利害关系的不特定受益人的范围；受益人选定的程序和方法；信息披露的内容和方式等内容。这些较为具体的规定，为慈善信托的开展提供了便捷式指南，激发了信托公司和慈善组织开展慈善信托的热情和信心。

第四，做好信息公开。151号文中规定："接受备案民政部门应当在统一的信息平台上，及时向社会公开慈善信托的相关信息，包括慈善信托备案事项；对慈善信托检查、评估的结果；对慈善信托受托人的行政处罚决定；慈善信托终止事由和终止日期；其他需要依法公开的信息。"通过统一的信息平台向社会及时公开慈善信息，并对慈善信息公开应当真实性、完整性和及时性做出要求，是落实《慈善法》关于慈善信托信息公开的具体措施。

第五，加强组织保障。151号文中要求加强组织保障，要求各民政部门高度重视慈善信托备案工作。慈善信托是新事物，需要有一个循序渐进的发展过程。一方面加强研究探索，注重实践创新，鼓励有条件的地方结合当地实际先行先试，探索慈善信托发展的不同模式和支持举措，为完善后续法规政策措施奠定基础、积累经验；另一方面，强化风险管控，监督受托人严格按照有关规定管理慈善信托财产，规范投资行为，保障资金安全，及时发现和化解苗头性问题。

2.《北京市慈善信托管理办法》

《慈善法》出台后，为促进北京市慈善事业健康发展，规范慈善信托行为，保护委托人、受托人、受益人的合法权益，北京市民政局于2016年9月21日印发《北京市慈善信托管理办法》（京民慈发〔2016〕385号）（以下简称《办法》）。作为国内首份地方性慈善信托管理办法，《办法》体现出严谨、细致的特点，核心内容包括：

第一，稳步推进慈善信托试点。为保障慈善信托在初期稳步健康发展，《办法》暂不将争议较大的一些运作模式（如集合信托、开放信托）列入备案范围。同时，慈善信托当事人要严格按照《办法》对慈善信托文件的规范要求，在文件中详尽约定监察人设置、剩余财产处置约定、争议解决方式等可能发生的争议点和风险点，以保障慈善信托顺利开展。

第二，受托人要具备管理信托事务相应的能力。《慈善法》规定，慈善信托受托人可以是慈善组织和信托公司，二者在资产管理能力和慈善项目运作方面各有优势和劣势。《办法》规定“慈善组织担任受托人的，应当具备与信托文件约定相适应的资产管理能力；信托公司担任受托人的，应当具备与信托文件约定相适应的开展慈善活动的能力”，要求委托人审慎选择受托人，不同类型的受托人要发挥优势、补足劣势，以完备的信托管理能力，保障慈善信托运行有序。

第三，尊重意愿自治，遵守市场规则。《办法》对慈善信托的年度慈善支出、受托人和监察人报酬的标准和数额不做具体规定，而是规定由委托人、受托人和监察人在信托合同中约定，同时明确慈善信托备案后上述事项必须向社会公示。因此，慈善信托当事人在确定慈善支出和当事人报酬时，除了体现自身意愿，同时要注重合理性，经得起市场检验和社会舆论的监督。

第四，做好信息公开的相关工作。《办法》对慈善信托受托人的信息公开义务和事项做了详细规定。公开透明是慈善信托的健康运行和长远发展的基础，慈善信托受托人要高度重视信息公开工作，按时按规定公开各项信息，接受政府、社会公众、专业机构、媒体的监督。

随着监管政策的不断推出，我国目前开展慈善信托已经不存在根本性障碍，但仍然存在一些技术性操作问题。比如，《慈善法》仅明确了慈善组织、捐赠人、受益人的税收优惠，但对于慈善信托的税收优惠没有明确规定，给实际操作带来很大挑战。慈善信托这一全新事物的发展还需要政策的不断完善。

（四）首个慈善信托行业组织成立

目前慈善信托还处于“摸着石头过河”的探索阶段，在发展过程中面临很多困难和挑战。目前，关于慈善信托的法律条文相对简单，配套制度相对滞后，社会大众认知较少，这需要一个机构能够搭建平台、建立智库、加强行业规范，以促进慈善信托的应用和普及。在这种背景下，中国慈善联合会慈善信托委员会应运而生。

2016 年 11 月 16 日上午，中国慈善联合会慈善信托委员会正式成立。中国慈善联合会是一个全国性、联合性、非营利性社会团体，致力于维护公众和慈善行业利益。而慈善信托委员会是该联合会下设的分支机构，由单位委员和个人委员组成，包括政府部门、慈善组织及个人、信托公司、中介机构、专家学者等，不具有法人资格，遵守《中国慈善联合会章程》，在中慈联统一领导下开展工作，日常协调管理工作由中慈联秘书处负责。

慈善信托委员会成立和运行宗旨可概括为四个方面：第一，作为慈善信托的行业枢纽性组织，中国慈善联合会慈善信托委员会将联合各方，搭建多方沟通合作平台，激发行业发展活力；第二，将在一定层面上推动建立慈善信托行业智库，为政府主管部门及行业发展提供智力支持，引导和推动慈善信托实践；第三，加强行业规范建设，完善慈善信托行业标准、加强行业自律，从而促进优化行业发展环境，推动我国慈善事业良性发展。第四，依托会员力量，联合社会各方，共同推动慈善信托的应用和普及。

（五）慈善信托宣传研讨热烈开展

《慈善法》颁布前后，各社会主体自发举行慈善信托的各类研讨会，广泛组织监管部门、慈善组织、信托公司、银行、高等院校、律师事务所等相关领域的专家代表进行交流与合作，积极参与慈善信托相关的法律法规制度的建设，探讨慈善信托的实践与发展等问题。研讨会的跨界、跨学科交流，有助于推动慈善信托备案与监管研究的深化，为我国慈善信托试点和慈善事业发展提供有益帮助。

表 1　2016 年慈善信托各类研讨会（不完全统计）

会议时间	发起主体	与会机构	会议主题
2016 年 5 月	中国慈善联合会	证券信托企业、信托行业组织、律师事务所、学术界等各界专家代表	慈善信托委员会筹备会议

续表

会议时间	发起主体	与会机构	会议主题
2016年5月	清华大学公益慈善研究院	全国人大内务室、民政部、清华大学公益慈善研究院、中国信托业协会、信托公司、慈善基金会、社会组织等	慈善信托设立的四个关键性问题
2016年6月	中诚信托	中国信托业协会、北京大学、中国公益研究院、社科院、信托公司、律师事务所等	《慈善法》实施后，慈善信托的监管与规范、慈善信托的实践与发展
2016年7月	德和衡律师事务所	中国公益研究院、平安信托、交银国际信托、新时代信托、中国互联网基金会、百瑞信托等	慈善信托设立过程中的法律问题
2016年8月	中国公益研究院	深圳国际公益学院、新华公益、慈善基金会、信托公司、律师事务所等	中国慈善信托实践发展国际论坛
2016年9月	中国公益研究院	全国人大、民政部、国家税务总局、国内慈善法律领域学者、多家信托公司和慈善组织	“以法促善”慈善信托理论研修
2016年9月	北京大学非营利组织法研究中心、南都公益基金会	深圳市社会公益基金会、上海市慈善基金会等多家慈善机构、国投泰康信托、平安信托、安信信托等多家信托公司	慈善信托实践案例研讨
2016年9月	中国公益慈善项目交流展示会组委会	全国人大内务室、深圳市民政局、深圳市地税局、日本公益法人协会、澳大利亚和新西兰慈善法协会、律师事务所、公益基金会、信托公司、公益事业研究机构等	境外公益慈善信托制度发展现状及趋势、境内公益慈善信托实践案例探索与挑战及深圳慈善信托试点热点问题

慈善信托的实践也引起了新闻媒体的广泛报道。央视、新华社、中央人民广播电台等主流媒体都对《慈善法》的实施、慈善信托实践等进行了相关报道。9月1日，中央电视台新闻频道对首批慈善信托实践进行专门

报道。新华网联合中国慈善联合会共同举办了“公益中国九人行‘中国式’慈善信托的机遇和挑战”大型融媒体互动访谈栏目，节目中，慈善组织、信托公司代表以及行业专家从自身的角度谈起，共同探讨“中国式”慈善信托的机遇和挑战。

随着各类研讨和报道的不断深入，慈善信托以其灵活、安全、高效等优势，在社会上引起了广泛关注，对创新公益模式，引导社会资金投向方面起到了积极作用，慈善信托的理念渐入人心。

【专题】

慈善信托的优势

慈善信托作为一种新型的慈善方式，与其他慈善方式相比，最大的优势是可以利用信托制度安全、灵活、高效、透明、持久的特点，更好地根据委托人的意愿开展慈善活动。

安全：慈善信托的安全性主要体现在双层破产隔离。一方面，从委托人角度出发，慈善信托财产与委托人的其他财产相互隔离。慈善财产交付信托后，不再是委托人自己的财产，即使委托人破产清算，信托财产也不受影响；另一方面，从受托人角度出发，慈善信托财产与受托人的固有财产相互隔离，也与受托人管理的其他信托财产互相独立，可以最大限度保障信托财产的安全性。

灵活：主要体现在两个方面，一是结构灵活。资金、股权、不动产等各类财产都可以设立慈善信托；慈善信托的规模、期限、决策机制及委托人的参与程度都可以灵活约定。二是资金使用灵活，与公募基金会每年有70%的支出比例下限规定相比，慈善信托每年财产支出没有严格的比例限制，可以根据委托人的意愿以及慈善项目的实际需求支出。

高效：慈善信托的高效主要体现在两个方面。一是设立简便。慈善信托是一种契约关系，慈善信托设立不受资金门槛限制，也无须运营场地及专职人员等配套设施，委托人与受托人签订合同并在民政部门备案完毕后，慈善信托即宣告成立。二是管理高效。慈善信托在“确保资金安全”前提下可以自主选择投资管理人，对慈善资金进行保值增值的专业化管理，有助于提高慈善财产的运作效率。

透明：慈善信托的透明主要体现在三个方面。一是慈善信托利用信托架构，通过受托人、监察人、信息披露等制度规定，为慈善财产使用介入多重外部监管，消除传统慈善捐赠中捐赠人与慈善组织、受益人之间的信息不对称问题。二是慈善信托的财产采用专户管理，受托人就每一个慈善信托的资金运用状况进行单独披露，其信息披露的详细程度远高于慈善捐赠中基金会披露的详细程度。三是慈善信托的受托人按照委托人意愿管理和使用慈善财产，当受托人违反约定损害委托人和受益人利益时，委托人有更多的救济措施，包括撤销信托、更换受托人等，能够更好地保护委托人的利益。

持久：慈善信托可与家族信托结合，共同实现物质财富和精神财富的延续。先富人群不仅注重传承自己家族的创业精神，同时更注重对后代人生观价值观的延续。在家族信托中嵌入慈善信托，使得在财富传承过程中传承整个家族的慈善精神，跨越委托人的生命周期，将其慈善精神以更有生命力的模式实现传承。

二、慈善信托实践及特点

在《慈善法》的推动及相关政策的指引下，信托公司和慈善组织积极开展慈善信托实践，创新模式不断涌现，慈善目的进一步拓宽，慈善组织与信托公司的合作继续深入，共同推动慈善事业向好向前发展。

（一）慈善信托实践概况

截至2016年底，共有18家信托公司和慈善组织成功备案了22单慈善信托产品，初始规模0.85亿元，合同金额规模30.85亿元，涉及教育、扶贫、留守儿童等多个慈善公益领域。

表 2　慈善信托产品基本情况

序号	备案地	慈善信托名称	委托人	受托人	期限	慈善目的
1	北京市	国投泰康信托 2016 年国投慈善 1 号慈善信托	国家开发投资公司	国投泰康信托有限公司	5 年	贫困地区的群众、贫困学生
2		国投泰康信托 2016 真爱梦想 1 号教育慈善信托	多位自然人	国投泰康信托有限公司	3 年	中小学素质教育
3		中诚信托 2016 年度博爱助学慈善信托	多位自然人	中诚信托有限责任公司	5 年	贫困地区教育事业
4		中信信托 2016 年航天科学慈善信托	中信聚信（北京）资本管理有限公司	中信信托有限责任公司	3 年	奖励航天领域的科技、管理人员和一线工人
5		中信·北京市企业家环保基金会 2016 阿拉善 SEE 华软资本环保慈善信托	华软资本管理集团股份有限公司	北京市企业家环保基金会、中信信托有限责任公司	5 年	荒漠化防治、绿色供应链与污染防治、生态保护与自然教育、环保公益行业发展等领域的初创期中国民间环保组织
6		北京市企业家环保基金会 2016 阿拉善 SEE 公益金融班环保慈善信托	自然人	北京市企业家环保基金会	10 年	初创期的环保组织

续表

序号	备案地	慈善信托名称	委托人	受托人	期限	慈善目的
7	上海市	蓝天至爱1号慈善信托	上海市慈善基金会	安信信托股份有限公司	永续	慈善法规定的慈善公益项目
8		“上善”系列浦发银行“放眼看世界”困难家庭儿童眼健康公益手术项目慈善信托	浦发银行	上海国际信托有限公司	10年	困难家庭患有眼疾的儿童
9	江苏省	“紫金·厚德6号”慈善信托	南京市慈善总会	紫金信托有限公司	不低于12个月	困难家庭中罹患大病的儿童及残障儿童
10	浙江省	万向信托——乐淳家庭慈善信托	自然人	万向信托有限公司	永续	—
11		华龙慈善信托	鄞州银行公益基金会	宁波市善园公益基金会、万向信托有限公司	5年	文化、教育、助残、养老、环保等
12	福建省	兴业信托·幸福一期慈善信托计划	兴业信托公司工会	兴业国际信托有限公司	永续	养老扶老、教育助学、扶贫济困等
13	江西省	中航信托·天启977号爱飞客公益慈善集合信托计划	中航通用飞机有限责任公司、中航信托工会委员会	中航信托股份有限公司	5年	航空知识培训、航空科普、支持教育、精准扶贫济困、弘扬社会正义、绿色环保等

续表

序号	备案地	慈善信托名称	委托人	受托人	期限	慈善目的
14	广东省	粤财·德睿慈善信托计划	珠海市德睿企业管理有限公司	广东粤财信托有限公司	无固定期限	孤儿、特困户、五保户
15		中国平安教育发展慈善信托计划	多位自然人、深圳市社会公益基金会	平安信托有限责任公司	永续	教育领域的慈善项目
16	四川省	川信·锦绣未来慈善信托计划	成都市慈善总会	四川信托有限公司	永续	18 周岁以下（不包含本数）的需要帮助的儿童或涉及儿童助学、医疗、助残、恤病等公益项目
17	贵州省	华能信托·尊承槿华慈善信托计划	自然人或机构	华能贵诚信托有限公司	不低于 12 个月	贫困地区的精准扶贫、学校教育、民族文化、济贫助弱、拥军强军等
18	陕西省	长安慈——山间书香儿童阅读慈善信托	陕西省慈善联合会	长安国际信托股份有限公司	10 年	发展文化教育事业，培养儿童阅读兴趣，改善阅读条件，促进儿童全面发展

续表

序号	备案地	慈善信托名称	委托人	受托人	期限	慈善目的
19		长安慈——未来创造力1号教育慈善信托	深圳市社会公益基金会	长安国际信托股份有限公司	10年	鼓励和支持中国青少年素质教育，开展深圳及全国青少年创造力素养培育
20		长安慈——环境保护慈善信托	江苏中丹化工技术有限公司	长安国际信托股份有限公司	10年	保护生态环境
21	甘肃省	光大陇善行慈善信托计划1号	光大兴陇信托及自然人	光大兴陇信托有限责任公司	1年	扶贫、济困
22	安徽省	微笑行动慈善信托	中国妇女发展基金会	建信信托有限责任公司	5年	贫困家庭的唇腭裂患儿

图 1　中航信托 · 天启 977 号爱飞客公益慈善现场照片

图 2　四川信托锦绣未来慈善信托现场照片

（二）慈善信托实践特点

1. 信托公司和慈善组织均有担任受托人

《慈善法》规定慈善信托的受托人可由慈善组织或信托公司担任。从2016年22单慈善信托案例来看，信托公司担任受托人的有19单，慈善组织担任受托人的有1单，以信托公司和慈善组织共同担任受托人的有2单。当前慈善信托的受托人以信托公司为主，主要与信托公司在信托受托管理、信托财产保值增值以及信托交易结构设计领域具有丰富经验积累相关。随着慈善组织独立担任受托人、慈善组织与信托公司共同担任受托人的慈善信托案例推广，未来慈善组织也将更加深入地参与慈善信托业务的核心环节。

2. 信托公司与慈善组织积极开展合作

2016年备案的22单慈善信托中，有17单信托公司与慈善组织在不同维度和方式上进行了合作。信托公司与慈善组织作为慈善信托受托人，二者各有所长。慈善组织的资金募集能力尤其是向企业捐赠人的慈善募资能力较强，同时也具有丰富的项目实施经验。而信托公司则在受托管理、信托运营，以及慈善财产投资管理方面更有经验。无论采取何种交易结构，都可以进行合作实现双方优势互补，促使我国慈善事业向更透明、更高效、更专业化的方向发展。

图3　中信信托与北京市企业家环保基金会合作

3. 慈善目的范围广泛

2016 年备案的 22 单慈善信托的慈善目的范围广阔，具有开放性的特点。其中，促进科教文卫事业发展的慈善信托数量最多，有 7 单，扶贫济困的有 4 单，扶老、救孤、恤病、助残、优抚的有 4 单，防治污染、保护和改善生态环境的有 3 单，实现综合慈善目的的有 4 单。慈善信托的慈善目的已经从救灾、扶贫、医疗等传统慈善领域向教育、环保、科技等更广泛的领域发展，符合慈善事业范围不断扩展的趋势。

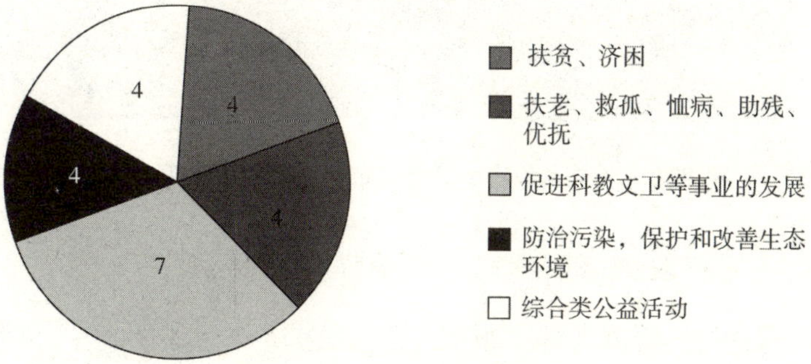

图 4　慈善信托慈善目的分布

图 5　国投泰康信托 2016 真爱梦想 1 号教育慈善信托之梦想中心

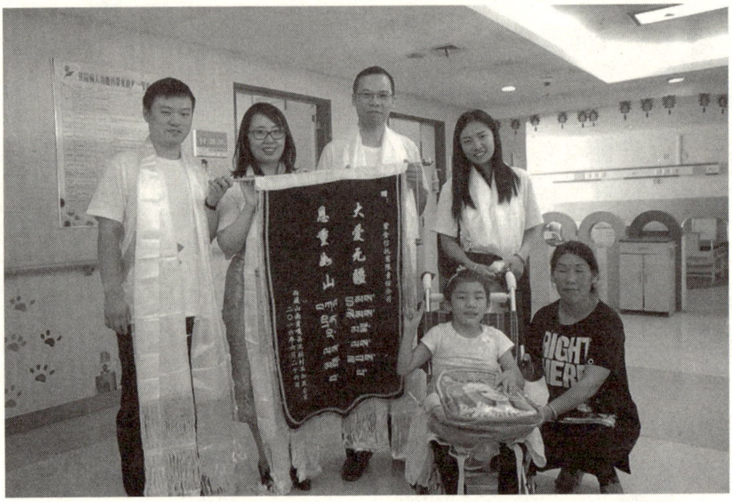

图6　受益人藏族小姑娘普布仓决为紫金信托送上锦旗

4. 慈善信托规模、期限结构多样

从慈善信托规模来看，2016 年备案的 22 单慈善信托中，信托合同规模 100 万元以下的有 8 单，超过 100 万元以上但低于 1000 万元的有 9 单，1000 万元以上的有 5 单。不同规模档次中均有多单慈善信托落地，反映出慈善信托具有灵活、高效的特点，可以满足不同委托人个性化的慈善需求。

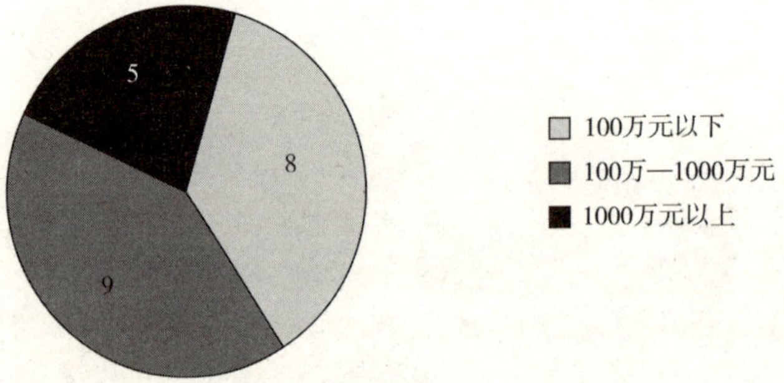

图7　慈善信托规模分析

从期限结构上来说，2016 年备案的 22 单慈善信托中，无固定期限的有3 单，3 年期以下有3 单，5 年期的有6 单，10 年期的有5 单，永续型有

5 单。其中，5 年期以上及永续型的慈善信托占比高达 73%，充分显示了慈善信托持久性的特点。

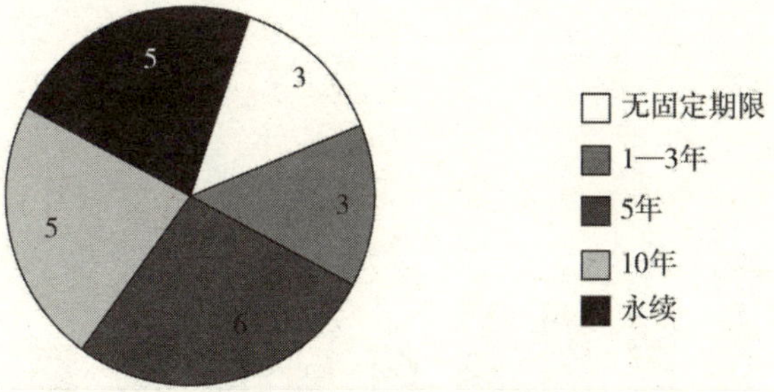

图 8　慈善信托存续期限分析

另外，从截至 2016 年 12 月 31 日用于慈善信托的金额可以看出，有一半以上的慈善信托支出金额超过 30%。慈善信托以其设立的灵活性广受青睐，但其慈善初衷不变，慈善支出高效、安全。

5. 备案地以东部和西部居多

从备案地来看，2016 年全国共有 12 个省（直辖市）开展了慈善信托备案工作。按照备案的慈善数量来排序，北京市备案 6 单，陕西省备案 3 单，上海市、广东省、浙江省分别备案 2 单，其余的江苏、福建、江西、四川、贵州、甘肃、安徽等地各备案 1 单。按照东、中、西部区域划分，备案数量分别为 14 单、2 单、6 单，东部地区和西部地区备案的慈善信托数量相对较多，中部地区备案数量相对较少，主要原因是我国东部地区慈善资源丰富，而西部地区对慈善资源的需求较多。

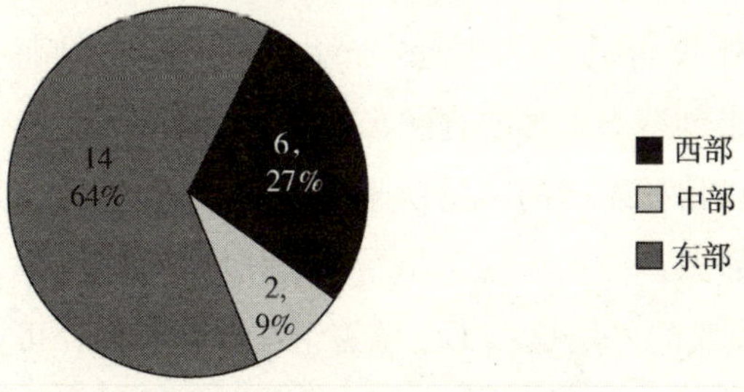

图 9　慈善信托备案地分布分析

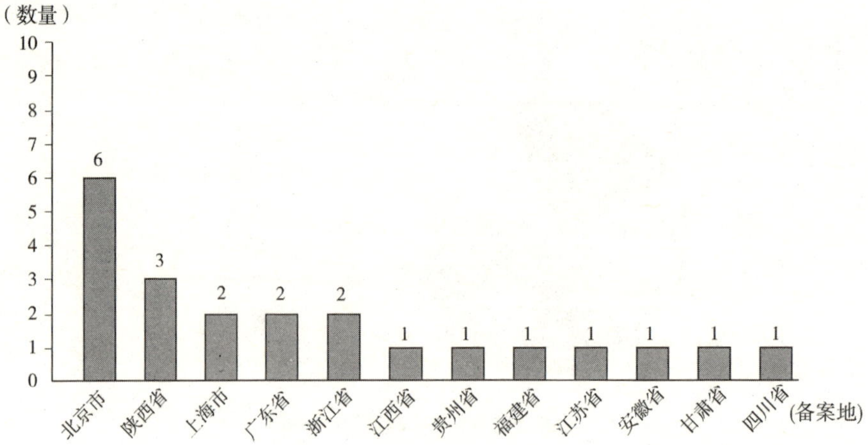

图 10　慈善信托备案地分析

（三）慈善信托业务模式

慈善组织与信托公司积极合作，是2016年备案慈善信托的主要特点之一。根据不同的业务需要，慈善组织可以分别以担任委托人、受托人以及项目执行人等方式与信托公司共同开展慈善信托业务。

1. 慈善组织为委托人，信托公司为受托人

这种合作方式的交易结构为：慈善组织募集资金，并以慈善组织的名义以募捐资金委托信托公司设立慈善信托，信托公司作为受托人管理信托财产，并向慈善组织确定的受益人分配慈善财产。目前，平安信托发行的“中国平安教育发展慈善信托计划”、安信信托发行的“蓝天至爱1号慈善信托”、长安信托发行的“长安慈——山间书香儿童阅读慈善信托”和“长安慈——未来创造力1号教育慈善信托”、建信信托发行的“微笑行动慈善信托”、四川信托发行的“锦绣未来慈善信托计划”、紫金信托发行的“紫金·厚德6号慈善信托”这7单慈善信托均采用模式一的形式。

这种合作模式的好处是：①由慈善组织募集资金，可以最大限度发挥慈善组织的募集能力，尤其是慈善组织面向企业捐赠者的募集能力；②捐赠给慈善组织的资金将通过设立慈善信托的方式用于慈善事业，增加了资

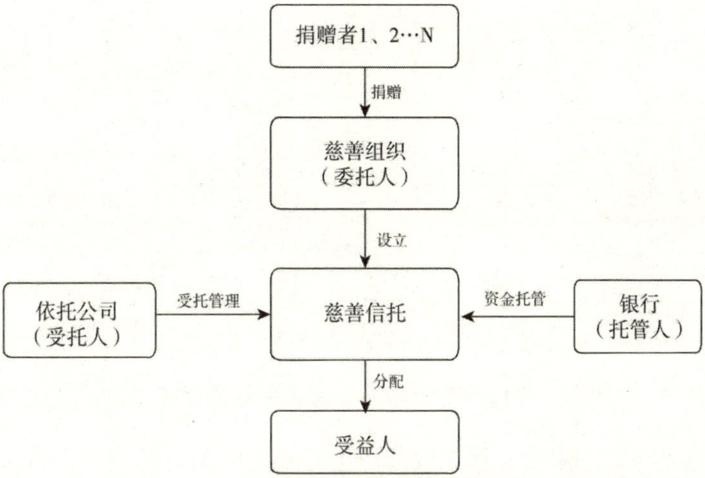

图 11　慈善组织为委托人，信托公司为受托人

金运用的监管环节，增强了资金使用透明度，可以最大限度提高捐赠者对慈善组织的信任程度；③信托公司对闲置资金的管理更加专业，可以促进慈善财产的保值增值；④捐赠者直接捐赠给慈善组织，能够享受慈善捐赠相关的税收优惠。

2. 信托公司为受托人，慈善组织为项目执行人或公益顾问

这种合作方式的交易结构为：信托公司作为受托人，募集资金成立慈善信托。信托公司委托慈善组织作为项目执行人，由其向受托人推荐并实施慈善项目。信托公司根据慈善项目的进展、资金使用计划向受助对象或受助活动支付资金。目前，国投泰康信托发行的“真爱梦想 1 号教育慈善信托”和“2016 年国投慈善 1 号慈善信托”、中航信托发行的“爱飞客慈善集合信托计划”、兴业信托发行的“幸福一期慈善信托计划”、中诚信托发行的“2016 年度博爱助学慈善信托”、中信信托发行的“2016 年航天科学慈善信托”、上海信托发行的“上善系列浦发银行‘放眼看世界’困难家庭儿童眼健康公益手术项目慈善信托”、长安信托发行的“长安慈——环境保护慈善信托”这 8 单慈善信托均采用这一模式。

这种合作模式的好处是：①可以充分发挥慈善组织的慈善项目运营经

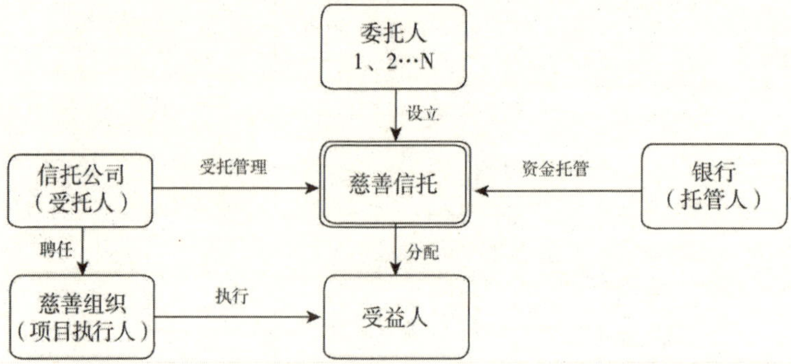

图12　信托公司为受托人，慈善组织为项目执行人

验（如建设希望小学中与地方政府、主管部门的沟通协调，对贫困地区教师培训组织等工作），弥补信托公司作为受托人在项目实施能力和精力方面的不足，使慈善活动得到更好的执行；②信托公司作为受托人，根据慈善组织确定的用款进程给付资金，对闲置资金可以进行合理投资，使慈善活动分工精细化，业务专业化；③有助于拓宽信托公司开展的慈善活动类型，包括有一定建设期限、运营过程的慈善项目，或者是长期的、持续的、系统的慈善项目。

3. 慈善组织与信托公司共同担任双受托人

这种合作模式的交易结构为：由信托公司与慈善组织共同担任受托人，与委托人签订慈善信托合同，约定各自的职责、权益、义务及需要承担的风险。其中信托公司负责受托管理，慈善组织负责财产分配和运用。目前，万向信托发行的“企业慈善信托——华龙慈善信托”、中信信托发行的“中信·北京市企业家环保基金会2016阿拉善SEE华软资本环保慈善信托”这2单慈善信托便采用这一模式。

这种合作模式的好处是：①实现专业分工。信托公司长期经营营业信托业务，在信托财产的受托管理、风险控制、保值增值和分配清算等方面具有很强的专业能力。慈善组织是专业从事慈善事业的机构，在慈善项目管理、慈善活动执行、慈善资源组织等方面具有突出优势。两者作为共同受托人，充分体现了“专业机构做专业的事”的理念。②建立长期合作关

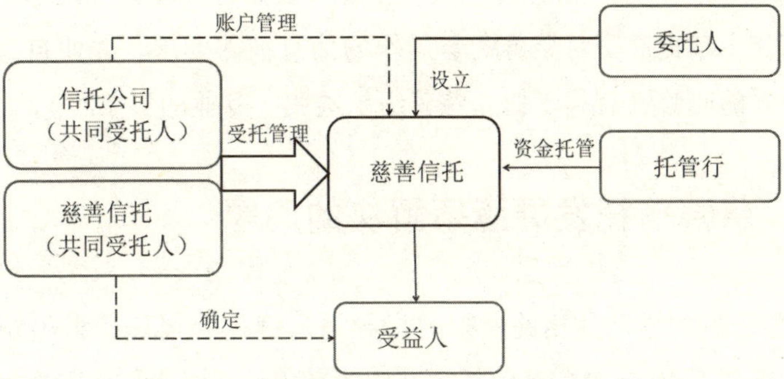

图 13　慈善组织与信托公司共同担任双受托人

系。双受托人模式中，慈善组织与信托公司均处于受托人的核心地位，共同对慈善项目的开展情况负责，有助于二者建立长期合作伙伴关系，持续开展慈善信托业务。

4. 慈善组织担任受托人，独立开展慈善活动

尽管慈善组织与信托公司合作开展慈善信托是主流，但也有慈善组织担任受托人的慈善信托实践。慈善组织在商业银行开立资金监督保管账户，接受委托人交付的慈善财产成立慈善信托，独立处理受托管理事务及开展慈善活动。“北京市企业家环保基金会 2016 阿拉善 SEE 公益金融班环保慈善信托”即属于这种模式。

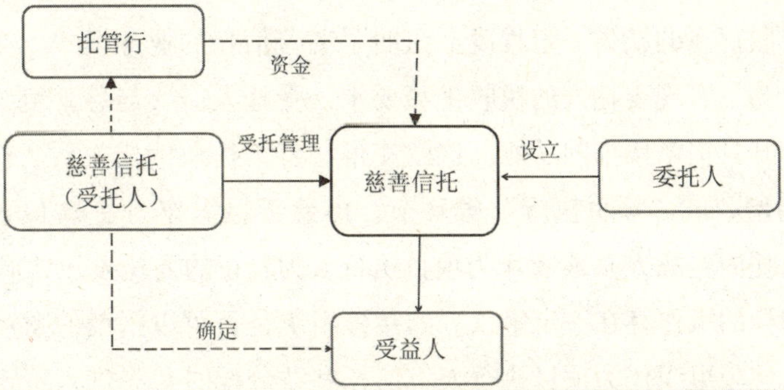

图 14　慈善组织为受托人，独立开展慈善活动

慈善组织作为慈善信托受托人，独立开展慈善活动，实现了慈善信托业务创新，主动提高了对慈善资金运作的信息披露要求，并使自身慈善活动受到更好的监督，有利于树立慈善组织透明、专业的形象。

三、慈善信托发展亟须解决的问题

《慈善法》的推动及相关政策的指导下，信托公司和慈善组织先行先试，成功备案了20余单慈善信托。在解决慈善信托可操作性问题后，为推动慈善信托的持续发展，落实慈善信托税收优惠政策、建立信托财产登记制度已成为慈善信托参与者最迫切的需求。

（一）落实税收优惠政策

税收优惠是委托人设立慈善信托最为关注的问题之一，但是慈善信托仍未有具体的税收优惠政策支持。《慈善法》虽在一定程度上明确了慈善信托的税收优惠问题，但也仅局限于做出了“未按照前款规定将相关文件报民政部门备案的，不享受税收优惠”的条文规定。至于慈善信托可以享受哪些税收优惠，在哪些环节享受税收优惠，除备案以外享受税收优惠还需满足哪些条件，以及具体业务中应当如何操作，财税部门尚未出台具体的政策。当前，受托人不论是信托公司还是慈善组织，都不能直接为慈善信托的委托人开具可以抵税的捐赠票据。

税收优惠的缺失一定程度上扭曲了慈善信托的业务模式。在目前的实践中，为了实现委托人的税收优惠要求，受托人需要与慈善组织合作，发挥其可开具捐赠票据的功能。这就使得慈善信托在信托关系之外，还嫁接了“捐赠”或“项目执行”等环节，由慈善组织作为受赠人（同时也是慈善信托的委托人）或者作为项目执行人为真正的委托人开具捐赠票据。

这样的操作存在一定争议。如慈善组织是否可以捐赠的财产设立慈善信托？慈善组织作为项目执行人，信托利益分配时首先进入特定的慈善组织账户，然后再分配给不特定的受益人，也会引起慈善信托受益人不特定性的争议。因此，当前慈善信托交易结构的创新其实都是税收优惠缺失下的权宜之计，不仅增加了交易成本、拉长了监管链条，也衍生了不必要的风险。

为了促进慈善信托持续健康发展，制定具体的税收优惠政策迫在眉睫。

首先，在慈善信托设立环节解决委托人的纳税抵扣问题。我国现行税收法规对慈善捐赠有明确的税收优惠规定。建议财税部门出台相关通知，明确委托人设立慈善信托可比照慈善捐赠享受税收优惠。具体操作中，可赋予信托公司和慈善组织作为慈善信托受托人的捐赠票据开票资格，在慈善信托备案后由受托人为委托人开具可抵税的捐赠票据；或者由委托人凭备案的信托文件，在进行年度纳税申报时进行税前抵扣。

其次，明确以股权设立慈善信托的税收优惠政策。由于没有明确税收优惠政策，以股权设立慈善信托往往被视同转让股权，并以公允价值作为转让收入缴纳所得税，使委托人产生沉重的纳税负担，打击了社会公众的慈善热情。因此，建议财税部门明确以股权设立慈善信托可比照《关于公益股权捐赠企业所得税政策问题的通知》（财税〔2016〕45 号）规定，以所捐股权的历史成本为依据确定转让收入，使以股权设立慈善信托不产生额外纳税负担，同时还可以历史成本确定捐赠额进行纳税抵扣。

此外，研究制定慈善信托其他税收优惠政策，包括以动产、不动产、无形资产、商品货物等财产设立慈善信托涉及的增值税、土地增值税、印花税、契税、车辆使用税、房产税、土地使用税等税收优惠问题。

（二）建立非货币财产的信托登记制度

随着公众拥有的财富规模和财产类型的不断增加，以非货币性财产设立慈善信托的需求也不断提升。以非货币性股权设立慈善信托能更好地发挥信托制度的优势。比如，委托人以上市公司股权设立慈善信托，在委托人在世时实现股权财产的隔离保全，在委托人身后也不作为遗产分割而得以保持完整。此外，加上慈善信托每年可获得稳定的分红收入用于慈善支出，充分保障了慈善信托的持续运营，实现委托人的慈善意愿。

以非货币财产设立慈善信托的前提是进行信托财产登记。《信托法》

第十条明确规定："设立信托，对于信托财产，有关法律、行政法规规定应当办理登记手续的，应当依法办理信托登记。"也即，信托财产登记是慈善信托的生效要件。而信托财产登记，核心的是信托财产的非交易过户。

目前，相关财产登记的主管部门对捐赠相关的非交易过户的情形都已出台具体规定。比如，对于上市公司股权捐赠，根据《证券非交易过户业务实施细则》规定，向经省级（含）以上民政部门或经受赠方基金会的业务主管单位确认的境内基金会的捐赠，可以在中国证券登记结算公司办理上市公司股权的非交易过户。

而慈善信托是依据2016年9月1日实施的《慈善法》开展的一种新型慈善活动，尚未被纳入以非交易过户进行财产登记的情形中。非交易过户政策的缺失大大限制了公众以非货币财产设立慈善信托的需求。

作为一种新型的慈善方式，慈善信托与公益基金会相似，都受到民政部门的严格监管。受托人接受慈善财产，处理信托事务，要接受民政部门、监察人、社会公众的监督，保证慈善信托财产透明、高效、完全地运用于慈善目的。因此，建议慈善信托主管部门与相应的财产登记主管部门协商，将以非货币财产设立信托比照慈善捐赠，实现慈善信托财产的非交易过户。

比如对于以上市公司股权设立慈善信托，比照"向基金会捐赠"，可以规定：委托人以上市公司股权，委托信托公司或省级以上民政部门登记的慈善组织，由其作为受托人管理慈善财产的慈善信托，可以办理非交易过户。申请人凭信托合同、受托人所在地省级以上民政部门对设立慈善信托出具的确认文件以及其他常规申请材料，在中国证券登记公司办理非交易过户。

（三）建立慈善信托受托人行业规范

慈善信托的长期可持续发展，要建立一支长期可信赖的受托人队伍，则必须建立受托人尽职管理慈善信托的行业规范。

在行业层面，要制定受托人开展慈善信托的具体行业规范。民政部门及慈善信托的行业自律组织要对《信托法》《慈善法》以及《关于做好慈善信托备案有关工作的通知》等法律法规中规定的受托人“恪尽职守、履行诚信、谨慎管理”等义务做出具体说明，发挥行业自律作用，指导受托人开展慈善信托业务实践。

对于信托公司来说，要为慈善信托建立单独的业务操作指引。尽管信托公司内部建立了比较完善的内部控制体系和信托业务尽职管理的操作规则，但都是针对传统营业信托做出的规定。尽职管理防范的风险是信用风险、流动性风险、市场风险、操作风险、合规风险等与营业信托行为相关的风险。而慈善信托属于公益信托，其风险特征与营业信托有较大差异，包括信托设立时慈善目的的判断、信托设立后慈善资金的运用以及全程的声誉风险管理是非常重要的，需要信托公司建立独立的业务操作指引进行规范和约束。

对于慈善组织来说，用信托制度来开展慈善活动是全新的事物。慈善组织作为慈善信托受托人，面临着开展事务管理工作的挑战，需要建立慈善信托业务相关制度。首先，依照信托法的规定，建设慈善捐赠和慈善信托两类慈善活动的防火墙，保障慈善信托的人员、账户及运营系统与慈善捐赠互相独立，真正实现慈善信托的破产隔离等制度优势。其次，根据慈善信托特点，对慈善信托的发起、备案、后续管理、项目清算等环节建立相应的尽职操作规范。

四、2017 年慈善信托发展展望

2016 年，信托公司和慈善组织对慈善信托的多样化探索实践，充分展示了慈善信托的发展活力。2017 年，随着慈善信托政策的不断完善，公众对慈善信托认识的深入，慈善组织和信托公司对慈善信托的探索将更加深入。

（一）慈善信托政策不断完善

一是将有更多慈善信托配套政策文件出台。在中央层面，2017 年民政部将与银监会联合制定《慈善信托管理办法》，指导全国慈善信托业务开展和监管实践。在地方层面，2016 年北京市推出《北京市慈善信托管理办法》的基础上，未来一些慈善事业发达、慈善信托需求旺盛的地方的民政部门，也将根据《慈善法》及《关于做好慈善信托备案有关工作的通知》，结合地方慈善事业发展实际，适时推出各自的慈善信托管理办法，支持地方慈善信托业务实践。

二是继续鼓励慈善信托的创新实践。根据《关于做好慈善信托备案有关工作的通知》的精神，各地民政部门将继续鼓励慈善信托的实践创新，探索慈善信托发展的不同模式和支持举措，为完善后续法规政策措施奠定基础、积累经验。对于慈善信托发展中的新问题，各地民政部门将从促进和规范慈善事业发展角度，根据慈善信托本质要义和立法本义做出处理措施。

三是在实践中完善慈善信托后续管理要求。2016 年 9 月 1 日《慈善法》正式实施，监管机构、受托人以及社会公众对于慈善信托的目光焦点主要在设立和备案环节。进入 2017 年，越来越多慈善信托进入后续管理环节，并接受民政部门和公众的检验，届时民政部门也将对慈善信托的信息披露等后续管理环节出台更加具有操作性的规定。

（二）慈善信托业务实践更加深入

随着慈善信托理念的广泛传播、慈善信托政策的不断完善，以及慈善组织和信托公司对慈善信托业务的坚持，2017 年慈善信托的实践探索将更加深入。

首先，开展慈善信托业务的机构将显著增加。2016 年受托成立慈善信托的机构，主要是前期具有一定公益信托实践的信托公司，以及少数领先的慈善组织。2017 年，随着慈善信托理念的推广，将有更多机构参与慈善信托中。尤其对于慈善组织来说，在 2016 年慈善组织在慈善信托中担任受托人、双受托人的示范作用下，未来将有更多慈善组织开展担任慈善信托受托人的尝试，并在慈善信托业务中发挥更加积极的作用。

其次，慈善信托的规模和数量将稳步增长。在慈善信托需求方面，随着信托公司、慈善组织、专业研究机构、中介机构对慈善信托理念和优势的宣传，2017 年将有更多慈善信托的需求出现。在受托人方面，对于慈善组织来说，慈善信托是可以满足特定慈善项目需要的新型的慈善方式。对于信托公司来说，慈善信托是信托制度运用的全新业务领域，也是公司社会责任的重要体现。因此，未来不仅有更多慈善机构参与进来，已设立慈善信托的慈善组织也将继续推出更多慈善信托。

最后，慈善信托财产来源更加丰富。除资金信托以外，领先的信托公司和慈善组织也将开展以股权等非货币性财产设立慈善信托的尝试。就业务操作中关键的税收优惠、财产过户等问题，受托人将联合民政部门与相关主管机构进行积极的探讨，力争取得新的突破。

（三）信托公司与慈善组织合作更加紧密

慈善信托搭建了慈善组织与信托公司跨界合作的桥梁。慈善组织与信托公司共同合作，发挥各自优势，推动慈善信托稳步发展，已成为我国慈善事业发展的重要趋势。在合作过程中，随着双方互相认识的不断深入，慈善组织与信托公司在慈善信托领域的合作也将更加紧密。

首先，双方合作规模增加。2017 年随着慈善信托实践发展，与慈善组织开展合作的信托公司，以及与信托公司合作的慈善组织数量都将不断增加。

其次，双方合作层级提升。在慈善信托试点初期，慈善组织与信托公司主要在慈善信托项目层面开展合作。随着业务的推进，慈善信托已成为一些信托公司体现专业受托管理能力、履行企业社会责任的战略性业务，而慈善组织也在业务合作中了解和认同信托公司的特点和优势，促使信托公司与慈善组织上升至战略层面开展合作。

最后，双方合作范围扩展。在提升合作层级的基础上，慈善组织与信托公司还将在资源整合、客户共享方面进行深度合作。慈善组织的项目资源与信托公司高净值客户的慈善需求进行对接。信托公司也可以整合慈善项目资源，为客户提供定制化的慈善信托服务。

2017 年中国慈善信托发展报告

◎ 中国慈善联合会慈善信托委员会

2018 年 1 月

关于慈善信托委员会

慈善信托委员会是中国慈善联合会（以下简称“中慈联”）下设的分支机构，成立于 2016 年 11 月，由慈善组织、金融机构和专业工作者倡议发起、共同参与，旨在促进慈善信托应用与普及，为社会力量参与慈善事业提供更畅通的途径，推动慈善事业持续健康有序发展。

慈善信托委员会的宗旨是：

（一）推动建立完备的法律制度和良好的运营机制，促进慈善信托发展；

（二）指导具有慈善目的的社会力量更好地利用慈善信托开展慈善活动。

慈善信托委员会的主要工作包括：

（一）搭建多方沟通合作平台；

（二）建立慈善信托行业智库，为政府主管部门和行业发展提供智力支持；

（三）加强行业规范建设，完善慈善信托行业标准，推动行业自律；

（四）开展相关培训并引导和推动慈善信托实践。

中国信托业协会首席经济学家蔡概还先生为主任委员，中国社会福利基金会为常务副主任委员单位，锦天城律师事务所高级合伙人李宪明先生为常务副主任委员，陕西省慈善协会、四川信托有限公司、国投泰康信托有限公司、长安国际信托股份有限公司、中航信托股份有限公司、紫金信托有限责任公司为副主任委员单位。

前言

2016年被誉为慈善信托的“元年”，而2017年则是在《慈善法》《慈善信托管理办法》指导下，慈善信托无论在数量还是规模上都取得较大发展的突破之年。

2017年7月7日，银监会、民政部发布了《慈善信托管理办法》，在《慈善法》第五章“慈善信托”规定的基础上，细化了慈善信托的设立、备案、慈善信托财产的管理和处分、慈善信托的变更和终止等9个方面的内容。2017年9月1日，全国慈善信息公开平台，同时也是慈善信托备案、信息披露平台正式建立。此外，北京、深圳和江苏等地也相继出台了地方性慈善信托管理规定，为2017年慈善信托的发展创立了良好、完备的政策环境。

2017年度，共有24家信托公司和7家慈善组织，成功备案了44单慈善信托，初始资金规模6.94亿元，合同金额规模7.89亿元，涉及扶贫、教育、养老、环保等多个公益领域。与2016年相比，不仅数量、资金规模与所涉地域上都有较大程度的发展，在慈善信托的参与方、慈善信托的财产类型、慈善信托的运作模式上都有着至关重要的创新突破。

党的十九大报告中指出：“让贫困人口和贫困地区同全国一道进入全面小康社会是我们党的庄严承诺。要动员全党全国全社会力量，坚持精准扶贫、精准脱贫。”金融扶贫则是脱贫攻坚的重要一环。信托作为当代金融四大体系之一，具有灵活安全、透明高效的特征，在引导高净值客户参与慈善事业、隔离慈善财产、保证专款专用、促进慈善财产保值增值上都具有特别的优势，慈善信托负担着精准扶贫、发展社会慈善事业的重大使命。

一、2016 年慈善信托发展历程回顾

2016 年是我国慈善信托事业发展的元年。

2016 年 3 月，第十二届全国人大通过了《中华人民共和国慈善法》（以下简称《慈善法》），其中第五章将“慈善信托”列为专章，规范了慈善信托作为公益信托的设立、备案、管理、监督、信息公开等各方面的制度规定，建立了慈善信托的基本法律框架。2016 年 9 月起，《慈善法》正式施行，慈善信托步入实践阶段，开始迅速发展。

2016 年 11 月，慈善信托委员会成立。慈善信托委员会是中慈联下设的分支机构，由慈善组织、金融机构和专业工作者倡议发起、共同参与，旨在搭建多方沟通合作平台，激发行业发展活力；建立慈善信托行业智库，为政府主管部门及行业发展提供智力支持；加强行业规范建设，完善慈善信托行业标准，加强行业自律；依托社会力量，联合社会各方，共同推动慈善信托的应用和普及。

与此同时，各个监管部门、慈善组织、信托公司、高等院校、律师事务所等相关领域的专家代表开展了多次专题研讨交流活动，深入探讨慈善信托相关的法律法规制度建设、慈善信托实践与发展的问题。央视、新华社、中央人民广播电台等主流媒体也对慈善信托行业进行了一系列报道，使得慈善信托这一创新公益模式得到了社会的广泛关注，为我国推行慈善信托试点与慈善事业发展打下良好的群众基础。

截至 2016 年底，在全国 12 个省区市，共有 18 家信托公司和慈善组织成功备案了 22 单慈善信托产品，初始资金规模达 0.85 亿元，合同金额规模 30.85 亿元，涉及教育、扶贫、留守儿童等多个慈善公益领域。2016 年的慈善信托实践，以信托公司作为受托人为主，开展出信托公司与慈善组织积极合作、各展所长的多种慈善信托业务模式。慈善信托的备案地以东部地区和西部地区最多。慈善信托的规模、期限结构多样，目的范围广泛，从以促进科教文卫事业发展为主，不断拓宽到扶贫扶老、环保、助残等各个领域，符合慈善事业范围不断扩展的趋势。

2016 年是我国慈善信托事业发展具有里程碑意义的一年，不仅从政策上、实践上、学术理论上大大推进了慈善信托事业的进展，也使得慈善信托成为2017 年政府管理部门、慈善组织、各行各业专家与社会大众关注热议的重点话题，为2017 年推动慈善事业持续健康有序发展，促进慈善信托事业健康规范的创新与运行打下了良好的基础。

二、2017 年慈善信托的政策环境

（一）法律法规概述

2017 年，新增3 部规范慈善信托的法规及部门规范性文件，分别是银监会、民政部共同出台的《慈善信托管理办法》《民政部关于全国慈善信息公开平台上线的通知》与江苏省人大出台的《江苏省慈善条例》。这3部法规及部门规范性文件与已有的法律法规及部门规范性文件共同构成了对慈善信托的法律规范体系（见表1）。

表1　慈善信托相关法律法规汇总

级别	发布部门/日期	法规名称	主要规范方向
法律	全国人大常委会/2001.4.28	《信托法》	第六章“公益信托”专章规定： •公益信托的设立及其受托人的确定，应当经公益事业管理机构批准（第六十二条） •公益信托应当设置信托监察人，监察人享有诉权（第六十四、六十五条） •公益信托的受托人应当至少每年一次做出信托事务处理情况与财产状况报告，经信托监察人认可后，报公益事业管理机构核准，并由受托人予以公告；在终止事由发生之日起十五日内，将终止事由和终止日期报告公益事业管理机构（第六十七、七十条） •公益事业管理机构有权在满足特定情形时变更受托人、更改信托文件条款、核准公益信托清算报告；公益信托管理机构违法的，委托人、受托人、受益

续表

级别	发布部门/日期	法规名称	主要规范方向
			人均有权向人民法院起诉（第六十八、六十九、七十一、七十三条） •公益信托终止后，没有信托财产权利归属人或者信托财产权利归属人是不特定的社会公众的，应当将信托财产用于近似目的（第七十二条）
法律	全国人大常委会/2016.3.16	《慈善法》	第五章“慈善信托”专章规定： •慈善信托的设立采取备案制，应当向受托人所在地县级以上人民政府民政部门备案（第四十五条） •慈善信托受托人只能由慈善组织或信托公司担任，应根据信托文件向委托人报告信托事务处理情况与财产管理情况；应至少每年一次向备案的民政部门汇报，并向社会公开（第四十六、四十八条） •慈善信托监察人由“应当设置”改为“可以设置”，由慈善信托的委托人根据需要确定（第四十九条）
部门规范性文件	民政部、银监会/2016.8.25	《民政部、中国银行业监督管理委员会关于做好慈善信托备案有关工作的通知》（民发〔2016〕151号）	•确定信托公司与慈善组织各对应的备案管辖机关；明确备案程序和要求 •规定信托公司设立慈善信托项目实行报告制度，成立前10日逐笔向银监会报告 •划分民政部门与银监会各自的监管职责，明确受托人履行职责与信息公开义务的具体要求

续表

级别	发布部门/日期	法规名称	主要规范方向
部门规范性文件	银监会、民政部/2017.7.7	《银监会、民政部关于印发慈善信托管理办法的通知》(银监发〔2017〕37号)	在《信托法》《慈善法》《关于做好慈善信托备案有关工作的通知》的基础上： •【设立】要求设立慈善信托、确定受托人和监察人应当采取书面形式；明确书面文件应当载明的事项 •【备案】明确慈善信托备案工作的时间节点、负责部门、文件要求等细节事项 •【财产】强调信托财产与受托人财产的独立保管，其中资金信托应当在商业银行依法开立慈善信托资金专户；受托人财产与信托财产之间原则上不可交易；受托人违反法律法规、信托文件规定给慈善信托带来损失的，以其固有财产承担赔偿责任 •【变更与终止】明确慈善信托变更、终止的条件 •【鼓励政策】明确慈善信托的委托人、受托人和受益人按照国家相关规定享受税收优惠；信托公司开展慈善信托业务免计风险资本，免购信托业保障基金 •【监管职权】规定民政部门和银监部门可以联合或委托第三方对慈善信托进行监管；民政部门和银监会享有对受托人的问询权，可要求其做出说明 •【信息公开】明确民政部门和银监部门应当向社会公开的信息内容、受托人信息公开内容及例外、受托人保存慈善信托事务资料年限等 •【法律责任】明确受托人违法的法律责任与处罚幅度
	民政部/2017.8.17	《民政部办公厅关于全国慈善信息公开平台上线运行的通知》(民办函〔2017〕246号)	•贯彻落实《慈善法》第八章关于信息公开的要求，设立慈善中国平台（网址：http://cishan.chinanpo.gov.cn)，公开慈善信托事务处理情况及财务状况，为慈善信托受托人提供信息报送、发布服务 •慈善信托受托人通过备案的民政部门获得账号，每年一次将信托事务处理状况及财务状况通过该平台向社会公开

续表

级别	发布部门/日期	法规名称	主要规范方向
省级地方性法规	江苏省人大/2017.12.2	《江苏省慈善条例》	第三章“慈善信托”专章规定
地方规范性文件	北京市民政局/2016.9.21	《北京市民政局关于印发〈北京市慈善信托管理办法〉的通知》（京民慈发〔2016〕385号）	在先前法律法规基础上： • 明确慈善信托的财产类型 • 要求受托人就不同的慈善信托在商业银行分别开立资金专户 • 明确受托人变更与慈善信托终止的条件等
	深圳市民政局/2016.9.1	《深圳市民政局关于慈善信托备案工作的公告》	受理本市慈善信托备案业务公告
	江苏省民政厅/2017.12.7	《江苏省慈善信托备案管理实施办法》	全国第一个为慈善信托制定规范性管理办法的省份

（二）2017年新出台法律法规分析

1.《慈善信托管理办法》

2017年7月7日，银监会和民政部联合印发《慈善信托管理办法》（以下简称《办法》），涵盖了总则、慈善信托的设立、慈善信托的备案、慈善信托财产的管理和处分、慈善信托的变更和终止等9个方面的内容。《办法》的出台对我国慈善信托的发展有着重大意义，主要体现在以下几个方面：

第一，标志着我国慈善信托规制体系基本建立。2016 年 9 月 1 日《慈善法》正式实施后，信托业内一度掀起了慈善信托业务热潮。但由于缺乏配套的管理办法，之前信托公司开展慈善信托业务，基本属于“摸着石头过河”的阶段。《办法》的出台，使得慈善信托业务的流程及相关政策更加明确、细化，提高了慈善信托业务的可操作性。《办法》的颁布标志着我国慈善信托规制体系基本建立。

第二，对慈善信托税收优惠做出原则性规定。税收优惠是促进慈善事业发展的重要手段，但税收优惠问题是目前阻碍慈善信托发展的核心问题。《办法》第四十四条规定“慈善信托的委托人、受托人和受益人按照国家有关规定享受税收优惠”，对慈善信托税收优惠做出原则性规定，有进一步明确和推动慈善信托税收优惠之意，但具体方案仍有待于国家相关部门出台具体政策。

第三，为信托公司开展慈善信托业务制定鼓励措施。《办法》第四十五条规定：“信托公司开展慈善信托业务免计风险资本，免予认购信托业保障基金。”首次提出对于信托公司开展慈善信托业务免计风险资本；对于 2016 年银监会以窗口指导的形式规定的信托公司开展慈善信托业务免予认购信托业保障基金，本次《办法》中也予以正式明确。此外，2016 年 12 月制定的新版信托公司监管评级办法还规定，一年内开展三笔以上慈善信托业务或一笔规模较大的慈善信托业务，给予一定评级加分。“免计风险资本 + 免予认购信保基金 + 监管评级加分”，这一系列监管部门给予信托公司开展慈善信托的促进措施，将会促使更多信托公司关注慈善信托、开展慈善信托。

第四，明确慈善信托的监管制度。《办法》对于备案环节的要求表述相比《慈善法》更加明确，并且有利于开展开放式慈善信托。《办法》第十九条规定：“如当月发生两起或两起以上变更事项的，可以在下月 10 日前一并申请备案。”该规定的目的在于方便开放式慈善信托的备案，避免单只开放式信托要不断申请备案的低效情形。

虽然《办法》的出台对统一各地慈善信托管理起到了积极作用，对于实际操作有指导性意义，但仍有遗憾之处：

其一，对于非资金信托的设立指引不足，《办法》尚未做好规范非资金信托的准备，需要更多的案例与进一步的研究以出台更为详细的规范。

其二，未能就慈善组织成为慈善信托受托人的开立资金专户问题给予明确指引。虽然《慈善法》第四十六条赋予了慈善组织和信托公司在慈善信托受托人上平等的地位，但自《慈善法》颁布以来仅有3单以慈善组织独立作为受托人。其中最重要原因就是相对于信托公司可顺利地在银行开立信托资金账户，而慈善组织在银行开立慈善信托资金专户则缺乏明确指引规范。

其三，规定的投资范围狭窄，限制了慈善组织的投资空间。《办法》中规定可以用于慈善信托的财产为银行存款、政府债券、中央银行票据、金融债券和货币市场基金等低风险资产，委托人和信托公司另有约定的除外。这一范围限制远比现行慈善组织相关规范中的投资范围要窄，与慈善信托灵活性的特点相悖。并且，尽管在投资方面慈善组织和信托公司可能存在能力上的差距，但是对于部分投资能力较好的慈善组织，该规定限制了其与信托公司的竞争空间。

2. 全国慈善信息公开平台上线

2017年9月1日，依据民政部出台的《民政部办公厅关于全国慈善信息公开平台上线运行的通知》，“慈善中国”全国慈善信息公开平台（一期）正式开始运营。

在“慈善中国”全国慈善信息公开平台的慈善信托信息查询界面中，公开全部备案的慈善信托的事务处理情况及财务状况。慈善信托受托人通过备案的民政部门，在平台录入相关信息并获得账号，每年至少一次将信托事务处理情况及财务状况等通过该平台及相关方式向社会公开。

全国慈善信息公开平台的开通使用是履行《慈善法》信息公开要求的一项实在举措，也是推进慈善组织信息公开、促进慈善信托事业发展的基础性工程，承载着社会各方对公益慈善透明化、法制化发展的美好愿景。

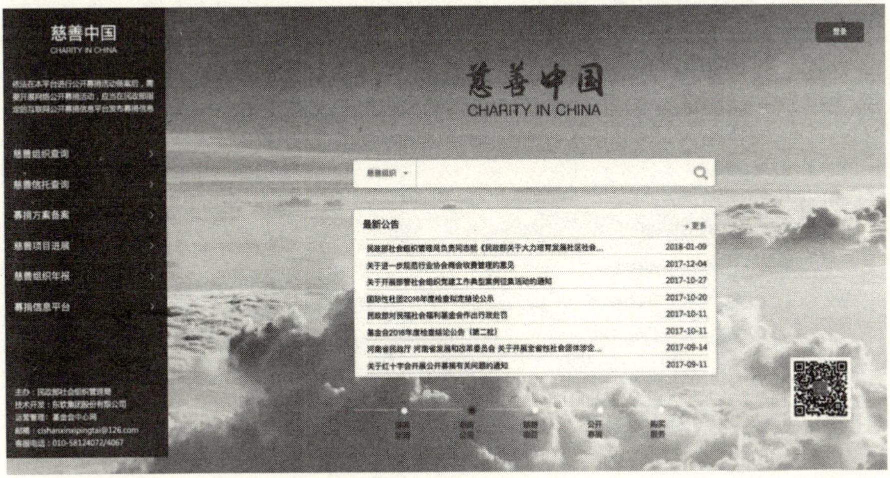

图 1　“慈善中国”全国慈善信息公开平台界面

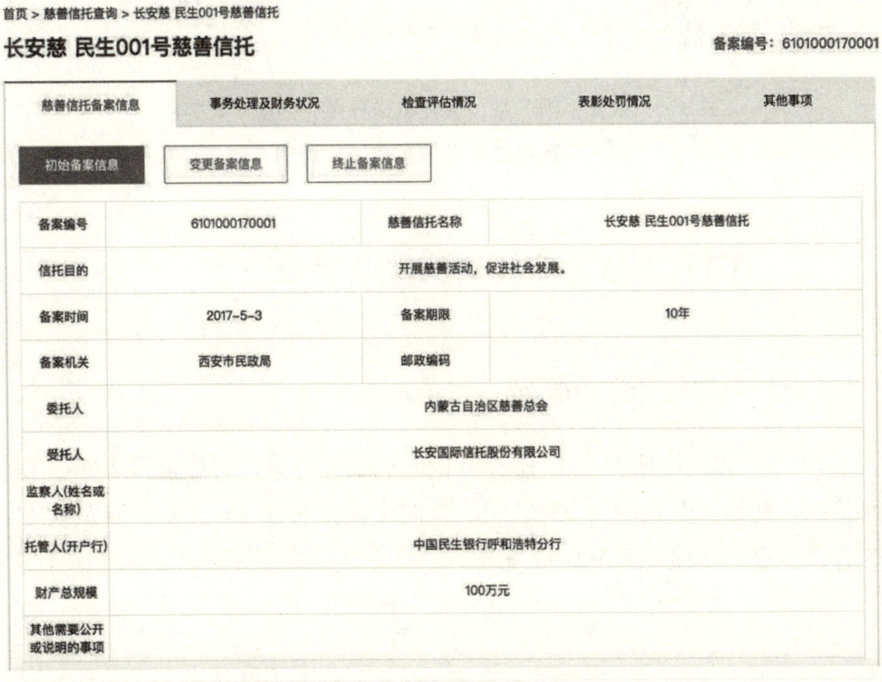

首页 > 慈善信托查询 > 长安慈 民生001号慈善信托

长安慈 民生001号慈善信托　　备案编号：6101000170001

慈善信托备案信息 | 事务处理及财务状况 | 检查评估情况 | 表彰处罚情况 | 其他事项

初始备案信息 | 变更备案信息 | 终止备案信息

备案编号	6101000170001	慈善信托名称	长安慈 民生001号慈善信托
信托目的	开展慈善活动，促进社会发展。		
备案时间	2017-5-3	备案期限	10年
备案机关	西安市民政局	邮政编码	
委托人	内蒙古自治区慈善总会		
受托人	长安国际信托股份有限公司		
监察人(姓名或名称)			
托管人(开户行)	中国民生银行呼和浩特分行		
财产总规模	100万元		
其他需要公开或说明的事项			

图 2　“慈善中国”慈善信托信息查询

序号	慈善信托名称	备案单位	受托人	财产总规模（万元）	信托期限
1	山西信托•晋善慈善信托	太原市民政局	山西信托股份有限公司	100	不设固定期限
2	五矿信托–三江源精准扶贫1号慈善信托	青海省民政厅	五矿国际信托有限公司	100	3年
3	五矿信托–三江源思源1号慈善信托	青海省民政厅	五矿国际信托有限公司	50	10年
4	五矿信托–三江源精准扶贫2号慈善信托	青海省民政厅	五矿国际信托有限公司	50	2年
5	百瑞仁爱·金庚慈善信托	郑州市民政局	百瑞信托有限责任公司	294	30年
6	长安慈–老牛基金会教育慈善信托	西安市民政局	长安国际信托股份有限公司	100	长期
7	昆仑信托2017年·昆仑爱心一号助学慈善信托	宁波市民政局	昆仑信托有限责任公司	81.22	10年
8	昆仑信托2017年·昆仑爱心二号助困慈善信托	宁波市民政局	昆仑信托有限责任公司	67.82	10年
9	昆仑信托2017年·昆仑爱心三号助医慈善信托	宁波市民政局	昆仑信托有限责任公司	36.77	10年
10	中航信托•天启 2017 408号爱飞客公益 集合信托计划二期	南昌市民政局	中航信托股份有限公司	70	60个月

图 3 “慈善中国”慈善信托查询界面——以“长安慈——民生 001 号慈善信托”为例

三、2017 年慈善信托的实践与特征

（一）慈善信托实践概况

2017 年度，共有 24 家信托公司和 7 家慈善组织，成功备案了 44 单慈善信托，初始资金规模 6.94 亿元，合同金额规模 7.89 亿元，涉及扶贫、教育、养老、环保等多个公益领域。

表2　2017 年慈善信托实践情况统计

序号	地区	名称	委托人	受托人	期限	用途	初始规模（万元）
1	四川省	中铁信托·明德1号宜化环保慈善信托	湖北宜化化工有限公司	中铁信托	5 年	资助环保组织的设立、环保组织开展的环保活动及环保相关的奖励活动	700
2	江西省	中航信托——中国扶贫慈善信托计划	江西省老区促进会	中航信托 中国扶贫基金会	无固定期限	扶贫	100
3	海南省	弘毅 1 号——社区养老公益组织扶持慈善信托	上海弘毅迁善实业发展集团	海南弘毅扶贫慈善基金会	未披露	优质社区居家养老公益服务项目的开发、实施、宣传、评估、推广	100
4	北京市	北京信托 2017 年大病关爱慈善信托	广州永万投资公司	北京国际信托	1 年	扶贫救济、医疗救助	30
5	北京市	国投泰康信托 2017 年真爱梦想 2 号教育慈善信托	自然人	国投泰康信托	5 年，可延期	素养教育研究和推广	48（股权估值）
6	西安市	长安慈——民生 001 号慈善信托	内蒙古自治区慈善总会	长安信托	10 年	开展慈善活动，促进社会和谐发展	141
7	郑州市	百瑞仁爱·映山红慈善信托	国家电力投资集团公司团委、集团员工、社会公众等	百瑞信托	20 年	偏远贫困地区教育事业援助	195

续表

序号	地区	名称	委托人	受托人	期限	用途	初始规模（万元）
8	广东省	中信·何享健慈善基金会2017顺德社区慈善信托	美的控股有限公司	中信信托、何享健慈善基金会（现更名为广东省和的慈善基金会）	永续	全面支持顺德的扶贫、济困、教育、养老、社区发展等综合性慈善需求	49200
9	山东省	山东信托——大同系列同心扬梦慈善信托计划	向社会开放	山东信托	无期限	公益慈善（扶贫助学、爱老敬老）	1
10	贵州省	北京银行——华能信托·新凤祥慈善信托	新凤祥集团	华能贵诚信托	5年	扶贫助学、艺术教育（由艺术家、青年演员、艺术院校师生组成的心灵艺术爱心团队将走进全国各地贫困地区的小学）	1000
11	郑州市	百瑞仁爱·甘霖慈善信托	中外建建设发展（上海）有限公司（央企团委）	百瑞信托	永续	致力于开展救济贫困、扶老救孤、恤病助残，以及促进教育、科学、文化、环保等事业发展	153
12	上海市	中信·上海市慈善基金会蓝天至爱2号慧福慈善信托	自然人	中信信托、上海市慈善基金会	10年	帮助孤寡病残等非特定群体	600

续表

序号	地区	名称	委托人	受托人	期限	用途	初始规模（万元）
13	四川省	帮一帮慈善信托	四川省慈善总会	四川信托	永续	慈善法规定综合领域；成立后将首先为九寨地震灾区重建工作提供金融支持与资金援助	100
14	浙江省	幸福传承慈善信托	双层信托的上一层信托收益（首期：中华遗嘱库管委会主任陈凯律师）	万向信托	无固定期限	促进和弘扬家族传承文化发展	上一层信托首期出资200万元，部分遗产和保险金受益权；后续可以接受多种形式的捐赠
15	浙江省	中国水源地保护慈善信托	民生人寿保险公益基金会和阿里巴巴公益基金会	万向信托	永续	通过开展流域面源治理、生态保护与修复，实现水源地水质提升，并通过整合资源发展流域内乡村生态产业、引领社会的绿色消费以带动乡村经济发展。一方面解决水源地污染问题，另一方面创造可持续的资金机制，建立长效的水源地保护模式	1000

续表

序号	地区	名称	委托人	受托人	期限	用途	初始规模（万元）
16	西安市	长安慈——杨凌精准扶贫慈善信托	杨陵区精准扶贫办公室、杨凌示范区慈善协会	长安信托	3年	扶助陕西省杨凌示范区的低收入户实现精准脱贫	501
17	合肥市	国元慈善信托	安徽国元控股（集团）有限责任公司	国元信托	3年	教育、慈善等社会公益事业	1300
18	西安市	陕国投·公益助学慈善信托	自然人、机构	陕国投	10年	为发展教育事业，帮助贫困学生，助其顺利就学，并解决生活、学习等各项困难	1000
19	山东省	邢白家族——慈善信托	未披露	山东信托	无期限	公益慈善	1000
20	天津市	天信世嘉·信德黑大同窗互助慈善信托	十二位自然人	天津信托	10年	捐助因重大疾病或其他特殊困难需要帮助的黑龙江大学校友及其直系亲属、贫困地区失学儿童及留守儿童，包括符合上述条件的自然人及开展资助上述群体的慈善组织	15.1

续表

序号	地区	名称	委托人	受托人	期限	用途	初始规模（万元）
21	浙江省	万向信托——艺酷慈善信托	机构、自然人（可接纳新增委托人）	万向信托	无固定期限	包括但不限于发展教育、科学、文化、体育、卫生、环境及其他社会公益事业，扶贫、济困、扶老、救孤、恤病、助残、救助灾害事件及其他公益活动	含资金和财产权共计不低于10万元（委托人收藏的著名画家曹彬画作41幅）
22	南昌市	中航信托·绿色生态慈善信托	中航信托股份有限公司	中航信托、中华环境保护基金会	不设固定存续期限	资助和开展保护环境、促进绿色生态事业发展的活动及项目资助和开展绿色生态管理、宣传教育、学术交流和培训活动及项目支持和资助促进绿色生态事业发展的科学研究、科技开发和示范项目；开展和资助促进绿色生态事业发展的国际交流与合作	50
23	北京市	金谷信托 2017 信达大爱 1 号（扶贫及教育）慈善信托	中国信达资产管理股份有限公司新疆维吾尔自治区分公司	金谷信托	5 年	以扶贫、济困及促进教育发展为目的	30

续表

序号	地区	名称	委托人	受托人	期限	用途	初始规模（万元）
24	南昌市	中江国际·公益救助慈善1号集合资金信托计划	江西国际信托股份有限公司工会委员会	中江国际信托	永续	资助贫困家庭子女进入院校学习，针对贫困地区城乡大病困难群众进行慈善救助	30
25	成都市	川信·尊悦豪生慈善信托计划1号	成都市慈善总会	四川信托	2年	资助符合信托文件约定的我国各类企业贫困职工、贫困家庭以及相关慈善救助、教育、医疗、文化、体育、环保和社会服务等领域，包括但不限于“成都市慈善总会”推荐并经受托人和相关主管部门认可的扶贫项目	190
26	北京市	金谷信托2017信达大爱2号（扶贫及教育）慈善信托	中国信达资产管理股份有限公司	金谷信托	5年	改善贫困地区群众生活，教育支持	90
27	重庆市	新华信托·华恩1号教育扶贫慈善信托	重庆市慈善总会	新华信托	10年	专项投向我国教育扶贫事业	20
28	南京市	紫金信托·厚德7号慈善信托	南京市慈善总会	紫金信托	不少于1年	救助困难家庭罹患大病的儿童及残障儿童	100
29	江苏省	瑞华公益轮椅助你行慈善信托	江苏省同泰慈善基金会	江苏省瑞华慈善基金会	3年	帮助下肢残疾人、行动不便的老年人等解决出行困难，向医院、机场、火车站、汽车站、旅游景点等公共场合免费提供出借轮椅服务	100

续表

序号	地区	名称	委托人	受托人	期限	用途	初始规模（万元）
30	广东省	兴辰慈善信托	涂业兴及李美辰夫妇	深圳市社会公益基金会	永续	以慈善资助方式推动教育、医疗、科技等领域的创新项目和青年行动	10
31	青海省	五矿信托——三江源精准扶贫1号慈善信托	北京中维房地产开发有限公司	五矿信托	3年	支持青海省扶贫开发事业	100
32	青海省	五矿信托——三江源精准思源1号慈善信托	三江源生态保护基金会	五矿信托	10年	用于改善与维持三江源地区生态稳定性	不设置上限，首期规模不低于50万元
33	青海省	五矿信托——三江源精准扶贫2号慈善信托	五矿证券	五矿信托	3年	支持甘肃省精准扶贫事业	50
34	河南省	百瑞仁爱·金庚慈善信托	北京长江科技扶贫基金会、汝州市金庚康复医院	百瑞信托	30年	用于脑瘫患儿、困境儿童救助、脑瘫医护人员培训、脑瘫救治研究和医学交流以及与脑瘫儿童、困境儿童救助的相关的其他慈善活动	294
35	陕西省	长安慈－老牛基金会教育慈善信托	老牛基金会	长安信托	长期	旨在促进内蒙古自治区教育事业发展	100

续表

序号	地区	名称	委托人	受托人	期限	用途	初始规模（万元）
36	浙江省	昆仑信托2017年·昆仑爱心一号助学慈善信托	未披露	昆仑信托	10年	助学、助教，资助贫困学生完成学业，奖励优秀学生和教师，提高校园设施水平等其他符合《中华人民共和国慈善法》规定的慈善活动	81.22
37	浙江省	昆仑信托2017年·昆仑爱心二号助困慈善信托	未披露	昆仑信托	10年	扶贫、济困，帮扶困难群众，致力于困难家庭实现脱贫致富等其他符合《中华人民共和国慈善法》规定的慈善活动	67.82
38	浙江省	昆仑信托2017年·昆仑爱心三号助医慈善信托	未披露	昆仑信托	10年	助医，为患病的困难群众提供医疗救助资金，资助特殊疾病的治疗等其他符合《中华人民共和国慈善法》规定的慈善活动	36.77
39	江西省	中航信托·天启2017 408号爱飞客公益 集合信托计划二期	中航信托股份有限公司以及中航爱飞客基金管理有限公司	中航信托	5年	受托人根据信托计划文件的约定，以受托人名义，将委托人交付的信托资金用于慈善公益领域，慈善事业范围为航空培训教育、航空科普、精准扶贫、弘扬社会正义、绿色环保等	70
40	广东省	全国金融青联东方爱心慈善信托计划	李佳芮	大业信托	10年	慈善法规定范围的慈善项目以及金融行业开展的慈善活动	10

续表

序号	地区	名称	委托人	受托人	期限	用途	初始规模（万元）
41	广东省	广东省扶贫开发协会粤财扶贫慈善信托	广东省扶贫开发协会	粤财信托	3 年	信托财产运用于扶贫公益事业	100
42	北京市	外贸信托 2017 年度·中国银行·满堂红教育慈善信托	高净值客户	外贸信托	永续	奖励优秀教师员工、品学兼优的学生、改善教学条件，促进基础教育	724.9
43	福建省	厦门信托——重庆园林中国传统文化保护传承慈善信托	重庆中瑞思成古建筑文化研究院	厦门信托	未披露	促进中国传统文化保护传承事业的发展	100
44	山西省	山西信托·晋善慈善信托	山西省慈善总会	山西信托	不设固定期限	信托财产用于《中华人民共和国信托法》《中华人民共和国慈善法》《慈善信托管理办法》规定的慈善用途。包括省内的扶贫、济困、扶老、救孤、恤病、优抚，救助自然灾害、事故灾难和公共卫生事件等突发事件造成的损害，促进教育科学文化卫生体育等，事业的发展防治污染和其他公害，保护改善生态环境及慈善法规定的其他公益活动	100

（二）慈善信托实践特征分析

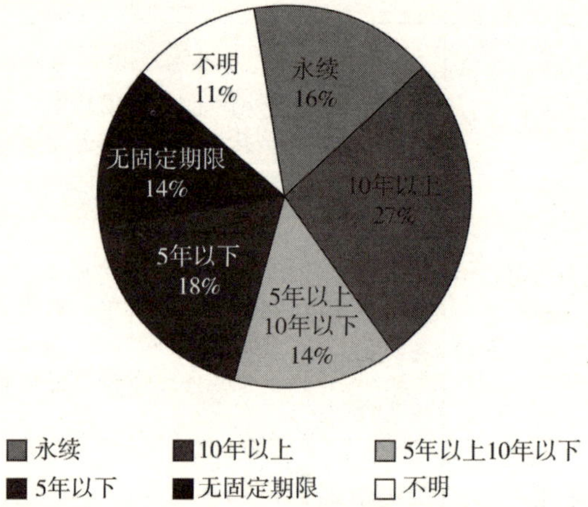

图4　慈善信托设立期限

1. 慈善信托设立的规模、期限结构多样

从期限结构上来说，在2017年的44单慈善信托中，设立无固定期限的有9单，5年期以下的有8单，5年期以上（含本数）10年期以下的有6单，10年期及以上的有12单，永续性的有7单，未披露信息的有2单。其中，5年期以上及永续性的慈善信托占比高达56.8%，显示出慈善信托持久性的特征。但与此同时，各种期限结构的慈善信托都占有一定比例，这也显示出慈善信托适应委托人意愿的灵活性特征。

而从慈善信托的规模上看，2017年备案的44单慈善信托中，信托合同规模在100万元以下的有18单，100万元以上（含本数）但是低于1000万元的有20单，1000万元以上（含本数）的有6单，其中初始资金规模最高的一单为49200万元。不同规模档次中均有多单慈善信托落地，反映出慈善信托具有灵活、高效的特点，可以满足不同委托人个性化的要求。

2. 信托公司单受托人模式为主流

2017年备案的44单慈善信托中，主要是信托公司担任受托人。其中，

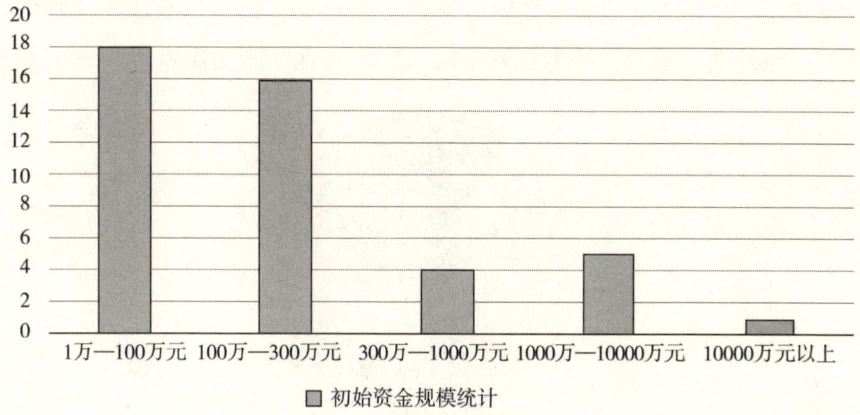

图5　慈善信托设立期限

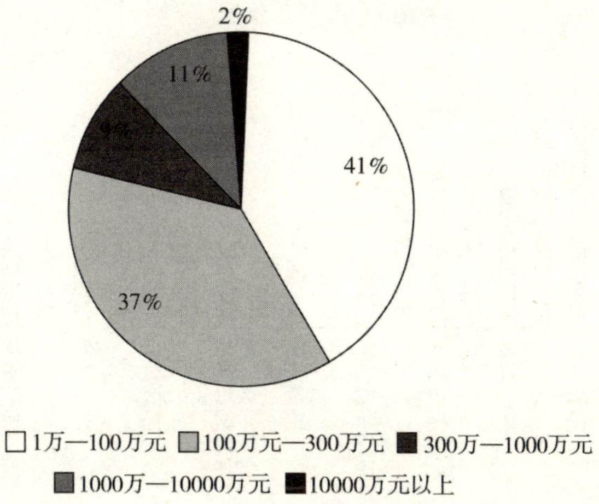

图6　慈善信托设立期限

信托公司担任受托人的慈善信托有 37 单，占 84%；基金会担任受托人的慈善信托有 3 单，占 7%；信托公司和基金会共同担任受托人的慈善信托有 4 单，占 9%。相比之下，2016 年备案的 22 单慈善信托中，绝大部分是信托公司作为单受托人，占 86%，基金会担任受托人的仅有 1 单，“基金会 + 信托公司”双受托人的仅有 2 单。

可见，我国的慈善信托发展，目前主要靠信托公司推动。慈善组织担任受托人的实践不多，可能是因为大部分基金会对于慈善信托这种新兴慈善模式还比较陌生，需要一段时间熟悉，以及慈善组织作为慈善信托的受托人，在开立“慈善信托专用资金账户”时存在一定实操障碍。

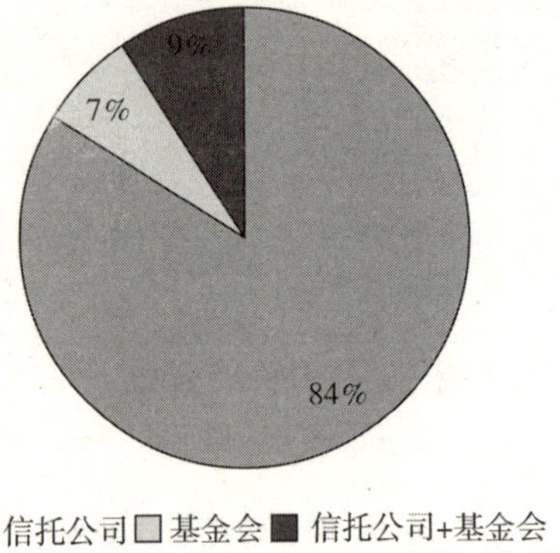

图7　受托人情况

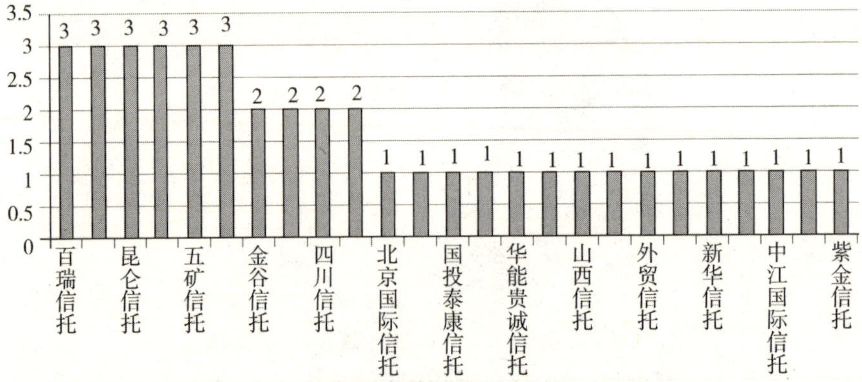

图8　2017 年信托公司慈善信托业务开展情况

（注：以名称首字母拼音顺序填列）

3. 慈善信托目的范围广泛

2017 年，慈善信托的设立目的依然非常广泛，覆盖扶贫、扶老、教育、环境等领域。其中，以“综合类公益活动”为目标的慈善信托最多，共有 12 单；“扶贫、济困”的慈善信托有 10 单，“促进科教文卫等事业发展”的慈善信托有 9 单；“扶老、救孤、恤病、助残、优抚”和“防止污染、保护和改善生态环境”的慈善信托各有 6 单和 4 单。

相比于2016年的情况，2017年致力于开展综合类公益活动的慈善信托比例提高，整体而言目的的范围依旧广泛。

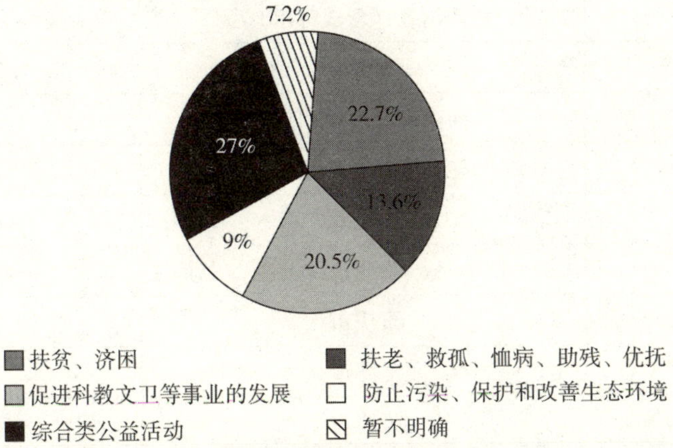

图9　2017年慈善信托的设立目的情况

4. 备案地分布呈现平均化趋势

从备案地来看，在2017年中，共有18个省（直辖市）开展了慈善信托备案工作。按照备案的慈善信托数量来看，浙江省备案6单，位列第一；北京市备案5单，位列第2；广东省、陕西省、江西省均备案4单，并排位列第3；四川省、青海省、河南省均备案3单；江苏省、山东省均备案2单；其余各地均备案1单。其中，山西省、海南省、山东省、河南省、青海省5个省和天津市、重庆市两个直辖市在2017年实现了首单慈善信托落地，慈善信托的地区覆盖面扩大。

表3　慈善信托各省份备案分布情况

排序	省份	数量
1	浙江省	6
2	北京市	5
3	广东省	4
4	陕西省（含西安市）	4
5	江西省（含南昌市）	4

续表

排序	省份	数量
6	四川省（含成都市）	3
7	青海省	3
8	河南省（含郑州市）	3
9	江苏省（含南京市）	2
10	山东省	2
11	贵州省	1
12	重庆市	1
13	上海市	1
14	天津市	1
15	福建省	1
16	安徽省（含合肥市）	1
17	海南省	1
18	山西省	1

2017年，慈善信托备案地也表现出了更加平均化的趋势。2017年备案完成的44单慈善信托中，东部地区23单，占52.3%；西部地区12单，占27.3%；中部地区9单，占20.4%。相比于2016年慈善信托主要集中于东部地区（占64%）的情况有所改变，2017年中西部地区的慈善信托业务逐渐发展起来。

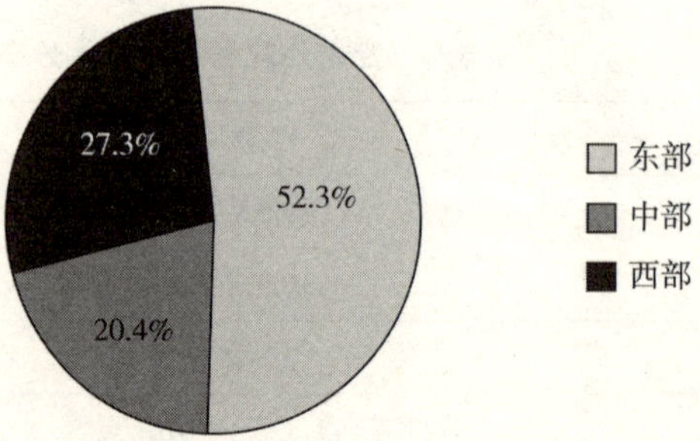

图10　慈善信托备案地分布分析

5. 委托人身份更为多样化

从委托人身份上看，2017 年备案的 44 单慈善信托中，有 15 单委托人是公司企业，占总单数的 34.1%；有 13 单委托人是以慈善基金会为主的慈善机构，占总单数的 29.6%；自然人委托共 6 单，占比 13.6%；多种类委托人合作委托共 10 单，占 22.7%。

从不同类型委托人信托财产规模上看，2017 年备案的 44 单慈善信托中，委托人是公司企业的 15 单慈善信托，贡献了 53003 万元的初始资金，占总初始资金规模的 76.4%。13 单委托人是以慈善基金会为主的慈善机构的慈善信托，其初始资金规模为 2602 万元，占总规模的 3.7%。自然人委托及多种类委托人合作委托的慈善信托规模，则占了 19.9%。

可以看出，在 2017 年备案的慈善信托中，委托人身份来源较为多样化，不过仍以企业和慈善机构为主。企业作为委托人贡献了近八成的慈善信托初始资金，成为慈善信托资金规模中的中流砥柱。

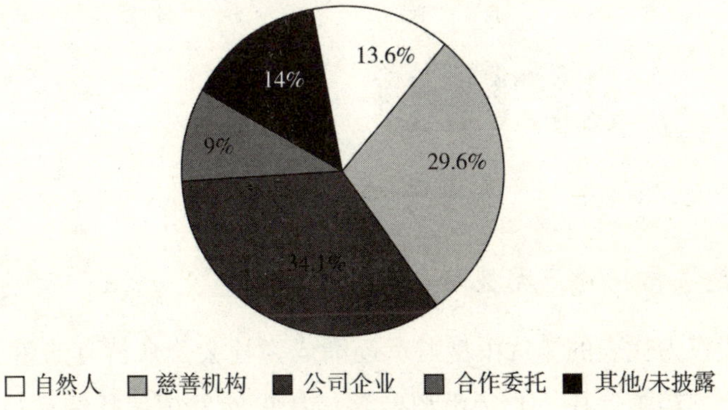

图 11　慈善信托委托人情况分析

（三）慈善信托实践的创新

1. 慈善信托参与方的创新

2017 年完成的慈善信托中，长安信托在投资顾问模式上取得了创新突破。2017 年 5 月 8 日“长安慈——民生 001 号慈善信托”在西安市民政局备案。该单为内蒙古自治区首单慈善信托，其受托人为长安国际信托，信托先导资金由民生银行私人银行推荐的超高净值客户捐赠，通过内蒙古自治区慈善总会而设立，民生银行作为保管银行与财务顾问。这是首次由银行发动客户做慈善信托，并由银行作为慈善信托的财务顾问，打开了家族慈善业务发展的新空间。

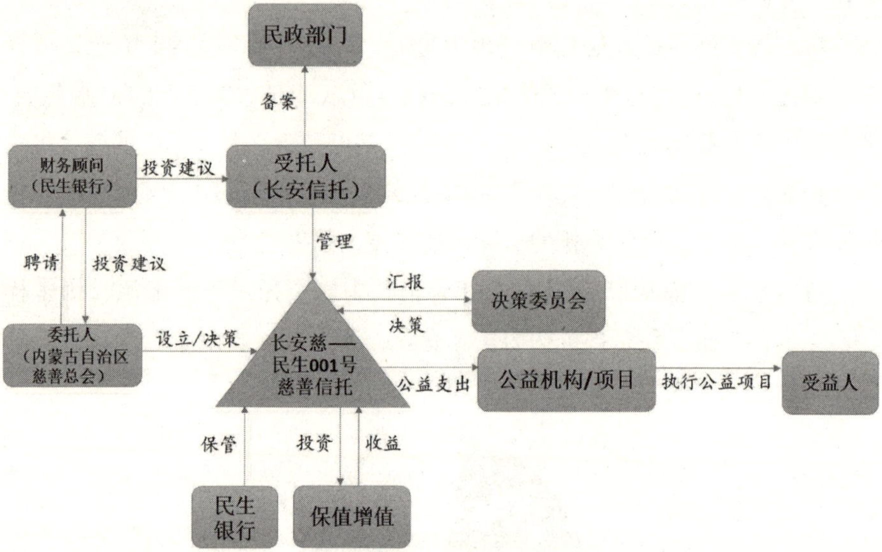

图12　参与方结构图

2. 慈善信托资产类型的创新

以股权为代表的非货币型财产逐渐成为社会公众持有的重要财产，相比于货币型慈善信托，非货币型慈善信托更能发挥信托制度持久的优势，有助于推动慈善活动从传统消耗型模式向自生型路径转变。故产生了以股权作为信托资产与以艺术品作为信托资产的资产类型的创新。

2017 年 4 月 21 日，国内首单股权慈善信托“国投泰康信托 2017 年真爱梦想 2 号教育慈善信托”在北京市民政局完成备案。其委托人是自然人，信托财产为委托人持有的非上市企业股权，估值历史成本共计 48 万元。受托人是国投泰康信托，期限为 5 年。信托资产的运用方式是非上市企业股权每年的股权分红，主要用于素养教育的研究和推广的慈善事业。

2017 年 9 月 7 日，万向信托成立并备案全国首单以艺术品作为信托财产的慈善信托“万向信托——艺酷慈善信托”。该单慈善信托产品是由一位机构委托人及一位自然人委托人共同设立，首期信托财产为委托人收藏的著名画家曹彬画作 41 幅，根据过往交易价格估值总价不少于 10 万元。截至 2017 年 9 月 7 日，“万向信托——艺酷慈善信托”项下委托人共交付资金人民币 0.85 万元及画作 41 幅。在之后的日常管理中，万向信托将通过在艺术品市场投资各类艺术品，以另类投资的形式实现信托财产的保值增值，其收入用于包括但不限于发展教育、科学、文化、体育、卫生、环境及其他社会公益事业，扶贫、济困、扶老、救孤、恤病、助残、救助灾害事件及其他公益活动。

3. 家族慈善的创新

近年来，我国高净值人群的慈善需求保持高速增长。2016 胡润慈善榜显示，前 100 名富豪过去一年捐赠总额为 300 亿元，同比上升 50%，是 2013 年捐赠总额的 5 倍；同时，新的慈善家不断涌现，人数占据了榜单的近七成。因此，信托公司在为高净值客户安排财富传承的同时，关注并为其慈善需求提供解决方案，具有非常重要的现实意义。

在 2017 年，中信信托和长安信托在家族财富与慈善信托的结合上走在业内前列。中信信托与何享健家族合作开展了“中信·何享健慈善基金会 2017 顺德社区慈善信托”；长安信托“长安慈·民生 001 号慈善信托”通过民生银行实现了针对高净值人群的慈善信托，共同推进我国家族慈善事业的发展。

4. 慈善信托慈善项目创新

随着国内慈善信托的发展，慈善信托所覆盖的慈善领域和项目内容也在不断创新，根据目前最重要的社会问题、环境问题等开展慈善信托，更具公益性和现实意义。比如，2017 年 9 月 13 日“长安慈——杨凌精准扶贫慈善信托”落地，旨在扶助杨凌示范区的低收入户实现精准脱贫，真正做到了“精准扶贫”，为杨凌区精准脱贫工作注入更多力量。又如，2017

年9月25日“中航信托·绿色生态慈善信托”落地，旨在助力国内的绿色产业、绿色项目、绿色组织，该单为国内首个以绿色生态为主题的慈善信托。

5. 慈善信托运作模式的创新

2017年9月1日，万向信托成立并备案了国内首个双层信托模式的慈善信托“幸福传承慈善信托”。“幸福传承慈善信托”设立目的为促进和弘扬家族传承文化发展。与直接捐赠或设立基金会的方式不同的是，该基金由两层信托构成，第一层信托主要目的是保值增值，将其收益全部置入第二层信托，第二层信托为慈善信托。

双层信托模式的好处是，既可以让第一层信托的管理人专心做投资，避免因为慈善资金偏重安全性的特点而限制投资品种和投资方向的选择，有助于提高收益率；与此同时，又可以让第二层信托专注于做慈善，由于其资金来源由第一层信托解决，这使得第二层信托的管理方免除了因投资和资金来源而产生的后顾之忧，真正做到永续慈善。

四、2017年慈善信托的研究成果

（一）发布2016年慈善信托蓝皮书

2017年初，根据慈善信托事业的发展趋势和行业的迫切需求，慈善信托委员会分析总结了2016年中国慈善信托的理论与实践发展情况，编制了《2016年中国慈善信托发展报告》（以下简称“报告”），并于2月14日在京发布。报告简要回顾了2016年我国慈善事业的发展概况，梳理和分析了我国慈善信托的实践模式和特征，指出了发展慈善信托亟须解决的各类问题，并对未来发展趋势进行了展望。

报告认为，我国已开展的慈善信托主要有以下四种模式：一是慈善组织为委托人，信托公司为受托人；二是信托公司为受托人，慈善组织为项目执行人或公益顾问；三是慈善组织与信托公司共同担任受托人；四是慈

图 13　发布会现场

善组织担任受托人，独立开展慈善活动。在已备案的 22 单慈善信托中，受托人既有信托公司也有慈善组织，但仍以信托公司为主，这源于信托公司在受托管理、信托运营等方面积累了丰富经验。值得注意的是，2016 年，信托公司和慈善组织之间的合作日益加强，双方已展开密切合作。慈善组织擅长资金募集和项目实施，能与信托公司之间实现优势互补。

报告同时指出，针对慈善信托制定具体的税收优惠政策目前迫在眉睫，并要着重解决慈善信托委托人的纳税抵扣问题，明确以股权或其他动产、不动产、无形资产、商品货物等财产设立的慈善信托的税收优惠政策。此外，建立非货币财产的信托登记制度、制定慈善信托受托人尽职标准，也是我国慈善信托在当前发展中亟须解决的问题。

报告认为，未来随着慈善信托政策的不断完善，开展慈善信托业务的机构将显著增加，慈善信托的规模和数量将稳步增长，财产来源也将趋于多样化。

（二）开展慈善信托课题研究

2017 年 4 月，慈善信托委员会积极推动慈善信托重点课题研究工作，整合慈善组织、信托公司以及专业研究机构资源，组织委员、顾问等力量，就慈善信托在家族财富传承中的运用、慈善信托财产登记、慈善信托税收等9个热点问题进行探讨研究。

表4　2017年慈善信托课题研究

序号	课题	牵头单位	参与单位
1	我国慈善信托法律规制建设研究	无	
2	慈善组织开展慈善信托的模式、职责和策略	无	
3	信托公司开展慈善信托的模式、职责和策略	中国对外经济贸易信托有限公司	中国金谷国际信托有限责任公司
4	商业银行等其他商业机构开展慈善信托的模式、职责和策略	招商银行股份有限公司	
5	慈善信托共同受托人治理机制研究	中航信托股份有限公司	中国扶贫基金会
6	关于信托公司为社会慈善组织输出服务合作开展慈善信托研究	紫金信托有限责任公司	南京市慈善总会
7	如何将财富管理与慈善信托有机结合，做到1+1>2	中国金谷国际信托有限责任公司	中国对外经济贸易信托有限公司
8	慈善信托受托人尽职管理研究	国投泰康信托有限公司	中国妇女发展基金会
9	慈善信托在家族财富传承中的运用	四川信托有限公司	成都市慈善总会
10	慈善信托财产登记制度研究	长安国际信托股份有限公司	老牛基金会
11	慈善信托税收政策研究	国投泰康信托有限公司	长安国际信托股份有限公司

在课题研究报告上交后，将由慈善信托委员会研究组对所报课题研究报告进行审定讨论，并在统一编辑后结集出版。

（三）举办多场慈善信托相关研讨会、培训会

2017 年，慈善信托委员会联合国内知名慈善组织、大型信托公司负责人和行业专家学者，提供了多场专业的慈善信托培训与研讨会，与监管部门、慈善组织、信托公司、银行、高等院校、律师事务所等各个社会主体进行交流与合作。

图 5　2017 年慈善信托各类研讨会

会议时间	发起主体	会议主题	与会机构
2017. 5. 19	慈善信托委员会	慈善信托培训	来自中慈联、锦天城律师事务所、长安国际、中国信托业协会和其他慈善组织及企业的代表共计 40 余名
2017. 6. 6	慈善信托委员会、特华博士后科研工作站、法律出版社	《英国慈善委员会指引》中文版新书发布会暨慈善财产管理研讨会	来自中慈联、英国慈善委员会、法律出版社、特华博士后科研工作站、中国人民大学、四川信托、南京慈善总会、长安信托、鹏润控股、中国证券业协会的多位专业人士出席
2017. 8. 10	慈善信托委员会、中航信托股份有限公司	《慈善信托管理办法》解读座谈会议	来自中慈联、中航信托、英国慈善委员会、中国政法大学商法研究所、中国公益研究院慈善法律研究中心、中国扶贫基金会、律师事务所等 50 位慈善界、法律界与信托界专家和学者出席座谈会议
2017. 10. 23	慈善信托委员会、上海市律师协会、四川信托有限公司	家族慈善高峰论坛	多位来自银监会、中慈联、四川信托、北京师范大学、上海瑾之润律师事务所、上海律协、中国金谷国际信托、长安国际信托、上海浦东发展银行、融孚律师事务所的代表出席本论坛
2017. 11. 11	北京大学非营利组织法研究中心	慈善信托季度论坛第一期之信托公司作为受托人的慈善信托探讨	来自中慈联、长安信托、国投泰康信托、上海国际信托、万向信托、深圳市社会公益基金会、清华大学教育基金会、北京大学、中国政法大学、北京师范大学等多位慈善界、法律界与信托界专家和学者出席论坛

续表

会议时间	发起主体	会议主题	与会机构
2017.11.24	北京长安信托公益基金会、北京师范大学中国公益研究院慈善法律中心	慈善信托税收专题研讨会	邀请到财政部和国家税务总局相关负责人，澳大利亚纽曼和特纳尔律师事务所主席 Matthew Turnour，英国 Wellers 律师事务所慈善部门负责人 Paul Martin，北京工商大学法学院教授郝琳琳，广东省和的慈善基金会秘书长汪跃云等嘉宾出席讨论

2017 年 6 月 6 日，中国慈善联合会慈善信托委员会主办、特华博士后科研工作站及法律出版社承办《英国慈善委员会指引》中文版（以下简称《指引》）发布会。《指引》中文版的发布，不仅可以作为理论研究的参考文献，还可以为政府部门对慈善事业进行监督管理以及慈善组织提升内部治理水平提供较为完善的借鉴和参考依据。

在发布会的同时，中慈联慈善信托委员会在北京召开慈善财产管理研讨会。会议讨论家族财富管理中的慈善安排、信托公司资产管理经验分享、慈善财产管理的实践与经验、关于慈善资产的投资管理、互联网资产管理的现状和发展、发挥证券基金机构主体优势服务慈善组织慈善财产投资管理等议题。

图 14　《英国慈善委员会指引》中文版新书发布会现场

图 15　慈善信托培训现场

2017 年 8 月 10 日，中慈联慈善信托委员会与中航信托股份有限公司联合主办“《慈善信托管理办法解》读座谈会议”，聚焦《慈善信托管理办法》，从不同视角对其进行解读与行业交流，共同展望中国慈善信托前景。

2017 年 10 月 23 日，在北京举办“家族慈善信托高峰论坛”，多位来自信托公司、律师业及慈善组织的代表交流了慈善信托相关理念及实践经验。探索家族信托与慈善信托的结合，利用家族信托的制度完备和发展特点来促进慈善信托与慈善事业的发展，成为本次论坛的核心议题。

2017 年 11 月 11 日，在北京大学举办“慈善信托季度论坛第一期之信托公司作为受托人的慈善信托探讨”，来自中慈联、长安信托、国投泰康信托、上海国际信托、万向信托、深圳市社会公益基金会、清华大学教育基金会、北京大学、中国政法大学、北京师范大学等多位慈善界、法律界与信托界专家和学者出席论坛，对信托公司担任受托人的理论问题和实践问题进行了交流和探讨。

2017 年 11 月 24 日，由北京长安信托公益基金会资助的“慈善信托税收专题研讨会”成功举办，该研讨会是北京长安信托公益基金会与北京师范大学中国公益研究院慈善法律中心合作的“慈善信托税收研究课题”的组成部分，邀请到了财政部和国家税务总局相关负责人，澳大利亚纽曼和特纳尔律师事务所主席 Matthew Turnour，英国 Wellers 律师事务所慈善部门负责人 Paul Martin，北京工商大学法学院教授郝琳琳，广东省和的慈善基金会秘书长汪跃云等嘉宾出席讨论。

慈善信托是我国财富管理与慈善事业发展的新型方式与重要载体，积极召开培训会与研讨会，不仅能够满足各个行业内对慈善信托的学习需求，也可以促进各行各业慈善信托问题的讨论与交流。未来，慈善信托委员会还将陆续带来更多高水平、高质量的培训，为行业培养更多慈善信托专业人才。

五、2018 年慈善信托发展展望

2017 年，信托公司和慈善组织对慈善信托的多样化探索实践，充分展示了慈善信托的发展活力。2018 年，随着慈善信托政策的不断完善，公众对慈善信托认识的深入，慈善组织和信托公司对慈善信托的探索将更加深入。

（一）亟待信托财产登记制度的落地

《信托法》第十条堪称非货币信托财产的“死亡条款”，规定对于依照有关法律、行政法规规定应当办理登记手续的信托财产，采取登记生效主义，未经登记的信托不生效力。目前法律规范中提及信托财产登记制度的，仅《不动产登记暂行条例实施细则》一处，规定“不动产信托依法需要登记的，由国土资源部会同有关部门另行规定”（第一百零六条）。《信托登记管理办法》中规定的“信托机构开展信托业务，应当办理信托登记”，以及配套的中信登记系统，所指的仅是信托产品的登记，未能实现信托财产登记制度彰显财产关系和信托关系的功能。

随着慈善信托的进一步发展，未来慈善资源的来源将进一步拓宽，信托财产登记制度应尽快落地，为不动产、股权、艺术品等非货币财产设立慈善信托扫清制度障碍。

（二）亟待税收优惠政策的落实

《慈善法》已在一定程度上明确了慈善信托的税收优惠问题，但是仅限于“未按照前款规定将相关文件报民政部门备案的，不享受税收优惠”条文的反面规定。在《慈善信托管理办法》中，第四十四条规定，“慈善信托的委托人、受托人和受益人按照国家有关规定享受税收优惠”，肯定了对于慈善信托的税收优惠政策。但是至于慈善信托可以享受哪些税收优惠，在哪些环节享受税收优惠，除备案以外享受税收优惠还需满足哪些条件，以及具体业务中应当如何操作，财税部门尚未出台具体的政策。

2018 年，为了促进慈善信托的持续性健康发展，贯彻落实《慈善法》的相关规定，财政部制定具体的税收优惠政策迫在眉睫。不仅应当在税收优惠政策中解决慈善信托委托人纳税抵扣的问题，也应当明确以股权、动产、不动产、无形资产、商品货物等多样财产设立慈善信托时的税收优惠问题。

（三）亟待厘清慈善组织“慈善信托资金专户”的误区

2016 年 8 月 25 日，根据民政部、中国银行业监督管理委员会发布的《关于做好慈善信托备案有关工作的通知》备案条件之第 5 条规定，“设立慈善信托应当开立慈善信托专用资金账户证明、商业银行资金保管协议”。随后出台的《慈善信托管理办法》要求资金信托需要委托商业银行担任保管人，并且依法开设慈善信托资金专户，同时要求备案时提交的材料中应该包括“慈善信托专用资金账户证明”。

理论上慈善组织作为受托人开设“慈善信托资金专户”并无障碍，但是实践中银行对慈善组织的财务管理能力有所顾虑，各省份银行对“慈善信托资金专户”的理解不一，对慈善组织担任慈善信托受托人造成一定的阻碍。期待未来银监部门和民政部门能够就此与央行进行进一步的沟通，以消除慈善组织实践慈善信托的障碍。

（四）慈善信托业务模式更加多元化

随着慈善信托理念的广泛传播、慈善信托政策的不断完善，以及慈善组织和信托公司对慈善信托业务的坚持，2018 年慈善信托的实践探索将更加深入。开展慈善信托业务的机构与省份将显著增加，慈善信托的规模和数量也将稳步增长，并且也将延续慈善信托财产来源更为丰富的这一趋势。未来慈善信托业务方向可以向以下几个方面开展。

1. 精准扶贫

党的十九大报告中指出："让贫困人口和贫困地区同全国一道进入全面小康社会是我们党的庄严承诺。要动员全党全国全社会力量，坚持精准扶贫、精准脱贫。"金融扶贫则是脱贫攻坚的重要一环。灵活安全、透明高效的慈善信托，在引导高净值客户参与社会事业、隔离慈善财产专款专用、促进慈善财产保值增值上都具有特别的优势，慈善信托负担着精准扶贫、发展社会慈善事业的重大使命。

在中央号召下，各家信托公司积极响应，陆续设立了"中航信托——中国扶贫慈善信托计划""长安慈——杨凌精准扶贫慈善信托""五矿信托——三江源精准扶贫 1 号慈善信托"等多单以精准扶贫为信托目的的慈善信托，相信未来将有更多信托公司及慈善组织加入这一队伍中。

2. 家族慈善信托

中国目前已进入财富传承期，高净值人群对财富传承的需求日益涌现，其中家族慈善的需求也逐步显现，希望通过设立带有慈善目的的家族信托回馈社会，同时实现家族精神财富的传承。据 BCG 发布的《2015 年全球财富报告》数据显示，"慈善需求"位列中国超高净值人群的十大需求之一，有 6% 的受访者表达了慈善需求，平均捐款金额占平均资产的 1.6%，达到 2800 万元。

家族慈善信托目前有两种模式：一种模式为慈善信托 + 基金会的双轨制，由家族成员或家族企业将拟用于慈善目的的大部分资产设立信托，少部分资产设立基金会，在信托层面进行保值增值，收益根据慈善项目的需要捐赠至基金会开展项目，作为慈善支出。另一种模式为委托人设立慈善信托的同时组建家族决策委员会，由家族成员对慈善信托财产的管理运用进行决策，并对受托人做出指示，更好地兼顾家族的个性化需求。

在目前已有的慈善信托中，中信信托与何享健家族合作开展了“中信·何享健慈善基金会 2017 顺德社区慈善信托”、长安信托“长安慈——民生 001 号慈善信托”通过民生银行实现了针对高净值人群的慈善信托，共同推进了我国家族慈善事业的发展。未来慈善信托与家族信托的对接，也是慈善信托发展的方向之一。

3. 股权信托

随着财富形态的变化，股权逐渐成为慈善事业的重要财产来源之一。股权作为信托财产，其产生的分红可为慈善支出提供持续的资金来源。因此，与货币慈善信托相比，股权慈善信托更能发挥信托制度持久的优势，推动我国慈善事业的可持续发展。

但目前，以股权设立慈善信托仍存在诸多问题，比如信托财产登记制度的缺失，导致以股权设立信托存在制度障碍；股权捐赠过程中上市公司控股地位对捐赠数额的限制，限制了捐赠规模；税收优惠政策不到位，企业股权捐赠税前抵扣只在一定范围内免税（企业年度利润总额的 12%、个人应纳税所得额的 30%），超出部分不予扣除，使得委托人必须缴纳巨额的所得税；股权价值的波动性，对受托人的资产管理能力提出了更高的要求。

未来，在股权慈善信托方面，还需要政策提供更多的支持，以推动我国慈善事业的长久发展。

（五）信托公司与慈善组织的合作将更加紧密

在信托业务模式更加多元化的同时，信托公司与慈善组织之间的合作也将更为紧密，慈善组织可以利用信托公司隔离财产风险与经营财产的专业能力，更好地实现信托财产的保值增值；而信托公司也可以利用慈善组织在慈善项目管理、慈善活动执行、慈善资源组织等方面的优势，提高慈善资源的使用效率。双方共同合作，推动慈善信托的稳步发展。

慈善信托共同受托人治理机制研究

◇ 中航信托股份有限公司
袁田、刘云、陈君枫、袁聪、董怡岑
中国扶贫基金会
丁亚东、黎钊

摘　要

2016 年 9 月 1 日《中华人民共和国慈善法》开始施行，这标志着中国慈善事业进入全面法治时代。2017 年 7 月 26 日，银监会与民政部联合印发《慈善信托管理办法》（银监发〔2017〕37 号），涉及慈善信托设立到终止、慈善信托财产管理和处分、促进措施等 9 个方面的内容，标志着我国慈善信托规则体系基本建立。经过将近一年的快速发展，迄今为止，全国共成立慈善信托 4 单，实收信托规模约 8.65 亿元，涉及扶贫、教育、文化、环保、救济、医疗、科学技术等公益慈善领域。

慈善信托从本质上看是信托法律关系，而信托关系实际上是一种特殊的财产管理关系。在这一法律关系中，主要当事人包括委托人、受托人和受益人，其中委托人负责提供信托财产，受益人享有受益权，而受托人具体从事对信托财产的占有、支配和经营管理，并在这一过程中实现该项财产的保值增值。从这个角度来看，在信托法律关系里，受托人居于核心地位。《慈善法》对慈善信托受托人也做出了明确的规定："慈善组织或者信托公司可以担任慈善信托的受托人。"实践中，慈善组织与信托公司基于法律规定，积极探索开发了“共同受托人模式”，以期充分发挥慈善信托的制度优势。现期根据公开披露及民政部门备案信息，市场上已出现了四单以慈善组织和信托公司作为“共同受托人”的慈善信托产品。鉴于此，细致解读慈善信托的“共同受托人模式”实属必要，具有理论探讨与实际操作的现实意义。

本研究对慈善信托“共同受托人模式”进行理论与实践两方面的深入剖析，具体分析该模式的法律依据、结构设计以及运作细节等具体内容，从监管的角度解读慈善信托“共同受托人模式”，厘清各监管部门对该模式管理时的分工职责。本研究对该模式发展的可持续性、面临的问题挑战进行探讨，以期对慈善信托“共同受托人模式”进行全面、客观与详细的解读，对慈善信托“共同受托人模式”的活力发展进行展望。

关键词　慈善信托　共同受托人　治理机制　可持续性

一、慈善信托共同受托人模式剖析

（一）政策法律依据

2016年9月1日，《中华人民共和国慈善法》（以下简称《慈善法》）正式落地实施，明确“慈善信托属于公益信托”，首次从立法层面提出“慈善信托”概念并明确其适用范围，也将信托机制确立为从事慈善和公益事业的重要机制之一，这标志着中国慈善事业进入全面法治时代。慈善信托基于公益事业的发展，借助于社会力量筹集资金，满足社会各方参与公益事业需求应运而生。时隔不到一年，2017年7月10日，银监会和民政部联合发布《慈善信托管理办法》，该办法涉及慈善信托设立到终止、慈善信托财产管理和处分、促进措施等9个方面的内容，旨在切实解决慈善信托实践中的瓶颈和障碍。这标志着我国慈善信托规则体系基本建立。

慈善信托从本质上看是信托法律关系，而信托关系实际上是一种特殊的财产管理关系。在这一法律关系中，主要当事人包括委托人、受托人和受益人，其中委托人负责提供信托财产，受益人享有受益权，而受托人具体从事对信托财产的占有、支配和经营管理，并在这一过程中实现该项财产的保值增值。从这个角度来看，在信托法律关系里，受托人居于核心地位。鉴于此，慈善组织与信托公司基于法律规定，积极探索开发了“共同受托人模式”，以期充分发挥慈善信托的制度优势，触发慈善组织与信托公司“齐上阵、携手行”的共进发展。

《中华人民共和国信托法》（以下简称《信托法》）第三十一条第一款规定：“同一信托的受托人有两个以上的，为共同受托人。”这说明，我国法律承认同一信托可以同时存在两个或两个以上受托人。这为慈善信托“共同受托人模式”提供了上位法依据①。

《慈善法》对慈善信托受托人也做出了明确的规定。《慈善法》第四十六条规定：“慈善信托的受托人，可以由委托人确定其信赖的慈善组织或者信托公司担任。”该条明确了慈善组织与信托公司都可以作为慈善信托的受托人。那么，结合《信托法》第三十一条第一款，能够得出在同一慈善信托中可以同时由慈善组织和信托公司担任共同受托人的结论。

《慈善信托管理办法》则是在以上规定的基础上进一步肯定了“共同受托人模式”。该办法第十七条规定：“同一慈善信托有两个或两个以上的受托人时，委托人应当确定其中一个承担主要受托管理责任的受托人按照本章规定进行备案。备案的民政部门应当将备案信息与其他受托人所在地的县级以上人民政府民政部门共享。”该条说明《慈善信托管理办法》区分了主要受托人和共同受托人，规定委托人应当确定承担主要受托管理责任的受托人进行备案。由此可见，银监会和民政部门对慈善信托“共同受托人模式”正当性持肯定态度，并且明确了该模式的备案责任主体，使其具有实操性与简捷性。

综上所述，我国从法律制度上对慈善信托采取“共同受托人模式”进行了肯定和激励。

---

① 关于如何处理两部法律之间的关系，《慈善法》第五十条明确了《慈善法》与《信托法》两部法律在慈善信托制度方面同时发挥规范作用的关系，《慈善法》没有涉及的慈善信托运行规则依照《信托法》的规则实行。

（二）设计结构透视

根据我国《信托法》与《慈善法》的相关规定[①]，慈善信托"共同受托人模式"的具体操作是：慈善组织或善款捐赠人作为委托人，按照慈善目的将信托财产委托给信托公司和慈善组织设立慈善信托，信托公司和慈善组织作为共同受托人依据该慈善信托目的管理、运用信托财产，受益人为设立信托所资助的公益慈善事业中享有信托利益的不特定自然人或者机构。其中，根据委托人需要可设立监察人，监察人对受托人行为负有监督的权力与责任。

在本模式中，共同受托人是指在同一个信托中有两个以上的受托人。与单一受托人相比，共同受托人具有以下特点：其一，存在两个或两个以上受托人，包括自然人和法人；其二，共同受托人存在于同一信托法律关系中，即依据同一信托文件，就同一信托财产，为实现同一信托目的而成立的信托。关于共同委托人之间的法律关系与权能，可采取设立慈善事务执行合作机构，即设立慈善信托管理委员会的方式自由协商约定双方的权利义务。

（三）境外经验借鉴

国外基金会，尤其是美国慈善基金会已经经历了长期改革与发展，形成了一套比较完整的管理法律法规与运作模式，慈善信托类型也灵活多样。其中2000年成立，世界上最大的公开运作慈善基金会——比尔及梅林达·盖茨基金会极具代表性。

---

① 《信托法》第二条规定："本法所称信托，是指委托人基于对受托人的信任，将其财产权委托给受托人，由受托人按委托人的意愿以自己的名义，为受益人的利益或者特定目的，进行管理或者处分的行为。"《慈善法》第四十四条规定："本法所称慈善信托属于公益信托，是指委托人基于慈善目的，依法将其财产委托给受托人，由受托人按照委托人意愿以受托人名义进行管理和处分，开展慈善活动的行为。"第四十六条规定："慈善信托的受托人，可以由委托人确定其信赖的慈善组织或者信托公司担任。"第四十九条规定："慈善信托的委托人根据需要，可以确定信托监察人。信托监察人对受托人的行为进行监督，依法维护委托人和受益人的权益。信托监察人发现受托人违反信托义务或者难以履行职责的，应当向委托人报告，并有权以自己的名义向人民法院提起诉讼。"

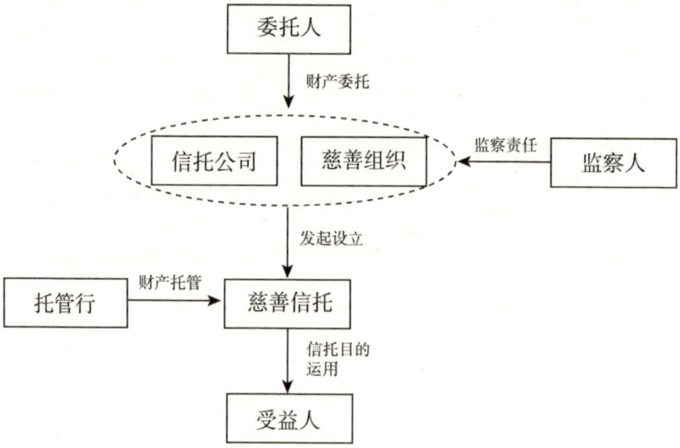

图 1　慈善信托“共同受托人模式”示意图

资料来源：中航信托研发与产品创新部。

比尔·盖茨把他在商界奉行的法则，渗透到基金会的具体运作当中。基金会采取双实体结构，包括比尔及梅琳达·盖茨基金会（以下简称“基金会”）和比尔及梅琳达·盖茨信托基金（以下简称“信托基金”）。这两个实体都是分别以信托形式设立的，两者是完全独立法律实体，互不干涉决策。具体来看，“信托基金”持有比尔·盖茨和梅琳达·盖茨捐赠的投资资产以及全球富翁沃伦·巴菲特的捐赠，其主要职责是管理投资资产；而“基金会”没有实质性资产，其所有资产来自信托基金定期拨付，主要负责慈善项目的执行，以实现“基金会”慈善目标。

比尔及梅林达·盖茨基金会具有清晰的运作逻辑：两个实体分工清晰、目标明确——“基金会”有权向“信托基金”索要任何其财产范围内的资产进行公益活动，而“信托基金”作为慈善受托人的存在价值就是管理信托资产，并且把资产收益转交给“基金会”，由“基金会”实现慈善的目标。此外，负责项目端的“基金会”与负责资产端的“信托基金”相互独立但又相互合作。由此可见，这样的运作模式可以充分发挥两个实体的优势，能够在最大限度上保障资产的保值增值与风险控制，并同时使得慈善项目的执行落到实处，有助于更有效地实现慈善目的。

可以说，比尔及梅林达·盖茨基金会的运行模式与慈善信托的“共同受托人模式”在功能上异曲同工，尽管在法律关系和设计结构上明显具有差异。在运行模式上，比尔及梅林达·盖茨基金会实际上是设立了两个信托法律关系，而慈善信托“共同受托人模式”是依据同一信托文件，就同一信托财产，为实现同一信托目的而成立的一个信托法律关系，结构不尽相同，但是这两种模式所体现的现实价值与作用优势却是一致的，也可以说，我国慈善信托的“共同受托人模式”是具有中国特色的制度创新与优化。

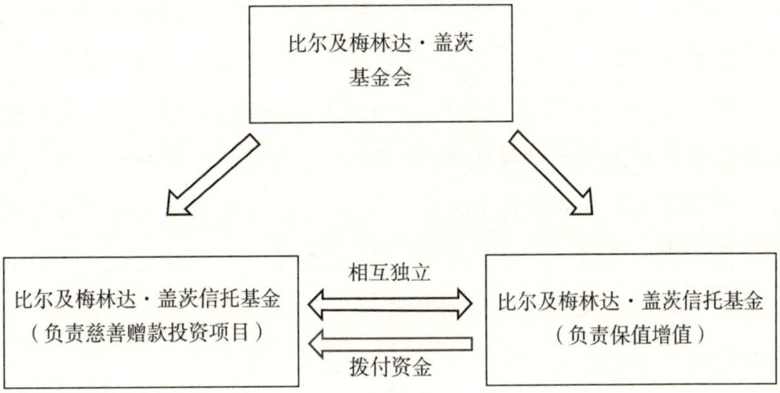

图2　“比尔及梅林达·盖茨基金会双实体结构”示意图

资料来源：中航信托研发与产品创新部根据比尔及梅琳达·盖茨基金会网站资料整理。

（四）运作机制分析

1. 法理本源基础

在信托关系中，受托人承担管理信托财产的重要职责以及履行相应的义务。我国《信托法》规定了受托人承担的义务范围，根据信托文件规定遵守各项义务，包括忠实义务、谨慎义务、分别管理义务、亲自管理义务、记录、报告和保密义务、支付信托利益的义务和清算义务①。根据信托法理，以上义务均来自受信义务，实则是受信义务在我国信托法上的具

① 具体见《信托法》第四章第二节“受托人”，全面规定了我国法律上受托人的各项义务。

体表现。

受信义务（Fiduciary duties）这一法律术语起源于英国衡平法，其产生距今已有上千年的历史。从义务的来源上看，私法上的义务一般来源于当事人之间的自由约定，例如合同约定下的义务。除此之外，在一些情形下为了调整当事人之间的权利义务，国家会以法定的形式为当事人设定强制性义务。而在这两种义务之间，还存在着一种既不是自由意志约定而来，也不是国家强制赋予的义务——受信义务。《布莱克法律辞典》对受信义务的解释是“受信义务就是一方为另一方所担负的最高程度的诚实和忠诚，并且代表另一方最佳利益的义务”。换句话说，受信义务是基于当事人间的受信关系（Fiduciary Relationship）而产生，是人们对社会诚信、个人诚信所要求的保护信赖关系的回应，是诚实信用原则所衍生出来的新义务，即委托人出于对受信人的信任，将自己的事务或者财产委托给受托人管理而产生的关系，包括标准的信托关系和因当事人之间的信任而产生的其他关系。受信义务从内容角度包括“忠实义务”和“注意义务”两部分核心内容。

受托人的忠实义务（Duty of Loyalty）是指，受托人在处理信托事务的过程中，应当忠实于受益人的利益，不得为自己或他人牟取利益[①]。关于忠实义务的具体内涵，学说上存在各种具体解释[②]。本研究认为，以下三个方面能较为简洁地勾勒出受托人忠实义务的全图景。第一，受信人不得利用信托财产和事业寻求为自己谋利或为受益人以外的第三人谋利的机会；第二，禁止受托人将自己置于同信托利益相冲突的地位，这是忠实义

① 参见［日］能见善久：《现代信托法》，赵廉慧译，北京·中国法制出版社，2011年版，第80页；赵廉慧：《信托法解释论》，北京·中国法制出版社，2015年版，第309—310页。

② 有学者认为，受托人的忠实义务可以划分为3种子义务，参见［日］能见善久：《现代信托法》，赵廉慧译，北京·中国法制出版社，2011年版，第81—82页；余卫明：《信托受托人研究》，北京·法律出版社，2007年版，第178—179页；See also Scott Atkins, Equity and Trust, Routledge Taylor & Francis Group, pp. 216－227. 有学者认为，受托人的忠实义务主要体现在5个方面，参见何宝玉：《信托法原理研究》（第二版），北京·中国法制出版社，2015年版，第293页。还有学者更为详细地将信托受托人的忠实义务划分为10个方面，See Austin Wakeman Scott & William Franklin Fratcher & Mark L. Ascher, Scott and Ascher on Trust, 5th Edition, Volume. 3, Wolters Kluwer Law & Business, 2007, pp. 1086－1136。

务的核心规则；第三，禁止在没有受益人同意的情况下从事私人利益行为。

注意义务（Duty of Care）是指受托人在处理信托事务时应尽到善良管理人的注意、谨慎义务。注意义务要求受托人在日常经营管理中稳妥、小心、尽心尽力地做出各种决定和行为。

受托人义务的本源来自受信义务，包括体现“德”的忠实义务与体现“能”的注意义务两个核心维度。无论是基于受托人责任的关键性还是受信义务这一核心概念在信托关系中的重要性，把握受托人义务的本源与内涵是正确理解慈善信托“共同受托人”模式的核心环节之一。

2. 权利义务划分

如前述，《慈善信托管理办法》第十七条规定：“同一慈善信托有两个或两个以上的受托人时，委托人应当确定其中一个承担主要受托管理责任的受托人按照本章规定进行备案。”由此可见，银监会和民政部门对慈善信托“共同受托人模式”正当性持肯定态度，并且明确了该模式的备案责任主体，使其具有实操性与简捷性，从制度上是对“共同受托人模式”的肯定和激励[①]。

但是需要关注和值得讨论的是，该条文中提出的由“承担主要受托管理责任的受托人”进行慈善信托备案，那么除了备案事项之外，共同受托人之间的权责关系如何界定？受信义务如何进行划分值得进一步探讨。

（1）共同受托人权利的行使

有观点认为，共同受托人之间的关系实则是平等的，作为同一信托关系的一方当事人，其对信托财产的地位不存在先后、递补或各占份额的情形，共同受托人应当共同享受和行使受托人权利、负有共同处理信托事务的义务，并共同承担处理信托事务所发生的责任[②]。我国《信托法》并未

① 参见金锦萍：《慈善信托的规制之道——兼评〈慈善信托管理办法〉》，北京大学金融法研究中心研究成果。

② 参见周小明：《信托制度：法理与实务》，北京・中国法制出版社，2012 年版，第 300—301 页。

对共同受托人如何行使权利做出直接的规定，只在第三十一条第二款规定了“共同受托人应当共同处理信托事务”。由此可见，共同受托人对信托事务的处理具有同样的权限。但是，为了信托管理的便捷，《信托法》第三十一条第二款还规定：“但信托文件规定对某些具体事务由受托人分别处理的，从其规定。”依据该条款，如果在信托文件中对受托人的权限做出约定的，应当从其约定。也就是说，可以在信托文件中约定将信托财产置于共同受托人之一的名下，或者在信托文件中约定信托事项可以由共同受托人分别管理，那么各受托人可以按照约定分工，分别处理信托事务。

鉴于慈善信托目的特殊性以及受益人不确定性，对慈善信托财产如何更透明、更规范、更高效地管理是慈善信托设计中最为关键的环节。一方面要注重信托财产的独立性与风险隔离；另一方面也要关注信托财产运用的灵活性。关于慈善信托共同受托人之间的权利划分与决策实现，实践中可采取设立慈善事务执行合作机构，即设立慈善信托管理委员会的方式自由协商，以约定确认双方的权限①。这样的制度设计不仅有利于使慈善组织与信托公司双方各司其职，充分发挥各自所长，还可以形成相互监督和制衡，是防范道德风险、管理风险，提高执行效率的有效措施。一般来说，慈善信托管理委员会职能主要包括根据信托目的和委托人意愿，制定并通过慈善信托年度、半年度报告及项目清算报告，决策慈善项目管理以及慈善信托财产管理内容及方式，制定并执行信托财产的投资策略、投资范围及投资方案，以及对增加其他公益合作机构的甄选标准和程序进行决策等事项。

（2）共同受托人义务的履行

如前所述，受信义务在我国信托法上具体表现为信托文件遵守义务、忠实义务、谨慎义务、分别管理义务②、亲自管理义务、记录、报告和保密义务、支付信托利益的义务和清算义务。慈善信托的共同受托人义

① 中航信托·中国扶贫慈善信托计划即采取了此种模式，共同受托人组成慈善信托管理委员会，并对决策事项和决策方式做出明确细致规定。

② 分别管理义务是指受托人必须将信托财产与其固有财产分别管理、分别记账，并将不同委托人的信托财产分别管理、分别记账。

务也须各自按照受信义务的规定，基于对等的标准和原则，履行各自受信义务。

3. 内外责任承担

在共同受托人的责任承担上，需要区分对外责任与对内责任两种。

（1）对外责任

我国《信托法》第三十二条规定：“共同受托人处理信托事务对第三人所负债务，应当承担连带清偿责任。第三人对共同受托人之一所作的意思表示，对其他受托人同样有效。共同受托人之一违反信托目的处分信托财产或者因违背管理职责、处理信托事务不当致使信托财产受到损失的，其他受托人应当承担连带赔偿责任。”可见，共同受托人的对外责任分为债务清偿与损失赔偿两种。导致产生以上责任的行为不论是全体共同受托人一起作出的，还是由共同受托人之一或部分作出的，在对外责任的承担上，全体共同受托人均应承担连带责任，即可以向任何一个受托人要求责任的全部。其中，根据《信托法》第三十七条的立法精神，共同受托人没有过错的仅以信托财产承担责任，而违背管理职责或者处理信托事务不当的，以其固有财产承担。

（2）对内责任

在对内责任上，无过错的共同受托人在承担连带清偿责任后，能否向有过错的共同受托人要求赔偿，我国《信托法》未做明确规定。但依民法责任自负的原理，共同受托人中的一方在承担责任后，应有权根据各自的责任大小向其他共同受托人追偿。

在慈善信托“共同受托人模式”的操作中，共同受托人还是可以采取设立慈善信托管理委员会的方式对责任进行划分，对内部责任按照约定执行落实。但是这类约定对外没有效力，权利人还是可以要求全体共同受托人承担连带责任，在对外责任承担后，依据约定内部追偿。

（五）模式优势所在

首先，与慈善组织或者信托公司作为单一受托人相比，“共同受托人模式”具有显而易见的“专业人做专业事”“分工配合”“取长补短”的比较优势。具体来说，慈善组织的优势表现在其对慈善项目的管理能力：能够使得慈善目的落实更充分、项目来源广泛；能够更有效地发掘梳理委托人意愿，树立慈善情怀；能够有效整合捐赠人资源平台、发展潜在合作伙伴；募集善款的方式十分灵活。此外，在信托公司尚不能开具抵税发票的情况下，如果由慈善组织担任共同受托人，也能解决信托公司不能向委托人开票的问题。而信托公司长期经营营业信托业务，在信托财产的受托管理、风险控制、保值增值和分配清算等方面具有很强的专业能力，优势则表现在其对慈善财产的管理能力：信托公司具有专业的资产管理和理财服务经验，同时在金融审慎监管环境下能够严格履行受托人义务，更好地按照委托人意愿服务。在慈善信托“共同受托人模式”中，慈善组织与信托公司均处于受托人的核心地位，两者的结合有助于建立长期合作伙伴关系，持续开展慈善信托业务，保持信托事务管理的连续性，能够更为专业、有效地服务于委托人慈善意愿。

其次，从促进慈善事业发展的角度来看，信托公司和慈善组织的合作应该是其内在的、主动的需求。随着慈善信托的慈善目的越来越复杂，存在期限越来越长甚至永续存在，慈善财产的数额也越来越大，慈善事业的实施越来越专业化，仅仅由信托公司或者慈善组织一方作为受托人成立慈善信托的价值越来越小。共同受托人模式能发挥信托公司和慈善组织各自财产管理和慈善事业实施方面的优势，使委托人的意愿和慈善目的更好地得以实现，良性推进慈善事业蓬勃发展。

最后，从监管的角度来看，慈善信托共同受托人在信托事务的处理过程中负有连带责任，即共同对慈善项目的开展情况负责。连带的机制会促使受托人之间相互监督、相互约束，确保信托财产管理和运用更安全。

综上所述，慈善信托“共同受托人模式”是在当前制度背景下最具有优势的一种结构安排。

二、慈善信托共同受托人业务实践

根据现有公开信息披露，截至2017年10月26日，2017年全国共成功备案44单慈善信托，采取“共同受托人模式”的慈善信托产品有6单，分别是“华龙慈善信托”“中航信托·中国扶贫慈善信托”“中信·北京市企业家环保基金会2016阿拉善SEE华软资本环保慈善信托”“中信·何享健慈善基金会2017顺德社区慈善信托”“中信·上海市慈善基金会蓝天至爱2号慧福慈善信托”“中航信托·绿色生态慈善信托”。

表1 采取“共同受托人模式”的慈善信托产品一览

编号	慈善信托产品	委托人	受托人	慈善目的/受益人范围	监察人	执行人/顾问	备案地
1	华龙慈善信托	鄞州银行公益基金会	宁波市善园公益基金会、万向信托	文化、教育、助残、养老、环保	（未披露）	（未披露）	宁波市民政局
2	中航信托·中国扶贫慈善信托	江西省老区建设促进会	中航信托股份有限公司、中国扶贫基金会	集中用于中国扶贫事业及扶贫慈善项目	由慈善信托管理委员会指定	—	南昌市民政局
3	中信·北京市企业家环保基金会2016阿拉善SEE华软资本环保慈善信托	华软资本管理集团股份有限公司	北京市企业家环保基金会、中信信托	荒漠化防治、绿色供应链与污染防治、生态环保与自然教育、环保公益行业发展等领域的初创期中国民间环保组织	中伦律师事务所	—	北京市民政局

续表

编号	慈善信托产品	委托人	受托人	慈善目的/受益人范围	监察人	执行人/顾问	备案地
4	中信·何享健慈善基金会2017顺德社区慈善信托	美的控股有限公司	广东省何享健慈善基金会（现更名为广东省和的慈善基金会）、中信信托	支持顺德的扶贫、济困、教育、养老、社区发展等综合性慈善需求	—	广东省德胜社区慈善基金会	广东省民政厅
5	中信·上海市慈善基金会蓝天至爱2号慧福慈善信托	自然人	中信信托、上海市慈善基金会	用于帮助孤寡病残等非特定群体，改善他们的生活	上海融孚律师事务所	—	上海市民政局
6	中航信托·绿色生态慈善信托	中航信托	中航信托、中华环境保护基金会	资助和开展保护环境、促进绿色生态事业发展的活动及项目；资助和开展绿色生态管理、宣传教育、学术交流和培训活动及项目；支持和资助促进绿色生态事业发展的科学研究、科技开发和示范项目；开展和资助促进绿色生态事业发展的国际交流与合作	广州市联合公益发展中心	—	南昌市民政局

根据《慈善信托管理办法》的相关规定[①]，委托人应当确定承担主要受托管理责任的受托人进行备案。上述6单慈善信托的民政备案机构所在地既有选择信托公司注册地所在地的民政部门也有选择慈善组织注册地所在地的民政部门，相信随着《慈善信托管理办法》的颁行，采取“共同受托人”模式的慈善信托备案会得到进一步规范。

以下本研究从市场产品个案入手，具体分析慈善信托共同受托人的运作模式，以及信托公司与慈善组织之间的分工与合作，以期从实践角度分析慈善信托“共同受托人模式”的治理机制、优势以及特色所在。

（一）案例一：中航信托·中国扶贫慈善信托

1. 基本情况与产品结构

表2　中航信托·中国扶贫慈善信托

一、基本情况	
备案时间	2017年1月23日
备案地	南昌市民政局
备案编号	360100－0－000002
信托目的	委托人基于对受托人的信任，自愿将其合法所有的并有权支配的资金或资产交付给受托人。由受托人根据信托文件的约定，以受托人的名义，将委托人缴付的信托资金或信托资产集中用于中国扶贫事业，具体为由管委会确定的扶贫慈善项目
信托期限	不设固定存续期限，预设存续期限不少于1年，信托期限以信托实际存续的时间为准
信托规模	为开放式信托，初期100万元

① 《慈善信托管理办法》第十七条规定，同一慈善信托有两个或两个以上的受托人时，委托人应当确定其中一个承担主要受托管理责任的受托人按照本章规定进行备案。

续表

二、信托参与人	
委托人	江西省老区建设促进会
受托人	中航信托股份有限公司（主要受托人）
中国扶贫基金会（共同受托人）	
受益人	（1）经中航信托·中国扶贫慈善信托管委会筛选确定的，接受中航信托·中国扶贫慈善信托之信托财产捐赠、享有本信托之信托利益的自然人、法人或依法成立的其他组织 （2）本信托的原始受益人为经管委会依据信托文件及其他法律文件约定筛选的自然人、法人或依法成立的其他组织。信托存续期间，如发生合同约定之信托受益人资格丧失事项，则继受人为经管委会依据信托文件及其他法律文件约定重新筛选所确定的继受受益人
监察人	由中航信托·中国扶贫慈善信托管委会指定
资金保管人	中国建设银行
项目执行人	中国扶贫基金会

2. 共同受托人治理机制及亮点分析

（1）明确约定受托人各自的权利与义务

“中航信托·中国扶贫慈善信托”依据法律规定与委托人需求，以信托合同的形式明确了主要受托人与共同受托人各自的权利与义务。其中，中航信托作为主要受托人享有的权利与承担的义务有：向注册地所在地的民政部门备案；自信托成立之日起，根据信托文件规定管理、运用和处分信托财产，并按照信托合同的约定捐赠信托财产及其收益；信托成立后，以主要受托人的名义开立信托财产专户，并享有包括根据信托文件处置账户内现金与资产、资金划拨、销户等一切账户名义所有人的权利；应依照公益信托文件的规定，必须恪尽职守，履行诚实、信用、谨慎、有效管理的原则，处理信托事务，自觉接受信托监察人的监察；应对所管理的不同信托财产分别管理、分别记账，不得将信托财产转为其固有财产；管理、运用、处分信托财产所产生的债权，不得与其固有财产产生的债务相抵

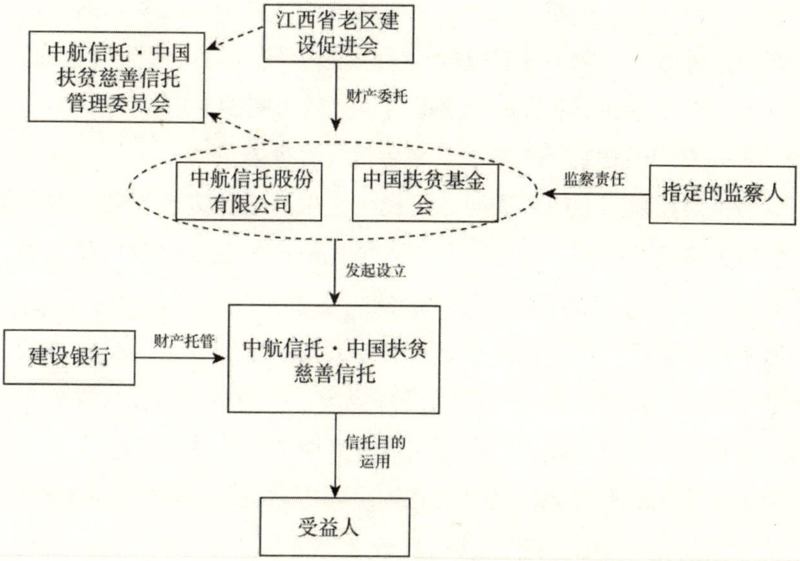

图3　中航信托·中国扶贫慈善信托结构图

销；管理、运用、处分不同的信托财产所产生的债权债务，不得相互抵销；应按照慈善信托文件约定公平选择受益人，并及时向受益人支付信托财产及其收益；应编制慈善信托财务、会计报告；应按照慈善信托文件约定办理与公益信托财产管理业务活动有关的信息披露事项；应保存慈善信托财产管理业务活动的记录、账册、报表和其他相关材料；根据信托文件的规定足额收取管理费用；信托文件及法律、法规规定的其他权利与义务。

中国扶贫基金会作为共同受托人享有的权利与承担义务有：自信托成立之日起，根据信托文件规定管理、运用和处分信托财产，并按照本信托合同的约定，运用信托财产，协助委托人实现扶贫慈善的信托目的；对执行端的公益慈善项目进行遴选与项目的执行；开具捐赠发票，以此作为享受税收优惠的凭证；有权查询、复制信托利益捐赠慈善项目的有关使用资料和相关信息；根据信托文件的规定足额收取管理费用；信托文件及法律法规规定的其他权利与义务。

由此可见，在“中航信托·中国扶贫慈善信托”中，作为主要受托人的中航信托和作为共同受托人的中国扶贫基金会体现出了“专业人做专业事”的复合型优势，中航信托负责慈善信托的备案、信托专户的开设与信托财产的保值增值；中国扶贫基金会负责慈善项目的遴选与项目的执行。这样一来，充分体现了双方的分工配合，高效协同助力慈善。

（2）设立中航信托·中国扶贫慈善信托管理委员会

对慈善信托财产如何更透明、更规范、更高效地进行管理是慈善信托设计中最为关键的一环，一方面要注重信托财产的独立性与风险隔离；另一方面也要关注慈善信托运用的灵活性。在慈善信托“共同受托人模式”中如何协调好受托人之间的关系是十分重要的事宜。当共同受托人处理信托事务意见不一致时，根据《信托法》规定，应当按照信托文件处理，信托文件未规定的，由委托人、受益人或者其他利害关系人决定。

为保证信托的有效运作及合规管理，“中航信托·中国扶贫慈善信托”设立“中航信托·中国扶贫慈善信托管理委员会”（以下简称“管理委员会”），形成对受托人之间的制衡与监督，是防范道德风险、管理风险，提高执行效率的有效措施。

一般来说，慈善信托管理委员会成员由委托人、受托人、监察人组建担任，设一名主任，负责召集和主持管理委员会会议。在信托文件中约定管理委员会议事程序和议事规则，表决方式可经商议后确定，例如实行一人一票。其职能大致包括审议慈善信托的定期报告、年度报告以及项目清算报告；确定信托财产的受益人相关事宜及信托财产用途；审议主要受托人提交的信托财产的投资策略、投资范围及投资方案，并确定相关执行事项；审议共同受托人提交的信托财产对外运用的具体方案，包括但不限于慈善项目的选定、慈善项目执行/开展方案以及确定捐赠对象、捐赠数额、捐赠时间、捐赠方式等，并确定相关执行事项；确定信托监察人的人员、人数以及变更事项；决定信托期限；还有对增加其他公益合作机构的甄选标准和程序进行决策等。

慈善信托管理委员会的设立如同核心管理器一样，一是能够灵活协调共同受托人之间的权责义务，并且监督受托人行为；二是管理委员会能够代表集体的意愿，以决议的方式高效地做出与该慈善信托有关的一系列决定，对外具有权威性；此外，很重要的一点是还可以将委托人纳入管理委员会，给予其表达意见的权利，这样一来慈善信托能够更好地遵循委托人的意愿，科学、合法地决定慈善财产的运用。

（二）案例二：中信·北京市企业家环保基金会 2016 阿拉善 SEE 华软资本环保慈善信托

1. 基本情况与产品结构

表 3　中信·北京市企业家环保基金会 2016 阿拉善 SEE 华软资本环保慈善信托

一、基本情况	
备案时间	2016 年 12 月 27 日
备案地	北京市民政局
备案编号	1100002000006
信托目的	资助和扶持中国民间环保 NGO 的成长，以实现生态环境保护事业的可持续发展
信托期限	5 年
信托规模	100 万元
二、信托参与人	
委托人	华软资本管理集团股份有限公司
受托人	北京市企业家环保基金会、中信信托有限责任公司（未披露主要受托人与共同受托人的划分）
受益人	致力于荒漠化防治、绿色供应链与污染防治、生态保护与自然教育、环保公益行业发展的中间民间环保组织
监察人	北京市中伦律师事务所
资金保管人	广发银行

2. 共同受托人治理机制及亮点分析

（1）明确约定受托人各自的职责分工

“中信·北京市企业家环保基金会 2016 阿拉善 SEE 华软资本环保慈善

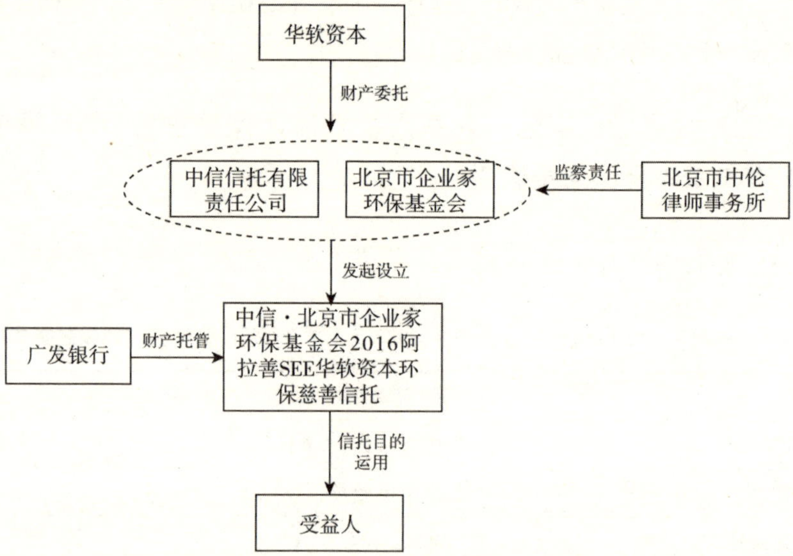

图4 中信·北京市企业家环保基金会2016阿拉善SEE华软资本环保慈善信托结构图

资料来源：中航信托研发与产品创新部根据备案申请书整理。

信托”依据法律规定与委托人需求，以信托合同的形式明确了受托人各自的职责。中信信托有限责任公司作为共同受托人之一享有以下管理职责：根据信托合同的约定管理信托财产；按照信托合同的约定，向符合受益条件的受益人拨付慈善资金，每年用于资助的信托财产金额合计不低于20万元但前4年累计不超过100万元，最后一个自然年度的支出不受金额限制；聘请保管银行，开立信托财产专户，妥善保管信托财产；出具年度信托事务管理报告，并依法进行信息披露；相关法律、法规、规章、信托文件等规定的其他管理职责。

北京市企业家环保基金会作为共同受托人之一享有以下管理职责：依法向慈善信托的委托人开具善款捐赠发票；按照信托合同约定的标准，组织终审评委组筛选、评审符合本信托的受益人；负责具体慈善项目的执行和联络等相关事宜；相关法律、法规、规章、信托文件等规定的其他管理职责。

综上，在“中信·北京市企业家环保基金会2016阿拉善SEE华软资本环保慈善信托”中，中信信托与北京市企业家环保基金会各司其职、分工配合，体现了信托公司管理慈善信托财产，慈善组织管理慈善项目，两者双管齐下，在自己擅长的领域发挥所长之特色。

（2）制定了细化的条线型慈善信托管理规则①

对于慈善信托在实践操作中的具体管理的规则，中信信托与北京市企业家环保基金会做出了进一步的细化，对共同受托人各自的职责进行了“精细化”梳理的操作，体现在以下几个方面。

第一，在信托事务决策流程中，关于信托利益分配决策的事项，北京市企业家环保基金会负责制定本信托受益人资助标准、工作流程和工作规范，并按照上述标准选择具体受益人，中信信托根据北京市企业家环保基金会提供的《受益人确认函》向北京市企业家环保基金会的银行账户分配信托利益，由北京市企业家环保基金会为委托人开具捐赠发票并将信托利益分配至具体受益人；关于信息披露决策的事项，中信信托负责制作年度报告、终止报告、清算报告，并交由北京市企业家环保基金会确认。协商一致后提交给本信托的备案机关、委托人或者监察人；北京市企业家环保基金会负责代表本信托项目聘请审计服务机构出具审计报告，经共同受托人确认后报送本信托备案机关；北京市企业家环保基金会负责制作受益人资助标准、工作流程和工作规范等的报告（又称受益人资助报告）报送本信托的备案机关；关于信托财产投资管理决策的事项，中信信托在信托合同约定的投资范围内进行自主投资决策管理。

第二，关于受益人选择方法和程序，由北京市企业家环保基金会组织负责终审评委组审核并确定本信托的受益人；慈善信托的受益人及资助金额由终审评委组根据信托合同及北京市企业家环保基金会制定的评选标准决定。

第三，关于信托财产投资规则，本信托闲置资金由中信信托投资于银行理财产品及其他流动性较高的现金管理类产品，具体包括银行存款、政

① 根据《中信·北京市企业家环保基金会2016阿拉善SEE华软资本环保慈善信托年度报告（2016年度）》整理。

府债券、中央银行票据、金融债券、货币市场基金和现金管理类信托产品等低风险金融产品。

第四，关于慈善活动管理的规则，北京市企业家环保基金会根据《创绿家环保公益创业资助计划申请指南7.0》（以下简称《申请指南》）的规定筛选环保组织作为本信托的受益人并要求领取资助金的受益人开具正规的捐赠收据或税务发票。资助金的使用范围严格限定在用于环保公益行动或团队运营等方向，获得资助的环保组织需做好日常财务管理和记录工作，需定期提交资金使用报告。每年北京市企业家环保基金会会对部分资助团队进行抽查。若资金使用情况后续有调整需要向北京市企业家环保基金会进行申请，双方达成一致后可以执行。

第五，在风险防控措施方面，北京市企业家环保基金会严格按照《申请指南》的评选标准进行筛选，评委组需出具《“创绿家”第一季度终选评审意见表》和评审会会议纪要作为评选档案留存，确保受益人筛选的规范、公平、透明；而中信信托则按照信托合同的约定投资于风险较低的产品，目前主要投资于中信信托的中信－信惠现金管理型金融投资集合资金信托计划1201期－A类，该产品的风险较低且能满足信托利益分配的流动性需求。此外，本信托成立前，中信信托向北京银监局报送《信托公司固有业务、信托项目事前报告表（关联交易）》进行事前报告并且在信托财产购买中信信托的产品后向北京银监局进行了事后报告。

由上述可以看出，在该慈善信托的治理机制中，共同受托人之间制定了极其精细的责任划分，将管理责任在慈善信托运作全流程中具体化、明确化。按照“精细化”的思路，可以在管理慈善信托时找准各个受托人专长的事项与能力薄弱的事项，分任务进行。这种明确精细的责任划分是提升实现慈善信托目的能力的一个重要途径。

三、慈善信托共同受托人监管解读

外部严格的监管是规范慈善信托的外在压力。伴随着创新模式的出现厘清监管的法律依据，明确如何对其进行监管，讨论监管的具体内容是一项重点。如此一来，基于外部监管规范要求，能够以全局思维完善慈善信托“共同受托人模式”的治理机制。

（一）应然层面管理倾向

从《中华人民共和国慈善法》《慈善信托管理办法》《民政部、中国银行业监督管理委员会关于做好慈善信托备案有关工作的通知》《关于信托投资公司开设信托专用证券账户和信托专用资金账户有关问题的通知》等法律、文件可知，慈善信托中关于备案、事务处理情况、财务状况的事项，即慈善信托执行端的相关事项，受托人需要受到民政部门的监管；而关于资金端的相关事项，受托人需要受到相应的银行业监督管理机构的监管。据此，慈善信托的主要监管部门有民政部门和银行业监督管理机构两者。

从应然层面来看，民政部门的职责在于主管有关社会行政事务，而银监机构的职责在于统一监督管理银行、金融资产管理公司、信托投资公司及其他存款类金融机构，维护银行业的合法、稳健运行。

基于民政部门和银监机构的工作特点，对“共同受托人模式”的慈善信托监管应当倾向于以主体性监管为原则——以慈善组织和信托公司各司其职之事分别管理，具体由民政部门负责慈善信托在慈善项目执行端的事宜，例如关于备案、备案变更、税收优惠等；而银行业监督管理机构负责慈善信托的资金管理、投资风险管理、开设专户等。这样一来，合理的有针对性的分工才能够带来更为有效的管理。

（二）实操层面具体内容[①]

1. 民政部门——项目执行端

在项目执行端，作为受托人之一的慈善组织负责并承诺以下事项。

---

① 根据《中华人民共和国慈善法》《慈善信托管理办法》《民政部、中国银行业监督管理委员会关于做好慈善信托备案有关工作的通知》《关于信托投资公司开设信托专用证券账户和信托专用资金账户有关问题的通知》等法律、文件中对受托人应履行的职责与义务进行整理。

（1）资金的募集

第一，慈善组织开展非公开募捐，应当明确特定对象的范围和募捐期限，并向募捐对象说明募捐目的、所募款物用途等事项。慈善组织开展公开募捐，应当取得公开募捐资格，制订募捐方案。第二，以在公共场所设置募捐箱，举办义演、义赛、义卖、义展、义拍、慈善晚会等开展公开募捐的，应当在其登记的民政部门管辖区域内进行；通过互联网开展募捐的，应当在民政部门统一或者指定的慈善信息平台发布募捐信息，在省级以上民政部门登记的慈善组织也可以在其网站发布募捐信息。第三，开展募捐活动，不得摊派或者变相摊派，不得妨碍公共秩序、企业生产及人民生活。不得假借慈善名义或者假冒慈善组织开展募捐活动，骗取财产。第四，慈善组织对募集的财产，应当登记造册。

（2）项目备案

第一，在信托文件签订之日起7日内将信托文件向受托人所在地县级以上人民政府民政部门备案。第二，委托人可以变更受托人。变更后的受托人应当自变更之日起7日内将变更情况报原备案的民政部门重新备案。第三，应当根据信托文件和委托人的要求，及时报告信托事务处理情况、信托财产管理使用情况。应当每年至少一次将信托事务处理情况及财务状况向其备案的民政部门报告，并向社会公开。

（3）税收优惠

慈善组织属于公益性社会团体，在诸如《中华人民共和国慈善法》《中华人民共和国企业所得税法》《事业单位、社会团体、民办非企业单位企业所得税征收管理办法》《财政部、国家税务总局关于公益救济性捐赠税前扣除政策及相关管理问题的通知》等法律及文件中都规定了慈善组织进行慈善行为时可享受不同的税收优惠政策，慈善组织可以向相关部门进行申报以享受权利。

在慈善信托中，慈善组织可对开具捐赠票据的功能进行操作，从而解决委托人慈善信托财产的税前抵扣等问题。

综上，对于以上项目执行端的事项与承诺细节，民政部门负责监督与管理。

2. 银监机构——资金管理端

在资金端，作为受托人之一的信托公司负责并承诺以下事项。

（1）信托财产的管理

第一，为信托设立专用账户，即信托财产专户，负责包括根据信托文件处置账户内现金与资产、资金划拨、销户等一切账户名义所有人的权利。第二，严格遵守法律法规以及信托文件的规定，管理信托财产。承诺关于慈善信托的一切资金往来均须通过专户进行。不假借慈善信托的名义开立其他账户，亦不使用慈善信托项下的信托财产专户进行本信托以外的任何活动。第三，对所管理的不同信托财产分别管理、分别记账。不得将信托财产转为其固有财产。第四，管理、运用、处分信托财产所产生的债权，不与其固有财产产生的债务相抵销；管理、运用、处分不同的信托财产所产生的债权债务，不相互抵销。第五，根据信托文件的规定，以信托财产为限向受益人进行捐赠。第六，完整记录并保留信托财产使用情况的报表和文件，定期向委托人和受益人报告信托财产的管理、运用和处分情况，随时接受委托人的查询。第七，根据信托文件的规定足额收取管理费用。

（2）信托财产的投资运用

信托公司作为委托人之一，应当发挥信托的目的，受人之托、代为理财，按照委托人的意愿实现信托财产的保值——信托资金由受托人以自己的名义，遵循合法、安全、有效的原则，实现财产保值、增值进行多元化、动态的资产配置，以获取信托收益。其中，禁止从事以下行为：法律法规、有权机构明令禁止或限制投资的标的资产，从事可能使信托财产承担无限责任的投资，从事内幕交易，操纵证券交易价格及其他不正当的证券交易活动，法律法规、相关监管部门及信托文件规定禁止从事的其他行为，使用政府资助的财产和委托人书面要求不得进行投资的资产进行投资。

（3）信托财产的慈善运用

慈善信托是以实现社会慈善事业为目的，并以全社会或部分社会公众为受益人的信托。受托人应恪尽职守，履行诚实、信用、谨慎、有效管理的义务，依据《中华人民共和国慈善法》及相关法律法规规定及信托文件约定，审慎遴选受益人及信托财产拟运用的慈善项目。全部信托财产仅可由受托人用于慈善目的的项目，不用于非公益目的，受托人不为自己或他人牟取私利。

综上，对于以上资金端的事项与承诺细节，银行业监督管理机构负责监督与管理。

3. 监管机构间的协同

基于民政部门和银行业监督管理机构的工作针对性，对于慈善信托项目执行和资金管理运用采取各司其职的原则可以进行更为有效的管理，但是部门间的协同也非常重要。

具体来看，银行业监督管理机构对资金端的监管需要建立在慈善信托已经备案的基础上，而民政部门对资金的募集与税务的优惠监管也要建立在资金的管理运用上。因此，部门间需要对资金的募集、慈善信托的备案、开设专户、资金管理、资金运用、税收等环节的信息进行分享，慈善信托的每一个阶段都需要各部门的监管协调才可以完成。因此，监管协同和信息分享问题可以在针对性监管的前提下，进行部门间协调。

四、慈善信托共同受托人可持续性探讨

（一）国家良好制度支撑

慈善信托的可持续发展离不开良好制度的强有力支撑。2001 年 10 月，《信托法》颁布实施，公益信托作为其中的重要章节备受瞩目。尽管各个信托公司在公益信托事业的前进与发展道路上不断探索，但是，在实际操作过程中，审批环节较长、客户参与程度较低等现实问题使得公益信托并未迎来蓬勃发展，信托公司甚至只能采用类公益信托的名义开展相关业务。而 2016 年 9 月《慈善法》的施行明确了“慈善信托属于公益信托”

的法律地位，首次从立法层面提出“慈善信托”概念并明确其适用范围，也将信托机制确立为从事慈善和公益事业的重要机制之一。《慈善法》在以下方面有明显突破：其一，明确将信托作为慈善活动重要机制之一，慈善信托属于公益信托，信托公司可以作为受托人。其二，明确慈善信托的监管部门为民政部门。慈善信托由原来分散管理的体制转变为集中管理，民政部门是慈善事业的主管机关，解决了信托法中公益事业主管机构模糊不清的问题。至此，多种公益目的由多个管理机关分散管理的体制得以改变，慈善信托的设立实践性得以提升。其三，确立了慈善信托设立由审批变备案管理制度，改变了信托法中设立公益信托事前审批的安排。慈善法的制度安排解决了之前公益信托发展的瓶颈，将极大推动慈善信托业务的开展。

值得关注的是，由银监会和民政部门联合发布的《慈善信托管理办法》出台，继续致力于为慈善信托事业的发展保驾护航。《慈善信托管理办法》有以下亮点：第一，对银监部门和民政部门的职责进行了相对清晰的划分，明确了二者根据各自法定职责对慈善信托实施监督管理的原则与具体分工负责的事项；第二，对慈善信托“共同受托人模式”的正当性进行肯定，明确了该模式的备案责任主体；第三，明确了慈善信托变更、终止的具体程序；第四，建立银监部门与民政部门的经常性监督协作机制，可以有效提高监管的效果。

此外，围绕着慈善信托相配套的例如《中华人民共和国公益事业捐赠法》《民政部、中国银行业监督管理委员会关于做好慈善信托备案有关工作的通知》《北京市民政局慈善信托备案管理办法》等法律法规及文件如今也较为齐全并在持续的更新与完善，慈善信托在中国的发展具有强有力的政策支撑。

（二）社会慈善力量驱动

扶贫济困、乐善好施是中华民族的传统美德，践行公益、传递爱心也是现代社会的基本价值。改革开放以来，我国慈善事业蓬勃发展，以慈善组织为代表的各类慈善力量迅速发展壮大，社会慈善意识明显增强，涌现出数十万家慈善组织、6500多万志愿者，每年汇聚约1000亿元社会捐赠。随着经济的持续发展，人均财富的不断积累，意识形态的不断完善，对于慈善事业的投入将会成为大众的日常“需求”之一。

此外，随着中国的财富积累与传承已经到了代际交替的节点，如何将财富以更健康、更有担当的方式传承，是财富拥有者的思虑，更是国家和社会关注的焦点。因此，如何将财富以安全保值、有效控制的方式投入慈善事业是大众持续关注的要事之一，那么，鉴于慈善信托的种种特征优势，公众对慈善信托的认同、肯定与参与程度会逐渐加深，使得慈善信托充满活力与前景。

（三）管理模式的可持续

上文已有论述，在慈善信托“共同受托人模式”中，慈善组织优势表现在对慈善项目的管理能力，而信托公司的优势则表现在对慈善财产的管理能力，相比于“单受托人模式”，信托公司可以进行专业的投资管理，而由慈善组织监管资金的运用和项目的执行，双方各司其职，充分发挥各自所长，弥补单一的劣势。由此可见，“共同受托人模式”可以做到责任与风险明确，慈善组织与信托公司共同对慈善项目的开展情况负责。

我国慈善组织数量众多，地域覆盖面极广，其开展的公益项目涉及扶贫、教育、救灾、医疗和科研等各个领域，慈善组织在开展公益慈善事业方面有更大的动力与意志。而信托是一种财产转移及管理的设计，具备投资方式灵活多样的特点，在财产管理方面极具优势。当慈善组织联合信托公司一起设立慈善信托并建立长期合作伙伴关系，以信托的方式做慈善，在信托中拓展公益慈善的市场，这无疑丰富了慈善事业的运作模式，为中国慈善事业的发展带来了更多的可能性，慈善信托“共同受托人模式”势必会成为慈善领域的一股新生活力。

（四）打造可持续生态圈

慈善信托“共同受托人模式”的可持续性依托于受托人自身专业化运作能力的有效发挥、法制政策环境的不断完善以及与社会慈善力量的持续驱动。本研究认为，慈善信托“共同受托人模式”能够使慈善、金融与法律相结合，共同打造以慈善组织与信托公司为主体，多元相关主体共同参与建设的可持续生态圈。

慈善组织与信托公司共同设立慈善信托，一方面有助于双方建立长期合作伙伴关系，拓展公益慈善事业的覆盖领域和市场，丰富慈善事业的开展路径，借助信托制度的国际认可度，为引进国外慈善资源及优质项目开创蓝海，带来了更多的发展空间。另一方面，在慈善信托“共同受托人模式”自身不断完善与深化的过程中，一些企业、组织甚至个人会被这一高效优质的新模式吸引，不断激发善意，以此良性循环带动更多的主体持续加入，达成多元共识。此外，将国民财富以安全、有效的方式投入慈善事业是高净值家族实现自身家族财富价值的有效体现，也是财富健康积累，助力社会发展的国家使命。

通过慈善信托“共同受托人模式”的不断实践，多元参与主体对慈善信托的认知与参与程度会逐渐加深，在慈善组织与信托公司的合力作用下，势必会助力家族财富成为注入慈善事业的一股新生活力，共同构建可持续发展的慈善信托生态圈。

五、问题与展望

（一）税收优惠问题

于国家层面而言，慈善信托的目的在于支持社会福利及公益事业，是对政府履行公共服务职能的补充，因此，国家应当对慈善信托给予全方位的法律优惠。我国2001年《信托法》出台至今，公益信托发展极不理想，与缺乏相应的税收优惠配套政策是密切相关的。《中华人民共和国慈善法》与《慈善信托管理办法》对此有所改进，明确未按照规定将相关文件报民政部门备案的慈善信托，不享受税收优惠①。但是，此规定还需等待民政、

① 《慈善法》第四十五条规定：“设立慈善信托、确定受托人和监察人，应当采取书面形式。受托人应当在慈善信托文件签订之日起七日内，将相关文件向受托人所在地县级以上人民政府民政部门备案。未按照前款规定将相关文件报民政部门备案的，不享受税收优惠。”

税务部门的管理细则才能落地，否则都是空谈。《慈善法》第九章“促进措施”中，全章涉及慈善信托内容极为单薄，仅提及了提供慈善需求信息①和金融政策支持②。实际上，慈善信托的设立、运行涉及企业所得税、个人所得税、营业税、契税、印花税等多个税种，相关行政事业性费用，对慈善信托税收优惠的具体操作等内容在《慈善法》并未能全面详细规定，甚至由于种种原因尚未提及。因此，对整个行业而言，需要更明确的细则落地，特别是涉及大额捐赠的税收优惠政策突破和明确。以上这些应考虑在后续的相关税法修改慈善信托配套法规中得到体现。

此外，《慈善法》中明确了慈善组织接受捐赠应当向捐赠人开具由财政部门统一监（印）制的捐赠票据，但并未对慈善信托接受捐赠设立信托后如何出具票据做出规定，委托人面临无法获得税收抵扣，甚至入账困难等情况，这将为慈善信托结构设计带来很大不便，也应当及时明确。

（二）受托人激励问题

其一，如以上论述，由于税收抵扣优惠政策不明确，委托人设立慈善信托的积极性难以提高，这势必影响慈善信托的广泛设立和规模做大。其二，现期慈善信托规模较小，资金来源渠道还比较窄，财产类型比较单一。传统做慈善以货币类资产为主，而对于股权、不动产等财产或财产权受配套政策不健全所限，导致出现“弃捐”甚至慈善财产流向海外等问题。实践中虽然有一单产品突破亿元级，但也只是个例，不具有普遍代表意义；还有一单产品以股权作为信托财产，但后期管理操作还将困难重重。其三，受托人报酬问题。公益慈善项目涉及社会发展的方方面面，需要解决的社会问题也越来越复杂，受托人必须要熟悉公益行业和公益项目，具备对慈善信托产品的设计、慈善信托财产的管理、慈善项目的管理

---

① 《慈善法》第七十七条规定：“县级以上人民政府应当根据经济社会发展情况，制定促进慈善事业发展的政策和措施。县级以上人民政府有关部门应当在各自职责范围内，向慈善组织、慈善信托受托人等提供慈善需求信息，为慈善活动提供指导和帮助。”

② 《慈善法》第八十六条规定：“国家为慈善事业提供金融政策支持，鼓励金融机构为慈善组织、慈善信托提供融资和结算等金融服务。”《慈善信托管理办法》第四十五条规定：“信托公司开展慈善信托业务免计风险资本，免予认购信托业保障基金。”

及执行能力才能履行受托义务，实现慈善信托目的。当前，社会公众的慈善需求日益增长，对于慈善信托受托人在实现慈善财产保值增值方面的能力需求也将不断提升。因此，受托人收取适当的报酬实属必要。而且，慈善信托的设立应当充分尊重委托人的意思自治，由委托人自主选择受托人，并与受托人就信托合同的具体事项进行约定，受托人的报酬水平应与委托人与受托人进行书面约定①。

因此本研究认为：第一，应尽快推进信托财产登记制度建立，明确设立慈善信托的财产可以包括货币、房屋、有价证券、股权、知识产权等财产类型，并对非货币财产公平价值的确定方式进行规范。第二，在未来发展慈善信托业务的过程中，支持信托公司以及慈善组织收取合理的慈善信托管理报酬还是有必要的，作为专业受托人，也理应获取与其专业能力相匹配的劳动报酬，至少应该可实现成本覆盖，这样才能调动机构参与慈善事业的积极性，推动慈善信托实现更长久的发展。

（三）慈善信托品牌问题

不同于营业信托，慈善信托可能要长期存在，或者永久存续，因此，受托人长期可信度尤为重要。另外，由于慈善领域非常广泛，需要更多具有专业特长的慈善信托受托人活跃于不同的领域，拥有一支有能力、长期可信赖的受托人队伍对中国慈善信托事业来说，这是一个重大挑战。

因此，本研究认为，各信托公司与各慈善组织应当将慈善信托上升至战略层面，急需打造慈善信托品牌，强强联手。只有项目足够的专业、足够的规范，信托公司与慈善组织才能够作为桥梁把优质的慈善项目展示给拥有较充裕社会资金的个人或机构，吸收他们的力量，共同参与慈善事业。

六、总结

本研究从理论层面入手，详细剖析了慈善信托“共同受托人模式”的

---

① 中国信托业协会：《慈善信托研究》，北京·中国金融出版社，2016年版，第200页。

法律依据、结构设计以及运作细节等具体内容。随后，从对“中航信托·中国扶贫慈善信托”与“中信·北京市企业家环保基金会2016阿拉善SEE华软资本环保慈善信托”两单“共同受托人模式”产品各自特色的治理机制的分析，在实践层面对该模式的优势做出了印证。此外，本研究认为，外部严格的监管是规范慈善信托的外在压力，基于外部监管规范要求，能够以全局思维完善慈善信托“共同受托人模式”的治理机制。因此，厘清各监管部门对该模式管理时的分工职责也是一项重点问题，应由民政部门负责项目执行端的监管，而由银监部门负责资金管理端的监管，两部门分工配合、积极协同。在此基础上，本研究对该模式发展的可持续性、面临的问题挑战进行探讨，以期对慈善信托“共同受托人模式”进行全面、客观与详细的解读，对慈善信托“共同受托人模式”的活力发展进行展望。

本研究认为，慈善信托“共同受托人模式”势必是多方共赢的必然选择：对于社会公众，这是一种新的参与慈善的选项，可调动更多的社会资源投入慈善事业的发展中；对于信托公司，慈善信托是公司社会责任的重要体现，也是信托制度运用的全新业务领域及转型方向之一；对于慈善组织，慈善信托是可以满足特定慈善项目所需要的新型模式。慈善信托“共同受托人模式”虽然还面临种种问题，但是随着制度的不断完善、该模式的不断实践，多元参与主体对慈善信托的认知与参与程度会逐渐加深，在慈善组织与信托公司的合力作用下，势必会助力家族财富成为注入慈善事业的一股新生活力，共同构建可持续发展的慈善信托生态圈。

最后，本研究想用法学家萨维尼的一段话来结束：“我们发现，一方面是对未来的憧憬；另一方面是迄今为止仍未获得解决问题的圆满方法，不管各个研究者的个人能力如何。对这种情况的关注，可能使人谦虚，也可以激起勇气。如果某位学者通过确立某些真正的原则，从而成功地促进科学的发展进程，他应该为此感到荣幸，尽管有一天他的工作仅仅被视为科学发展中的准备步骤。”

如何将财富管理与慈善信托有机结合，做到1+1>2

中国金谷国际信托有限责任公司
韩芳菲、冀元、黄梦龄、乐婷
中国对外经济贸易信托有限公司

摘　要

慈善信托作为一项涉及社会范围的财富二次转移支付的方式，其信托财产的管理需要同时具备信托财产管理的一般性原则，也要体现慈善公益的特殊性原则。这种管理规范不仅要涵盖主动从事慈善信托全部的当事人，也要贯穿慈善信托的全部过程。所以慈善信托的管理既包括信托财产管理，也包括慈善公益的付出，慈善信托的复合功效表现得非常突出。

第一章首先对慈善信托财富管理进行了概述，分析了当前形势下信托公司开展慈善信托业务的背景、积极意义及操作策略。相较于一般信托财产，慈善信托财产具有其特殊性，因而对慈善信托财产进行财富管理意义重大。第二章对英国、美国、日本等国家的慈善信托的特点和发展状况进行了介绍，通过了解各国家不同的财富管理模式，从中汲取我国开展慈善信托财富管理业务的经验。第三章对慈善信托财产的资产管理策略进行了分析，介绍了目前主流的四种慈善信托模式并举例说明，总结概括了慈善信托业务可能存在的风险及防范策略，指出了未来慈善信托业务可能的发展方向。

慈善信托作为重要的慈善组织形式之一，在全球范围内得到了广泛的发展和运用。一方面它是实现长效慈善公益机制的有效途径之一；另一方面也是信托公司战略转型的一个方向。慈善信托的设立有助于积极引导社会资源参与公益慈善事业，实现公益慈善事业的健康可持续发展，同时对于构建慈善信托文化，对行业和公司长远发展都具有战略意义。信托公司作为专业的财富管理机构应积极发挥自身优势，促进慈善信托与财富管理的有机结合，使之达到1+1>2的效果。

关键词：慈善信托　财富管理　慈善公益

第一章　慈善信托财富管理概述

一、慈善信托

慈善信托属于公益信托的范畴，是指委托人基于慈善目的，依法将其财产委托给受托人，由受托人按照委托人意愿以受托人的名义进行管理和处分，开展慈善活动的行为[①]。

英美信托法指出，对社会和人群具有重大价值或意义的事业称之为慈善事业。它包括但不限于扶贫救灾、科学教育、医疗配套、宗教文化及基础设施建设等多个方面。

作为英美法系的一个重要分支，衡平法将慈善信托细分为四个种类，包括救济贫困、促进教育、发展宗教和其他造福于社会的信托。

英美信托法中的“慈善事业”与“社会公益”适用的法律法规基本等同，二者没有实质的差别，因而学理上通常把二者视作同义语。根据英美判例规则的阐述，法律层面的“慈善事业”包含与它字面意思不尽相同的内容：慈善信托可能会包括某些以营利为目的和受益人不是社会公众的信托，相反某些致力于慈善目的的信托并不被认定为是慈善信托。因此，对

① 《中华人民共和国信托法》，北京·法律出版社，2001年版。

慈善信托或公益信托的理解应依据立法和判例规则的相关列举。

大陆法国家的信托法典缺少一致的公益信托概念，就种类而言，它一般包括基于祭祀、宗教、慈善、学术、体育或其他相近目的而设立的信托。针对大多数的信托类型，受益人一定是人，而慈善信托及具有特定目的的信托属于例外。慈善信托必须具备慈善属性，同时必须造福于社会和人群。财产委托人必须明确指定该财产是用作慈善用途，而具体用于哪个项目可交由委托人根据实际情况而定。

二、财富管理

（一）财富管理的定义

所谓财富管理，顾名思义就是管理个人和机构的财富，包括个人和机构从生到死、从始至终的所有财富管理和财务安排。随着金融产品与工具越来越丰富，股票、债券、PE、信托、保险等各种各样的资产，都有它不同的属性，金融机构向客户提供的产品变得越来越复杂。再加上全球化的资产配置要求，投资的多元化给偏好亲力亲为进行财富管理的成功人士提出了巨大的挑战，也为专业的财富管理机构提供了巨大的机会和空间。

（二）中国财富市场目前状况

1. 资产增长

中国财富市场按财富总值排名世界第三，2006—2016 年，全国个人持有的可投资资产总体规模从最初的 26 万亿元增长到 165 万亿元，复合增长率达到了 20%。2017 年，预计个人可投资资产规模将达到 188 万亿元。

高净值人群持有的可投资资产规模从 2006 年的 5 万亿元，增长到了 2016 年的 49 万亿元，复合增长率达到了 20%。预计 2017 年高净值人群可投资资产规模将达到 58 万亿元。

2. 人群增长

高净值人群的门槛是1000万元，超高净值人群的门槛是1亿元。自2009年私人财富报告首次发布以来，中国高净值人群已经从2006年的18万人，增长到了2016年的158万人，复合年增长率达到了24%。预计2017年，高净值人群数量将达到187万人。

3. 地域分布

2016年，共有9个省份的高净值人群数量超过5万人，分别是广东、上海、北京、江苏、浙江、山东、四川、湖北和福建，其中5省份（广东、上海、北京、江苏、浙江）率先超过10万人；截至2016年末，全国共有22个省份的高净值人群数量超过2万人，地域分布的集中度在不断降低，各地区之间的差距在逐步缩小。

截至2017年1月，中国24个城市高净值人群突破2万人，其中一半城市高净值人群突破5万人。广东连续第二年成为拥有最多千万元资产高净值人群的地区，较2016年增加2.8万人，达到26.8万人，增幅11.7%；北京第二，千万元资产高净值人群较2016年增加2.5万人，达到26.3万人，增幅10.5%；上海第三，同时也是千万元资产高净值人群增速最快的城市，较2016年增长12.2%，增加2.5万人，达到23万人。这三个省份共拥有千万元资产高净值人群76.1万人，占全国的51.78%，其他增速较快的还有江苏、浙江和天津等省份①。总体而言，地域分布的集中程度在不断降低，区域和区域之间更为平衡，从江苏、浙江和广东等近海地区向内部扩散分布。

4. 人群特征

人群构成：千万元高净值人群主要由四部分人群构成，其中企业主占比55%，金领占比20%，炒房者占比15%，职业股民占比10%。

年龄特征：将我国超高净值人群根据财富层级来划分，5亿元资产以

① 胡润《2017中国高净值人群健康指数白皮书》。

上人群的平均年龄51岁，20亿元资产以上人群的平均年龄53岁，60亿元资产以上人群的平均年龄58岁。相较于全球超高净值人群，全球10亿美元资产人群平均年龄为64岁，中国60亿元人民币资产以上人群的平均年龄年轻6岁。

性别特征：就性别特征而言，男性是中国超高净值人群的主力军，占比达到84%，女性占比仅16%。

学历特征：根据胡润研究院的研究数据，从学历角度来看，超高净值人群中硕士及本专科占比均分别超过40%，博士、高中及以下学历占比很低。

5. 投资方式

2009—2011年的调研中，“创造更多财富”均高居中国高净值人群的财富目标首位。2013年，“保证财富安全”首次跃升为首要财富目标，从近几年的数据来看，高净值人群关注的财富目标发生了重大变化：“保证财富安全”“财富传承”和“子女教育”跻身高净值人群财富目标的前三名，而“创造更多财富”则被挤出榜单前三。

从投资风险偏好的角度而言，偏好“高风险高收益”投资的高净值人群占比约5%，较2015年降低了近10%；选择“高于储蓄收益即可”的人群比例则从2015年的20%左右跃升至2017年的近30%；另外，倾向于“中等收益水平”的人群占比基本维持在60%左右。

同时，资产配置更加多元化。最初高净值人群的资产配置主要集中于储蓄、现金、股票和投资性房地产。如今，有了信托产品、私募股权基金、银行理财等更多的选择。高净值人群中拥有境外配置的人群占比由2011年的约19%上升至2017年的约56%，而其中80%的人进行境外资产配置是为了分散风险，50%是为了捕捉境外市场投资机会①。

（三）信托公司开展财富管理业务的背景

信托财产的多元化及信托投资领域的广泛性使得信托公司被业内冠以

① 招商银行、贝恩公司：《2017中国私人财富报告》，2017年。

“金融百货公司”之称。信托公司是国内唯一可以横跨资本、货币和实业三大市场进行资源配置的金融机构，且信托公司可以接受多种形式的财产委托，使得信托公司能够采取多种手段对信托资产进行管理。全品种、跨平台的资产管理优势让信托公司在各类金融机构中得以站稳脚跟，并占据一席之地。

与其他金融机构的出发点略有不同的是，信托公司基于信托“受托管理”的本质，其财富管理业务是围绕客户需求展开的“量体裁衣、量身定做”的模式。信托公司以实现委托人特定的信托目的而设立信托产品，并根据不同委托人的不同信托意愿，制订科学化、专业化的资产配置方案。定制化的业务模式对信托公司的财富管理水平提出了更高的要求，也是现阶段各大信托公司积极转型的主要方向之一。

（四）信托公司开展财富管理业务的积极意义

1. 对信托公司战略转型的影响

资产管理能力是信托公司未来实现专业化发展、差异化竞争的重要基础。近年来传统融资类信托业务日益陷入困境，信托行业的盈利模式正面临着重大转变。信托公司不断提升资产管理能力，从早期销售产品为主的理财业务，转变为提供综合服务的财富管理业务；在资产运用方式上，加大了股权投资、证券投资等投资类业务的比重。若要体现“以客户为中心”的业务主线，满足客户的多样化理财需求，信托公司必须提高自主管理能力，具备相对齐备的产品线以及专项投资领域。同时，财富管理业务与资产管理业务也将形成良性互动，为信托公司带来稳定的资金池可供投资，避免了资产管理团队以往产品发行失败的不确定性，有利于专注提高投资能力，又将推动信托公司的资产管理业务发展。可见，财富管理业务的推出，将促进信托公司由被动管理向主动管理转型，提高信托公司核心竞争力，符合监管导向要求。

2. 对信托公司盈利模式的影响

财富管理的开展使得财富管理团队可以及时为客户量身定制产品，既解决了原来信托公司可能出现的阶段性信托产品断档的问题，又能够满足机构客户和部分高端个人投资者在投资偏好、决策机制、资产管理要求等方面的个性化需求，有助于信托公司形成稳定的盈利模式，推动信托业务向专业化、常态化转变。国外同业的先进经验表明，金融产品的可复制性很强，传统型产品推出后很快就面临着被复制的威胁，这一点在当前国内银行的理财市场已经得到了充分反映。但是财富管理则不同，财富管理的重点是满足客户的个性化需求，未来可能投资者将自己的理财资金委托给信托公司，与信托公司签订单一资金信托合同，然后信托公司根据该客户的风险偏好和收益预期，定制一个资产组合，投资于若干子信托。如此一来，信托公司给客户带来的差异化服务体验很难被复制，将成为信托公司赢得客户的关键要素。

3. 对信托公司风险管理的影响

现代资产组合理论认为，个别资产的某些风险是可以分散的，只要不同资产间的收益变化不完全相关，就可以通过资产组合来降低投资风险，即由若干资产构成的资产组合的投资风险低于单一资产的投资风险。与早期一个信托计划对应一个项目相比，财富管理业务通过资产组合降低了投资风险、平滑了收益，充分发挥了信托公司投资多元化的配置优势和风险管理优势。

（五）信托公司开展财富管理业务的竞争优势

近几年来，中国的财富管理市场取得了非常可观的增速。根据招商银行和贝恩公司联合发布的最新报告①，中国高净值人群由 2006 年的 18 万人增长到了 2016 年的 158 万人，复合年增长率达到了 24%。预计 2017 年，高净值人群数量将达到 187 万人。而这些高净值人群持有可投资资产在 2016 年合计达到 49 万亿元人民币；预计到 2017 年底，该数据规模可达到合计 58 万亿元人民币。日益庞大的受众人群和日益增长的财产规模为金融

① 招商银行、贝恩公司：《2017 中国私人财富报告》，2017 年。

市场提供了巨大的机会，各类金融机构和第三方渠道亦积极参与其中，逐鹿中原。

但由于我国现阶段实行“分业经营、分业管理”的金融制度，使得银行、证券、保险及其他第三方渠道只能囿于各自领域开展业务，导致有时候无法以最优方式实现客户需求。而多品种、跨市场的资产配置方式，使得信托公司在混合性投资领域具有明显优势。

1. 多元化资产配置

信托公司是国内唯一可以横跨资本、货币和实业三大市场进行资源配置的金融机构，能够实现资产多元化配置和单一市场风险的规避。

2. 严格的风险控制

信托公司由于牌照稀少，业内排名亦简单透明，因此各家信托公司十分重视自身的声誉风险，对产品风险控制非常严格，并制定了相关的管理制度。

3. 利益共同原则

信托公司在财富管理过程中普遍采取利益共同原则，即信托报酬的收取将与客户收益相挂钩。通常，业绩报酬仅在信托计划分配且投资者实现盈利时才能提取，因此信托公司受到信托责任的约束，必须把客户的利益置于自身利益之上。

以上基于信托制度和体制所展现出的优势保证了信托公司是真正站在委托人/受益人立场考虑问题的财富管理者，信托公司有足够的动力构建和实施反映委托人真实意愿的财富管理策略。

（六）信托公司开展财富管理业务的操作策略

1. 以人为本，按需服务

诚如前述，信托的本质为“受人之托，代人理财”，而财富管理的基石则在于客户需求。所以信托公司应以尊重委托人意愿为前提，以实现委托人特定目的或受益人利益最大化为己任开展信托业务。信托公司应注重构建稳定的客户关系群，在拓展客户规模的同时加强对客户群体的层次分析和精准定位，以信托为载体，以客户为主导，提供多方位多领域的差异化财富管理体验。

2. 立足产品，差异竞争

资产的组合配置是财富管理的核心内容。信托财产的多元化和跨平台性能够为信托公司在资产配置中提供足够多的可能性。因此信托公司应立足于产品，以客户为本位，充分发挥信托在投资领域的广泛性和灵活性优势，通过提供丰富的信托产品线和多种资产组合模式来制定客户的财富管理策略，并逐步形成属于自身的“明星产品”，与银行、证券公司、保险公司及其他第三方渠道形成差异化竞争。

3. 注重人才，培养团队

财富管理是信托公司回归“本源”业务的实践行动，是信托公司从单纯的“融资中间人”向“财富管理者”角色转换的过程，这其中是否有高素质信托人才和专业化管理团队的参与显得尤为重要。

由于信托业务是以“信任”作为各方合作的基础，且其面向个人/个体机构的财富管理服务内容大多具有独立性和私密性（如家族信托、慈善信托等）的特点，因此除了具备扎实的专业素质外，信托人员还需具备良好的道德素养。信托公司应注重提升从业人员的综合素质，建立复合型的财富管理团队，采用多对一的团队服务模式为客户提供财富管理方案；同时制定科学合理的内部管理机制，以规范业务行为，防范操作风险和道德风险。

4. 依托科技，与时俱进

随着“互联网+”时代的来临，作为走在时代前沿的金融机构，信托公司也应与时俱进，依托自身信息化建设实现信托的动态化管理。

就信托公司的财富管理而言，以IT技术为支撑构建科学化的内部信息管理系统不仅可以有效记录和分析客户信息，方便客户间的差异化管理，亦可实现客户与信托产品间的快速匹配，提升业务效率，节约时间成本。

同时，运用数据化的信息手段还可以方便公司管理者、行业监管者对信托业务数据的统计与分析，为信托的“非标准化”向“标准化”转变夯实基础。

5. 业务转型，混合匹配

财富管理是信托业务的高阶业态，财富管理能力的强弱也是体现各家信托公司业务实力的分水岭。对致力于业务转型的信托公司而言，其财富管理能力的提升可以从投资管理能力、组合配置能力、匹配客户需求能力三个方面着手。除了转型信托传统业务外（如房地产投资基金化、PPP类政信合作等），还应积极稳固和拓展其他业务板块（如固收业务、互联网与消费金融业务、证券投资业务、家族信托业务及慈善信托业务等）。同时，应以客户资产的保值、增值及传承的财富管理思路为决策基础，混合匹配各类资产，以实现客户资产与产品收益间的有效平衡。

三、慈善信托的财富管理

慈善信托的财富管理，主要是针对慈善信托财产所进行的财产管理，我们先分析慈善信托财产的特殊性，再进而讨论如何对慈善信托财产进行管理。

（一）慈善信托财产的性质

慈善信托财产包括货币、实物、房屋、有价证券、股权、知识产权等有形和无形财产。信托财产的管理包括受托管理和资产管理。受托管理是指如何按照法律法规、信托合同的规定，实现委托人的公益慈善意愿，维护受益人的利益；信托财产的资产管理是指如何发挥信托公司作为金融机构的作用，在信托财产的保值增值方面体现优势。

慈善信托的信托财产和普通信托财产一样，具备资产法律权属的独立性，同时也具备慈善财产以及与其他信托财产不同的特征和性质。

1. 财产形式的多元性

同一般捐赠相比，信托赋予了“财产”更丰富的定义，既包括个人、家庭乃至企业的一切可用金钱衡量的有形或无形的资产，亦包括附着于资产之上的财产权利。财产形式的多元化，能够为委托人设立慈善信托提供便捷——不单可以货币性或非货币性资产委托设立慈善信托，还可以保留财产，以其收益的财产权利委托设立慈善信托。支持多种形式的财产委托是有慈善公益意愿的人士、机构或组织选择通过信托方式实现其慈善目的的原因之一。

在实践中，由国投泰康信托公司担任受托人的“国投泰康信托 2017 年真爱梦想 2 号教育慈善信托”是以股权作为信托财产设立的慈善信托，也是我国第一单股权慈善信托。此外，由万向信托担任受托人的“万向信托——艺酷慈善信托”则是以名家画作作为初始信托财产设立而成的慈善信托，而且该信托开放财产追加，意味着信托公司在该信托模式下将有可能同时管理非现金类信托财产及现金类信托财产，给予了信托公司充分发挥其财富管理能力的机会①。

2. 慈善财产的独立性

一旦形成公益慈善财产，捐赠人就丧失了财产的所有权，而财产的所有权也不归属于潜在的受益人。因此，慈善财产区别于私人财产，同时也区别于公有和政府财产，政府和公共部门不能作为权利人随意支配慈善财产，也不能作为共有财产的代理人对慈善财产进行任意处置，慈善财产及其产生的收益必须用于慈善目的，严格管理，不可转为他用。从名义上而言，公益慈善财产归属于受赠机构或者信托受托人，但是从实质上来看，受赠机构或信托受托人并非拥有慈善财产的所有权，除了收取适当的运营成本和管理报酬外，无法从中获取其他收益。因而，公益慈善财产被认为是基于特殊目的而存在的独立财产。

---

① 李茜：《慈善信托创新模式频现》，http：//trust. jrj. com. cn/2017/10/10082723 208787. shtml。

3. 信托财产的独立性

慈善信托一经设立，信托财产将独立于委托人、受托人和受益人的自有财产而存在，同时也实现了风险隔离，任何一方当事人的债权人无法追溯至信托财产，这在一定程度上保证了信托财产的稳定性和安全性，同时也可以避免当事人对信托财产的运用进行干预。对于委托人而言，信托关系一经设立，委托人即失去了对信托财产的支配权，也不再是委托人债权的责任财产；对于受托人而言，应严格区分固有财产与信托财产，分开进行核算和管理。受托人对于信托财产仅拥有形式上的所有权，除合理的运营成本和管理报酬外，受托人无法从信托财产中获取其他的收益。受托人需严格遵照委托人的意愿对信托财产进行管理和运用；对于受益人而言，受益人并非获得了信托财产的所有权，而是仅获得了利益请求权。受益人获得的收益可以是信托财产的部分，也可以是信托财产产生的收益的全部或部分，但信托财产并不是受益人的责任财产。信托制度的优势可以将慈善信托财产名义上的所有权和实质的所有权相分离，有效地保护了信托财产的安全。

（二）慈善信托财产资产管理的特点与意义

慈善信托财产具有社会公共效应，其资产管理与目前基金会以存款为主的资产管理，以及信托公司从事营业信托理财的资产管理都有所不同。根据目前的信托财产登记和税收政策情况，一段时间内，交付慈善信托的财产类型大部分会以现金为主，少量会是企业股权。在现金类信托财产管理中，信托公司作为受托人应该针对慈善信托委托人的意愿和信托财产的特征，制订有针对性的资产管理方案。除了一部分委托人希望一次性或分步骤将信托财产按照合同约定支付分配给受益人外，一部分委托人会对信托财产管理的保值增值提出要求，信托公司需要按照市场化原则，在控制风险的前提下，建立有效的信托财产管理机制。

1. 慈善信托财产资产管理的理念和特点

（1）慈善信托的资产管理理念

慈善信托设立的信托目的是非营利的社会奉献，信托公司作为受托人为满足委托人的公益、慈善意愿，应做好信托财产的履职管理，这种履职管理包括慈善信托目的的实现和信托财产的保值增值管理。信托公司在开展慈善信托业务过程中，不会以委托人的经济利益为目的，信托财产管理的增值部分不会向营业信托那样，向作为受益人的原委托人进行返还分配。慈善信托管理的滋生利益和产生的盈余部分皆归属于慈善信托，需要应用于受益人的公益、慈善活动中。

按照国际惯例，这种信托目的的非营利性和信托财产的保值增值性之间并不互相矛盾，但这并不意味着慈善信托财产管理不可以有增值盈余。信托公司作为受托人通过慈善信托财产的资产管理获得增值业绩，对于慈善信托的健康、稳定、持续运作是完全必要的。“非营利”信托目的不等同于“非盈利”财产管理。慈善信托在管理信托财产时需要按市场原则让信托财产保值增值，而不是让信托财产管理得越来越少，这些理念符合国际惯例。例如，在过去 20 年中，哈佛大学捐赠基金获得平均每年 10.4% 的投资收益，耶鲁大学的投资收益率达 12.6%，显著超越投资回报的基准水平①。

（2）慈善信托的资产管理特点

信托公司管理每一单慈善信托，并不是简单的一个项目管理，而是作为受托人代表着委托人向社会传播慈善公益情怀和精神。因此，信托公司需要形成永久的慈善信托文化。尤其是在投资管理人队伍中建立这种特殊的文化观。将具体的投资管理与慈善公益精神、信托受托责任和社会财富创造者相结合。

①信托财产管理的神圣感。受托人不仅自己，也要让投资管理人拥有慈善公益使命的高尚荣誉感。在进行投资政策、策略制定、投资决策、实施风控时，能够本着谨慎的态度，意识到社会的责任。然而，审慎并不意味着无作为的保守，如果因为缺乏判断力或决策过程效率低下而导致无法达到既定投资政策的预期回报，应该不能看作是审慎的表现。

②专业标准化的管理过程。管理社会财富要有一个专业、规范、合理

---

① 卢咏：《公益资产的投资管理之道》，载《中国慈善家》2016 年，第 61—65 页。

的资产管理过程，这个过程需要高效、平衡、稳定。

③长期性的资产管理机制。如果有的委托人需要实现慈善信托的长期运行，则需要信托财产的资产管理者应该具备长远眼光，建立能够支持长久期的资产配置来源。

2. 慈善信托财产资产管理的意义

（1）有利于促进社会公共资源的建立

在我国内地经济发展初期，贫富差距的存在，需要通过公益、慈善、捐赠方式形成稳定的财富二次转移。设立信托的信托财产需要有较强的资本积累能力，这是信托公司开展慈善信托的核心竞争力之一。信托行业如果实现了慈善信托财产的有效增值管理，将有利于信托行业作为一个金融子行业的社会声誉的建立，也有助于对整个社会的福祉建设。无论是发达国家地区，还是发展中国家地区，社会都非常需要更多的公共资源，信托公司开展慈善信托，就是作为公益机构加入社会公共资源建设的行列中。因此，建立慈善信托有效的财产管理机制变得愈加重要。

（2）慈善信托资产管理的良性循环

有效的信托财产管理需要信托公司具备强大的、符合慈善信托要求的资产管理能力。这种能力的形成，一方面有利于通过资产收益为慈善信托提供稳定的财产保值增值的来源，以面对未来经济环境、市场周期的波动，弥补后期可能出现的信托财产来源不确定性的问题，为委托人慈善信托目的的实现提供可持续发展的保障机制；另一方面有效的信托财产的投资回报，会增加委托人、旁观者、社会对信托公司的资产管理能力的信任，因为这对慈善信托的可持续发展做出了贡献，从而愿意设立更多的慈善信托，形成社会公益慈善的良性循环。通过有效的信托财产管理，有利于形成慈善信托行为，建立超越人的生命周期的使命感和永恒感。

第二章　国外慈善信托财富管理模式

英美等国家对慈善信托的运用历史悠久，制度体系成熟且完善。我国的信托是改革开放后为适应经济需求而引进，主要应用在商事领域，慈善信托在我国尚处于萌芽阶段。本章主要介绍英国、美国、日本等国家的慈善信托的特点和发展状况，通过引入典型慈善信托案例分析，了解各个国家不同的财富管理模式，从中汲取我国开展慈善信托财富管理业务可以参考和借鉴之处。

有两个概念要首先说明：其一，我国的慈善信托与国外的公益信托涵盖范围大体一致，均包含公益、慈善部分，所以本文中所述的慈善信托与公益信托在概念范围上混同；其二，英美的慈善信托是一种非法人慈善组织，而根据《慈善信托管理办法》的定义，我国的慈善信托是一种开展慈善活动的法律行为，更贴近日本对公益信托的定义。

慈善信托在英国发源、完善，在美国发展、创新，后舶来到日本，与我国最为相似。

一、英国慈善信托介绍

（一）英国慈善信托概述

英国法学家梅特兰曾经说过“如果有人要问及英国人在法律领域里最伟大、最卓越的成就是什么，我想再不会有比这更好的答案，那就是，一代又一代人历经数百年发展起来的信托观念”①。

现代信托起源于英国中世纪的用益制度，最初作为一种慈善赠予的手段，教徒将土地委托他人经营管理，并将收益全部捐赠给教会用于宗教事业。信托设立的初衷就是慈善信托。1601 年英国议会制定了《慈善用益法》（*The Statute of Charitable Uses*），是全世界第一部慈善法典，奠定了英国慈善信托制度的基础。20 世纪以来，英国政府先后于 1960 年、1993 年颁布了《慈善法》，并经 2006 年、2011 年两次修订，形成了英国现今完备的慈善信托法律制度。

① FredericW. Maitland，Equity，Cambridge University Press，1936.

当今英国的《慈善法》强调了慈善信托的信义，应有以下特征：其一，慈善信托的受益对象应是不特定的社会公众或特定的社会群体，必须满足为公共利益服务；其二，慈善信托必须具有整体上的完全慈善性，不能含有任何私益目的；其三，慈善信托不以严格确定的慈善意图为成立要件，信托目的与《慈善法》列示的目的相似且符合慈善精神，便符合慈善信托的标准①。《慈善法》还明确了英国慈善信托一元化的监管体制，英国慈善委员会具有对慈善信托登记审核、监管问责、指引扶持等职能，不受政府部门的管控②。此外，对慈善信托财产的诉请执行，要借助公权机关行使司法救济，受益人没有特定请求权③。

（二）慈善信托财产的投资管理制度

英国慈善委员会颁布的《英国慈善委员会指引》对慈善信托资产的管理、投资事宜都有明确的制度指引。CC25 条款《管理慈善组织资产与资源管理》中要求慈善信托必须对收益和支出制订计划和监控，明确采取的政策、策略和措施，防止慈善资金的滥用。CC14 条款《慈善组织与投资事宜：对受托人的指引》将慈善资金的投资活动区分为经济投资、专项投资和混合目的投资。经济投资的目的是在可接受风险范围内的收益最大化，并将获得的经济回报用于慈善目的；专项投资是将资金用于深化慈善目的，同时为慈善信托创造一定的经济回报；混合目的的投资是上述两种的结合。慈善委员会要求受托人指定切实可行的投资目标、政策和投资方案，并对投资决策程序、投资管理人选聘及投资活动中的风险管控均有明确的提示引导。

慈善委员会对慈善信托的投资范围几乎没有限定，只要遵守指引原则，受托人可以投资任何专门用于保值、增值和创造经济回报的资产，具

---

① 周贤日：《慈善信托：英美法例与中国探索》，载《华南师范大学学报》，2017 年第 2 期，第 116—132 页。

② 英国慈善委员会：《英国慈善委员会指引》，北京·法律出版社，2017 年版。

③ 周贤日：《慈善信托：英美法例与中国探索》，载《华南师范大学学报》，2017 年第 2 期，第 116—132 页。

体包括：银行存款利息、上市股票、国债或公司债、房屋或土地、对冲基金、商品、衍生品、私营公司股权、共同投资资金和其他集体投资计划。专项投资还可以对外提供贷款，实现深化慈善信托目的。慈善委员会允许慈善信托购买或出售土地作为投资，同时享有出租、租赁、转让土地及改变土地使用性质的权利（CC28 条款《出售、出租、转让或抵押：受托人关于处分慈善土地的须知事项》和 CC33 条款《获取土地》）。此外，为了应对突发的支出和变化，慈善委员会引导受托人留取部分收益作为储备金，CC19 条款《慈善储备金：塑造复原力》对储备金政策、持有水平及投资方式均有明确的要求。

（三）英国国民信托案例

英国国民信托（The National Trust）是全英最大的公益信托组织，最初由 3 位英国慈善家于 1895 年发起设立，经过一个多世纪的发展，目前是全英享有最高声誉和公信度的遗产保护组织。英国国民信托虽然不同于我国法律对慈善信托的界定，但通过借鉴其多元化、可持续的财富管理模式和积累多年的成功经验，对我国开展慈善信托财富管理工作将大有裨益。

1. 英国国民信托的信托财产

英国国民信托最初是为了保护和恢复英国工业革命后快速工业化、都市化对自然风貌、乡村景观和历史建筑的破坏而设立的，通过收购、保护、组织活动等方式，使更多的古堡、庄园、乡村土地成为受保护的信托公共财产，让更多的民众参与保护行动中。作为全英乃至整个欧洲最大的慈善性自然及文化遗产保护机构，英国国民信托的资产超过 24. 7 万公顷的乡村土地、778 英里的海岸线及超过 500 个庄园、城堡、历史遗迹、花园、森林公园和自然保护区①，其中包括英国巨石阵等世界遗产，被誉为“英伦遗产的守护神”。

① National Trust. National Trust Annual Report 2016/17［R］. U. K.：National Trust Published, 2017.

2. 英国国民信托的财富管理模式

英国国民信托主要是通过购置、接受捐赠及签订契约等方式获得财产，经过保护和修复，再开放给社会公众。为了更好地实现永久性保护，英国国民信托一直遵循财产收购政策，并且每年对全部财产实施保护和修复也需要大量资金。大量的支出需求，对英国国民信托的财富管理能力既是挑战，也是检验。乡村土地作为英国国民信托财产的主要组成部分，运用了可持续发展的财富管理策略。英国国民信托通过与各农场主、租户合作制定农产品开发策略，共同出资建设农产品加工和销售公司，在改变土地经营方式的同时，也维持了农场主和租户的稳定生活来源和信托每年稳定的资产经营收入。此外，通过发展农业观光、生态休闲旅游等第三产业，再度提升资产的附属价值①。

根据英国国民信托2016—2017年财务报告显示（报告期：2016年3月1日至2017年2月28日），全年总收入为5.92亿英镑，主要包括：捐赠及遗赠收入合计7936万英镑，占比13.4%；会费收入20074万英镑，占比34%；财产直接收入17090万英镑，占比29%；信托名下运营的公司收入和能源再利用收入合计7285万英镑，占比12.3%；投资收入2554万英镑，占比4.3%。会费收入指通过免费访问英国国民信托名下管理资产及享受其活动服务的入会待遇，换取会员缴纳的会费收入；财产直接收入细分为慈善交易活动收入、租金收入、门票收入等，包括前文所述的对乡村土地可持续管理和运用而取得的收益。

如图1所示，报告期内，英国国民信托80%以上的收入来自信托本身专业有效的管理运用资产而取得的增值收益，外部的捐赠和遗赠收入仅占很少一部分。值得一提，英国国民信托在报告期内的投资收益前净利润为2434万英镑，营业利润率达到19.9%，体现了良好的营运能力。英国国民信托通过不断开拓创新管理、运用资产的模式，实现了财富的保值、增值，使自身得以持续发展，持续服务于慈善公益事业，为世界各地开展慈

① 饶传坤：《英国国民信托在环境保护中的作用及其对我国的借鉴意义》，载《浙江大学学报》，2006年第6期，第81—89页。

善信托财富管理工作树立了典范。

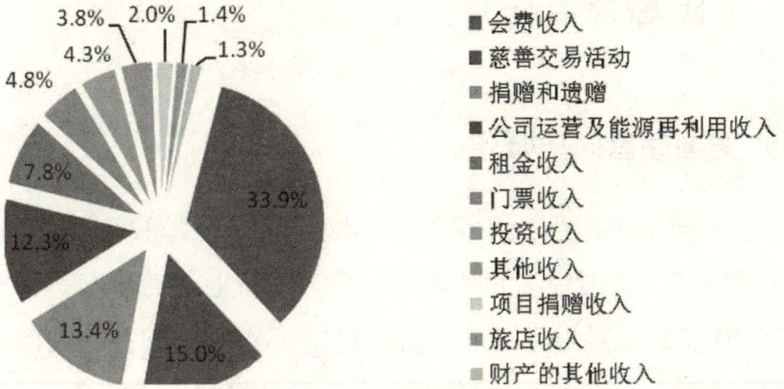

图1　英国国民信托的收入

数据来源：National Trust. National Trust Annual Report 2016/17 [R]. U.K.: National Trust Published, 2017.

（四）英国模式的借鉴意义

效仿英国国民信托比较成功的案例是我国台湾地区的环境公益信托。因经济发展，导致台湾产业大量外移，青壮年流失，许多乡间土地闲置。环境公益信托通过契约的形式，将原住民的农地信托给环境协会等组织专业经营，保山育林，发展农业体验，让土地不再荒芜，保护了原住自然景观环境①。在中国大陆，国有和集体所有相结合的土地制度有别于英美国家的土地私有制，不能完全套用英国国民信托购入再保护的模式，但可以借鉴台湾地区的环境公益信托的管理形式，通过与农户签订长期契约，以承租的方式对财产进行开发和保护，或者通过与农户合作提高其自身参与经营的积极性，从而得到保护环境的目的。后文中将重点论述的“大白登扶贫信托”就是此类慈善信托在我国的成功试点。

① 中国发展简报：《借鉴英国模式打造环境信托的台湾版本》，http://hope.huanqiu.com/domesticnews/2013-01/3526612.html。

二、美国慈善信托介绍

（一）美国慈善信托概述

美国的慈善信托制度自18世纪从英国传入，而真正兴起是在一个多世纪后。20世纪初，美国经济的高速发展，垄断行业迅速崛起，中产阶级的出现和家族财富的积累为美国慈善信托奠定了物质基础；随之而来的经济萧条和世界战争，在美国社会形成了对慈善捐赠的巨大需求[①]；此外，美国政府对慈善捐赠的优惠税制及对公共福利的退后政策，为慈善信托得以繁荣发展至今提供了援助力[②]。

慈善信托在美国虽为舶来品，却在本土化的发展中不断创新，形成了其特有的形式。美国的慈善信托主要以基金会的形式存在，美国慈善信托允许分割利益，存在兼有公益和私益的慈善信托，如“公益先行信托”和“剩余公益信托”。美国慈善信托大致分为三种类型：一是公众信托，为了某一特定范围内居民的利益，对捐赠款项进行管理和运用而产生的信托；二是学校、医院和慈善机构等公共组织在接受捐款后，为了提高资金使用效率，将款项委托给信托机构管理而设立的信托；三是慈善性剩余信托，捐款人保留一部分信托收益维持自身及家庭生活，将剩余收益全部捐赠给慈善性机构而制定的信托[③]。此外，在美国没有设立慈善信托的监管机构，由州检察长依法对慈善信托进行监督管理。

（二）美国家族慈善基金会

美国的慈善信托主要以基金会的形式存在，其前身多为家族设立的慈

① 徐宇珊、朱照南：《美国公益图谱：从传统到现代》，北京 · 社会科学文献出版社，2017年版。

② 陶冶、陈斌：《美国家族慈善基金会的发展及启示》，载《新视野》，2016年第4期，第43—48期。

③ 卫荣华：《中外公益信托比较研究与法律思考》，载《经济师》，2011年第10期，第69—70页。

善信托，比较著名的如卡耐基基金会、洛克菲勒基金会等，家族慈善基金会在全美基金会中占绝大多数。目前美国慈善信托的运作模式，可以采用纯慈善信托的形式，也可以采取公司制的形式，更多的是两者的有效结合，如比尔及梅琳达·盖茨基金会。

由于家族慈善信托的财产全部来源于家族捐赠，合理有效地管理慈善财产，实现资产的保值、增值，是信托得以长期稳定存续的关键。在美国，通过慈善信托不但可以使家族财富稳定地传承下去，还可以实现财产避税的目的，提高社会资源的利用效率，从而更好地回馈慈善事业，同时还有提高商誉、家族凝聚力等附加价值。通过引入慈善信托的运作模式，为家族慈善基金会实现了 1+1>2 的财富管理目标。

（三）盖茨基金会信托案例

本节将以比尔及梅琳达·盖茨基金会信托（以下简称“盖茨基金会信托”）为例，讨论美国慈善信托的特有财富管理模式，以及对我国慈善信托财富管理的参考意义。

1. 盖茨基金会信托简介

比尔及梅琳达·盖茨基金会信托于 2006 年 10 月设立，运营总部在美国华盛顿，目前是全世界规模最大的慈善信托。信托持有并管理比尔和梅琳达·盖茨捐赠的可投资资产及来自沃伦·巴菲特定期赠予的股票，持续提供给比尔及梅琳达·盖茨基金会用以实现慈善目的。受托人为盖茨夫妇和巴菲特，但巴菲特实际未参与信托的投资管理。

该基金会分为两个独立的实体，比尔及梅琳达·盖茨基金会（基金会）与比尔及梅琳达基金会信托（慈善信托），并以“基金会+慈善信托”的模式进行运作，由信托通过财富管理实现信托财产的保值增值，然后把收益转交给基金会，资助基金会实施慈善活动。

2. 盖茨基金会信托资产投资情况

根据毕马威出具的盖茨基金会信托 2015—2016 年度财务报告显示，该慈善信托 2016 年底管理的资产规模总额 406.4 亿美元，包括现金、股票销售和分红收入、利息收入及各类投资，其中投资占绝大多数，为401.7亿美元。各类投资资产中主要为股票（占比67%，其中近一半是巴菲特捐赠的伯克希尔公司B股股票）和债券（占比27%），还有少量的现金等价物、混合基金、商品、衍生品合约和私人投资。盖茨基金会信托2016年的信托总收入为61.6亿美元，其中捐赠收入27.2亿美元，投资收益34.4亿美元；当年向比尔及梅琳达·盖茨基金会拨款53亿美元，税后信托净收益8亿元①。

3. 盖茨基金会信托财富管理模式

盖茨基金会信托创新的财富管理运作模式，受到巴菲特的青睐，对其值得借鉴之处总结如下：第一，“基金会与慈善信托”双轨制的运作模式，两个实体独立管理，在各自领域发挥专长，有效隔离风险的同时，实现资源的有效配置和整体经济效益最大化；第二，约翰·洛克菲勒的“像商业一样经营管理慈善”理念，运用可持续投资的模式做慈善，借助信托灵活的制度，多样化的投资渠道，以及专业化的资产管理方式，将一部分信托收益用于慈善，剩余大部分资产回投到企业和市场中，继续产生收益，持续服务于慈善事业；第三，引入创新投资模式——项目关联投资（PRI），为了达到美国基金会关于私人基金会每年支持不得低于上年余额5%的规定，盖茨基金会每年会拨款给项目关联投资（PRI），类似于慈善创投，投资给非营利组织、金融机构、私营公司等经济实体，或者以担保的形式支援这些实体发展，并取得利息、分红及资本升值等回报。这些经济实体向需要帮助的群体提供资金支持，例如对飓风灾后重建基金的贷款、对非洲健康基金的投资等，最终实现慈善目的②。

（四）美国模式的借鉴意义

美国的“基金会+慈善信托”运作模式值得我国借鉴效仿。由于中美

---

① KPMG. Bill & Melinda Gates Foundation Trust Financial Statements December 31, 2016 and 2015 [R]. U.S.: KPMG, 2017.

② 投资家：《比尔和梅琳达·盖茨基金会成双轨制典范》，http://hope.huanqiu.com/globalnews/2013-12/4633814.html。

所属的法律体系不同，美国的基金会采用的是慈善信托制度，而我国的基金会仍属于传统的财团法人制度。在我国法律框架下，对基金会有很多限制，但引入慈善信托的模式，通过信托的灵活制度，可以填补很多政策漏洞，提高资产的利用效率。其一，我国法律规定私人基金会的投资收益，例如出售股票的增值收益，要缴纳 25% 的企业所得税[①]，而在慈善信托模式下可以免除这项税负；其二，我国法律规定私人基金会每年支出必须达到上年资产余额的 8%，如此推算，基金会每年运营收益要达到税前 10.67% 才可以保证营运的资产不会逐年减少，限制了基金会的永续发展，此外，如果基金会的资产规模较大，每年还要承受巨额的公益支出压力[②]，但法律对慈善信托并没有此类限制，信托财产的投资运用具有更大的灵活性；其三，在我国，资产和股权的捐赠都需要缴税，而根据《慈善信托管理办法》的规定，资产、股权的收益等财产权利可以作为信托财产委托设立慈善信托，资产可以不用转移而取得捐赠收益，避免不必要的税负，使更多的资金用于慈善事业。

三、日本慈善信托介绍

（一）日本慈善信托概述

慈善信托在日本称为公益信托，是指由个人或企业等把自己的财产委托给信托银行，由信托银行按照一定的公益目的管理和运用受托财产、为公众利益服务的制度，具有以下特点：一是由信托银行向政府部门审批，有别于英美的登记制度；二是公益信托财产限定用于公益目的事业，公益和私益不能并存；三是信托银行作为善意管理人，负有注意、忠实、分别

① 王小成：《慈善助力传递/慈善信托在家族财富传承中的作用与案例分析》，http://blog.sina.com.cn/s/blog_54b1036d0102vtm9.html。

② 同上。

管理的义务，并定期对信托事务和财产状况进行公告①。无论从定义还是管理制度，日本公益信托与我国慈善信托都颇为相似。

日本设立公益信托制度借鉴了法国、德国等大陆法系国家，但其发展历史并不长。最初在1922年日本《信托法》立法时对公益信托制度进行了规定，后在2006年重新修订《信托法》时，又将公益信托单独分离立法——《关于公益信托的法律》，但后者与前者相关条款约定一般无二。对相关法制修订和完善的延迟，导致日本的公益信托发展滞后于经济形势，出现增长乏力。自1977年日本成立首个公益信托，2004年发展到顶峰阶段，随后逐年回落②。

（二）日本模式的借鉴意义

我国与日本同属大陆法系，日本公益信托的发展经验及制度弊端，对我国开展慈善信托业务有很强的启示作用。引起日本的公益信托发展停滞甚至倒退的制度弊端主要包括如下三方面：第一，日本公益信托的受托人只能是信托银行和信托公司，公益信托微薄的中间收入对其缺乏利益驱动力；第二，日本有健全的财团法人制度，比公益信托制度更便捷；第三，日本的公益信托主要以金钱信托的形式存在，虽然《关于公益信托的法律》对日本公益信托的财产形式没有限制，但日本税法规定给予税收优惠的公益信托财产仅限于金钱，税制的支持力度限制了公益信托的活跃度③。

我国在制定《慈善信托管理办法》时，吸取了日本公益信托的经验教训，规定信托公司和慈善组织均可作为受托人，且明确了信托财产包括合法所有的财产及财产权利，并未对财产形式加以限制，但对慈善信托的税制优惠政策细节还有待尽快完善，避免出现日本公益信托的税制诟病。

---

① 李慧芹：《借鉴各国经验推进我国公益信托事业发展》，载《社团管理研究》，2009年第1期，第33—35页。

② 王振耀：《日本公益法律制度概览》，北京·法律出版社，2016年版，第102—127页。

③ 同上。

第三章　国内慈善信托财富管理模式的思考

信托作为一种金融制度和一项财富管理工具，可以将慈善人士的慈善意愿通过信托建立起的法律关系得以实现，并加以约束和完善。与一般赠予、公益资助相比，加入信托机制的慈善实践，在慈善财产的范围、制度、管理及运用中兼具了信托的优势。鉴于前述章节已对信托制度的种种优势进行了详尽阐述，本章将分析如何依托信托模式开展慈善公益事业，并“扬长避短”，通过信托构架的设计使慈善行为更忠实且高效地向着慈善目的实现的方向前进。

一、慈善信托的财富管理

通过信托模式开展慈善公益事业，应注重体现和发挥其制度方面的优势，同时亦需要满足慈善公益的基本原则，使慈善信托区别于公益资助和一般赠予。

具体到慈善信托财富管理方面：则应以慈善公益原则为前提，将慈善信托财富管理划分为两个方面来探讨：其一是对信托财产的资产管理，即运用金融手段对信托财产进行保值增值安排；其二是对信托财产的受托管理，即对信托财产进行有效的使用。前者偏重信托财产价值的增加，后者则通过信托构架的设计来开展慈善行为，实现委托人的目的。

二、慈善信托财产的资产管理策略

（一）投资多元化策略

多元化是一种将投资组合中相关性低的资产混合在一起的复合功效技术。当投资组合里的资产相关性低的时候，一类资产遭受的损失常常被其他资产的收益所抵消，投资组合在获得相同回报的情况下承受的风险就低，能够在不增加风险的条件下提升回报率。

《慈善信托管理办法》中规定："慈善信托财产运用应当遵循合法、安全、有效的原则，可以运用于银行存款、政府债券、中央银行票据、金融债券和货币市场基金等低风险资产，但委托人和信托公司另有约定的除外。"该条约定为慈善信托的资产管理，特别是针对慈善组织在慈善信托中的资产管理，指明了方向，列举了投资渠道。

但值得注意的是，上述法条还着重强调了"委托人和信托公司另有约定的除外"，意指只要事先加以约定，信托公司就可以凭借其对委托资产的多种管理手段进行资产管理，而不必拘泥于银行存款、政府债券、中央银行票据、金融债券和货币市场基金等低风险资产投资中。这实际上是赋予了信托公司在慈善信托的资产管理中，相较于慈善组织有着更大的操作空间和更广泛的投资范围。加之，慈善信托财产的形式亦可以是多种的。因此，信托公司应该利用好慈善法律制度赋予的极大优势，与一般机构管理策略和方式拉开差距，对信托资产采取分散且多元的投资策略，将慈善财产的多元化和投资范围多元化两相结合，使用最新技术和市场要求人才，使财产价值风险最小化，收益最大化。

（二）财产可持续性策略

在一般的商事信托中，信托公司只需要对信托资产进行分散化投资，在风险可控的范围内为受托人谋求利益最大化即可。但在慈善信托中，委托人设立信托的目的是公益性的，其选择通过信托方式（而不是一次性捐赠）来实现其公益目的的其中一个意愿即是希望资产能够尽可能长期的、可持续的为其实现公益目的。因此，在针对慈善信托的资产管理中就应更加关注慈善财产的长期保值和可持续性增值。从长期投资角度考虑，应尽量争取获得最为初始的投资项目和投资机会，选择优秀的机构资产管理人。

针对信托公司，在进行资产配置时则可以优先考虑优质的长期资产或者收益率不高但具有复利性质的中长期资产，以时间换空间，延续信托财产的保值期。

（三）风险控制策略

在所有的财富管理中，风险控制是不可忽视的一个方面。如果实现信托财产的长期保值是资产管理的第二要务，那么使信托财产不受损失则是资产管理的第一要务。这点同商事信托的投资思路是一致的。

将慈善财产多元化投资，进行不同期限、不同风险级别的配置，能够为信托财产的分散投资提供选择的机会，亦从一定程度上降低了投资风险。

（四）提升隐性价值策略

在一些成功的影响力投资实践中（如巴西的 Dr. Consulta 连锁医疗公司[①]、我国青海省的吉美坚赞福利学校[②]），投资人除了将资产运用于慈善目的外，还兼顾自身组织机构的成长，通过形成的社会影响力吸引更多外部赞助资金，形成良性循环，为政府分担了责任，节约了资源[③]。

信托公司和慈善组织在管理慈善信托时，也应注意对其隐性财富——社会影响力的投资。在金谷信托最近成立的两笔慈善信托〔金谷信托 2017 信达大爱 1 号（扶贫及教育）慈善信托和金谷信托 2017 信达大爱 2 号（扶贫及教育）慈善信托〕中，金谷信托将既往分散于信达集团各分、子公司的公益项目进行集中化的信托管理，形成“信达大爱”慈善品牌，以此作为对没有物质回报的委托人（信达集团）的名誉回馈。在此之前，更早一步进入慈善领域的长安信托、国投泰康信托、中信信托亦分别通过设立“长安慈”“真爱梦想”和“蓝天至爱”等系列产品，打出了自己的慈善品牌，使其慈善信托口碑得以在社会迅速推广，为后续业务开展奠定了影响力基础。

---

① 徐会坛、尚文：《埃利奥特·当纳利：影响力优先投资是一种新的、更复杂的慈善模式》，载《中国慈善家》，2016 年第 5 期，第 43—47 页。

② 闫婷：《陈宇廷：做有智慧的公益组织》，载《东方企业家》，2008 年第 2 期，第 108—109 页。

③ 《中华人民共和国信托法》，北京·法律出版社，2001 年版。

三、慈善信托财产受托管理策略

除了对慈善信托财产进行资产管理以实现财产价值上的增益外，运用信托灵活多变的交易形式开展慈善行为，对慈善信托财产进行有效的运用，使之最大限度地帮助更多受益对象，也是目前各家慈善信托受托人所极力探寻的方向。

（一）混合利益目的信托+慈善信托之双信托模式

根据2017福布斯中国慈善榜的统计数据显示，排名前50位的慈善人士累计进行慈善捐赠的金额已近100亿元人民币①，而2016年胡润慈善榜显示，前100名企业家年度总捐赠额达到300亿元，同比上升50%②。由此可见，高净值人士已成为中国慈善事业不可或缺的重要组成部分。同时，慈善规划作为高净值人士财富管理中的附加价值，其地位与占比也越来越突显。

然而我国慈善信托要求用于设立信托的财产必须全部用于慈善目的，因此“慈善余额信托”和“慈善先行信托”等慈善业务模式并不能直接复制运用于国内，使我国慈善信托的实践面临挑战。出于服务于高净值人士的多元化需求，吸引高净值人士通过信托进行财富管理的目的，光大银行联合华能贵诚信托公司对慈善信托的业务模式进行了创新尝试③。

该信托项目采用“商业银行+信托公司+高净值人士”三方合作的模式，以光大银行的高净值客户捐赠投资收益和光大银行出让自身收益所形成的财产委托华能贵诚设立慈善信托，并将信托财产用于灾后重建等慈善项目中。而通过投资其他信托项目，光大银行及其客户实现资产稳健增值，以此持续为慈善信托补充财产，让慈善永续。

---

① 数据来源：2017福布斯中国慈善榜。

② 数据来源：2016年胡润慈善榜。

③ 《光大银行推出慈善信托探索金融助力慈善新模式》，http：//www.cebbank.com/site/jrgd/gddt/xnxw52/50492054/index.html。

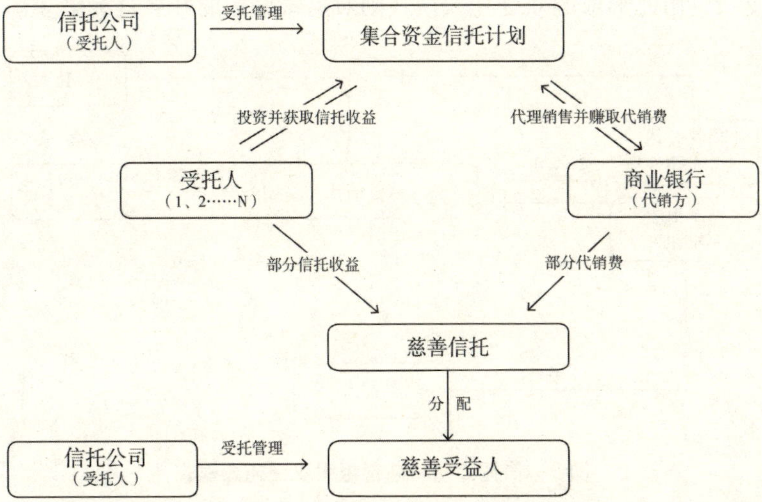

图2 商业银行+信托公司+高净值人士模式

以上案例的实质是通过“混合利益目的信托+慈善信托”来构建类似于“慈善余额信托”或者“慈善先行信托”的结构①。这种结构可以是上下结构的母子信托结构（即TOT结构），也可以采用并行信托结构。

这类信托模式的益处是：委托人（商业银行和高净值人士）通过设立不同的信托，实现其不同的信托目的，既满足了委托人私益的需求，又履行了社会责任。对于信托公司而言，则可以在信托财产管理中有所侧重，即在私益信托中注重对财产价值的管理，完成慈善信托设立所需原始财产的积累；而后在慈善信托中则注重筛选慈善项目，使慈善财产被妥善使用。

（二）信托公司+慈善组织

在慈善信托的管理中，信托公司较擅长对信托资产进行保值与增值，慈善组织则拥有更丰富的慈善项目资源，而《信托法》允许信托拥有两个或者以上的受托人，为信托公司和慈善组织强强联手开展慈善信托提供了

① 中国信托业协会：《慈善信托研究》，北京·中国金融出版社，2016年版。

法律支持，由此形成的双受托人模式则对慈善信托的开展具有诸多裨益。

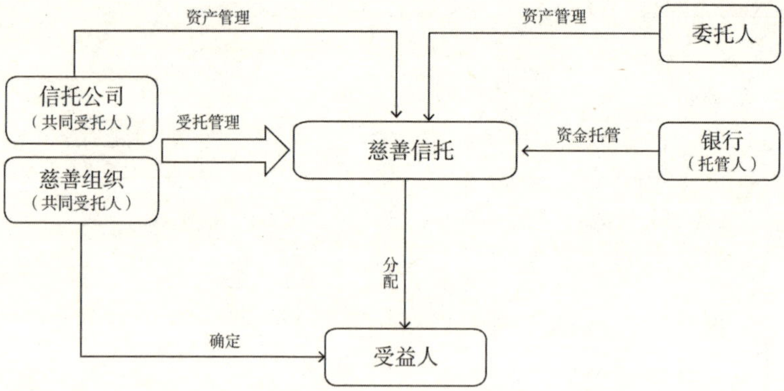

图3　信托公司＋慈善组织双受托人模式

1. 各展所长，术业专攻

在慈善信托的双受托人模式下，通过信托契约的建立，可以明确信托公司与慈善组织在信托中各自扮演的角色及承担的责任——信托公司专注“赚钱”，慈善组织妥善“花钱”——彼此不必在自身所不擅长的领域里投入过多精力，提升了信托资产运转效率。

2. 相互监督，增强互信

在慈善信托的双受托人模式下，信托公司和慈善组织共同管理信托财产，亦共同承担受托职责。为避免发生“违约连坐”，信托公司和慈善组织会自发监督彼此，形成制约机制，为慈善信托的安全运行增添保障。同时，由于慈善信托通常期限较长，信托公司与慈善组织在长期紧密的联系中，经由业务磨合，易建立长久互信，为日后拓展深层合作提供便利。

3. 解决税收优惠问题

此外，信托公司因无法开具抵税发票，不能满足委托人税收优惠需求的问题在引入双受托人模式下也可得到解决，从而让更多有税收优惠需求的客户选择使用信托工具开展慈善事业。

在实际操作中，“华龙慈善信托”（由宁波市善园公益基金会和万向信托有限公司共同设立）、“中信·北京市企业家环保基金会2016阿拉善SEE华软资本环保慈善信托”（由北京市企业家环保基金会和中信信托有限责任公司共同设立）、“中航信托·绿色生态慈善信托”（由中航信托、中华环境保护基金会共同设立）以及“中信·上海市慈善基金会蓝天至爱2号慧福慈善信托”（由中信信托、上海市慈善基金会共同设立）均采用双受托人模式。

（三）金融杠杆+慈善信托

运用金融杠杆进行配资，投资小部分资产，收获较大收益是信托公司在营业性信托中惯用的手段。而将其原理应用于慈善信托的财产管理当中，则是陕西省慈善协会和长安信托公司对慈善财富管理的探索。

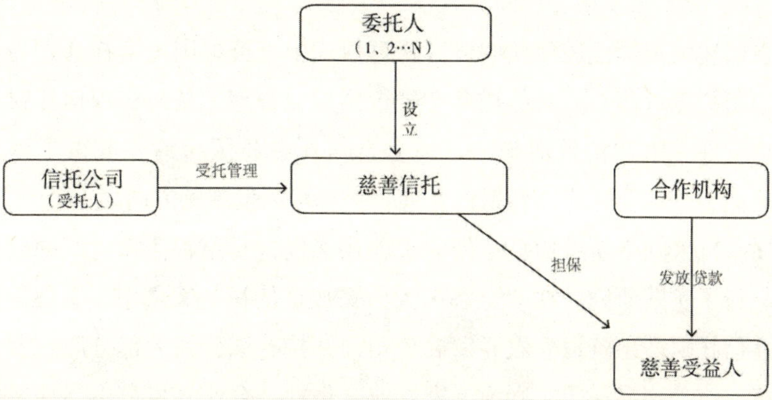

图4　金融杠杆+慈善信托模式

与直接资助受益人或受益项目（即资助型慈善信托）不同[①]，在2015年11月成立的“大爱长安·陕西银行业普惠金融扶贫慈善信托”项目中，长安信托与农信社、村镇银行合作，以提供农户小额贷款风险损失补偿金的形式，按5:5的比例对农户贷款进行担保。降低了农户贷款授信门槛，

① 中国信托业协会：《慈善信托研究》，北京·中国金融出版社，2016年版。

提高了农户的授信额度，增强了合作机构向农户发放贷款的信心[①]。

截至2017年9月30日，该信托存续规模达520万元。截至2016年末，与该信托合作的延川县农村信用合作联社授信99笔，授信额度达547万元；志丹民生村镇银行共发放小额扶贫贷款23笔，累计发放了249万元[②]。

该信托模式，在慈善财产管理中运用金融杠杆调动了更多资金支持慈善扶贫，为农民贷款创造便利。该信托是一种运动型信托，其秉承了习近平主席“精准扶贫”的扶贫思想，充分发挥了信托在财产运用上的灵活性与准确性[③]。从某种意义上说，该信托是一次普惠金融的尝试，为慈善信托财产的受托管理提供了新颖思路。

（四）慈善信托+公益创投

在前述的英国国民信托的财富管理模式中，英国国民信托通过与各农场主、租户签订契约，对信托财产进行公司化管理，从而实现信托财产的可持续发展。由此仿效而来的环境公益信托在我国台湾亦取得了巨大成功。足见，公司化运作信托财产是慈善信托可以发展的方向之一。

在我国大陆，金谷信托也借鉴了前述案例，对慈善信托财产的公司化运作进行了实践研究。在“金谷·大白登扶贫信托”案例中，金谷信托以慈善性信托财产出资设立农业发展公司，并持有该公司大部分股权及公司经营权；该公司另一股东则为一家农业合作社，合作社成员由当地贫困农户组成。

农业发展公司的日常经营是进行果林种植，建立“精品采摘园”，其购买种子、果苗，雇用劳工的资金全部来自慈善信托财产，土地则由农业合作社社员通过实物出资提供，种树则雇用当地农户，并优先聘用农业合作社社员。通过对农业发展公司的经营运作，金谷信托将产生的股东收

---

① 岳峰：《巧用慈善平台助力精准扶贫 长安信托打造金融扶贫新亮点》，http：//trust. jrj. com. cn/2017/10/16081523235249. shtml。

② 同上。

③ 中国信托业协会：《慈善信托研究》，北京·中国金融出版社，2016年版。

益全额出让给另一股东——农业合作社，农业合作社则按照与金谷信托事先约定的受益人标准，于各个股东分红时点对其社员（受益人）进行调整。

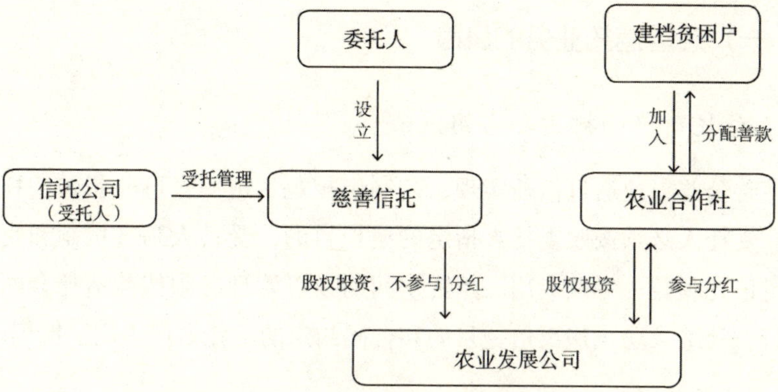

图5　慈善项目公司化运作模式

该信托模式将慈善财产进行了公司化运作，以“劳务收入+分红”的信托财产分配方式，一方面让受益人（贫困农户）可以作为公司员工通过提供劳务获得报酬；另一方面由受益人组成的农业合作社可以从公司的超额利润中获得分红，使资助对象成为公司的“主人”，既解决了农业发展公司的用工问题，还有效调动了受益人的工作积极性。此外，农业发展公司建立的“精品采摘园”还可以在后续进行农业观光、生态旅游方面的开发，以再度提升资产的附属价值。

上述带有慈善性质的信托案例，其核心在于“公益创投”，即以市场的模式做慈善，使慈善不仅仅局限于无偿捐助，也可以发展成为一种可营利的事业。而慈善的目标对象也不仅仅是单纯的受捐赠者身份，也可以成为潜在的创业伙伴。或许在现阶段我国国情下，该种信托构架在慈善领域显得较为超然，但不可否认的是，该信托为实现永续慈善信托提供了新的可能与挑战[①]。

① 资中筠：《财富的责任与资本主义演变》，上海三联书店，2015年版。

四、慈善信托业务的风险及防范策略

（一）慈善信托业务的风险

1. 信托财产的挪用和占用风险

慈善公益事业通过信托实现，需制定规范、透明、可监督的信托管理机制。受托人必须按照委托人指定的信托目的，受益人筛选机制和受益人去支付信托利益，专款专用。闲置期间的投资管理必须按照信托合同的约定执行，杜绝、防止违反信托目的和合同约定的信托财产占用、挪用。

2. 道德风险

信托公司和慈善组织在参与慈善信托时除了会受到法律法规的约束以外，还会面对社会的监督。受托人在进行慈善信托行为时应摆脱商业驱离、追逐名声的侵扰，踏踏实实做好慈善信托的各项工作，防止因慈善行为中出现瑕疵和缺陷而引发委托人和社会公众的质疑，影响委托人慈善目的的实现；进而导致自身公信力下降，甚至波及整个慈善信托行业，给社会带来不良影响。

3. 信托财产管理风险

慈善信托的信托财产管理涉及慈善公益信托是否能够实现，无论是在信托财产资金的金融投资管理的复合功效，还是资金用于慈善公益项目建设的复合功效，信托公司作为受托人必须根据信托合同的约定，以及与具体慈善公益事务执行机构的合同约定，加强对慈善实施项目的管理。信托公司在不同阶段，需要根据自身的专业擅长，以及合作机构的专业禀赋进行合理的组合，同时需要将权利义务约定清晰。由此来防止和杜绝因财产管理不当或慈善行为不当给信托财产造成损失。

4. 法律风险

在慈善信托的委托人端方面，需防止非法集资等违法活动，在受益人端方面，需防止洗钱等非法利益输送活动。

5. 操作风险

信托公司和慈善组织在慈善信托的运作中应充分发挥信托机制的制衡特点，实现慈善信托业务的精细分工、专业运作，防止操作风险的发生。

（二）风险防范策略

1. 慈善信托财富管理的机构设置

慈善信托的财产具有社会性和公共性的特征，要求信托公司发挥自身的资产管理技术、团队、经验优势，建立起符合慈善信托资产管理模式的机构。

（1）投资委员会

信托公司信托财产的投资管理委员会应该承担起慈善信托财产的投资管理职责。在投资委员会内部建立对应的专业小组单元，由具有丰富投资经验的成员组成，建议邀请一些外部熟悉类似公益（慈善）性质的长期资产投资的专业人士参加。投资委员会负责制定投资政策，监督投资情况，保证投资战略符合慈善信托的目标。投资委员会应积极参与投资政策的制定，明确投资组合的总体分配情况，监控投资业绩。投资委员会与投资团队的衔接应该清晰、高效、有序。投资委员会须定期对信托财产管理业绩表现进行评估，并上报信托公司或监察人。

（2）首席投资官

信托公司应该通过投资委员会任命首席投资官，作为落实投资委员会各项政策的责任者，落实投资政策中设定的投资目标、管理过程、风控管理、投资组合管理、被禁止的投资行为监督、投资业绩考核等。

（3）专业投资执行团队

信托财产的日常性、技术性的投资决策的执行由专业团队实施。信托公司有主动资产管理团队的，可以采取自主管理模式。暂时没有自主管理团队的，可以通过委托外部专业机构方式实现管理，可以将首席投资官职位及投资团队外包给上场上优秀的资产管理公司进行管理。

2. 规章制度的制定与业务流程的规范

慈善信托作为新业务，其风险特征与传统通道业务和主动管理业务都不相同。即使同样是慈善信托，由于信托财产、慈善目的、合作对手不同，慈善信托的风险也不尽相同。因此受托人内部需要就慈善信托进行充分讨论，充分考虑慈善信托后续环节将面临的问题，制定相应的规章制度并对业务流程进行规范。

在交易结构设计阶段，应充分考虑委托人意愿体现、项目可操作和税收优惠等因素，合理设计交易结构。签署信托文件前，受托人需履行必要的决策程序并应获得拟备案民政部门的认可。

在运营管理阶段，第一，受托人需让慈善财产在安全的前提下获得更多投资收益，并应根据信托合同的约定使用慈善财产；第二，受托人要对慈善项目和受益人进行严格把关，通过查询相关支持文件等手段，确保慈善项目符合本信托的慈善目的、受益人与委托人不存在利害关系、慈善支出的金额和比例符合信托文件的约定，等等；第三，应严格信息披露机制，包括向委托人的信息披露和公开信息的披露。

在终止清算阶段，受托人应根据合同约定合理确定终止日期，制订处置方案。受托人根据处置方案的约定处置信托财产，或经民政部门批准后运用于近似目的。同时，受托人应当向备案民政部门提交经委托人或监察人认可的终止报告，以及经会计师事务所审计的清算报告。

3. 风险与收益的合理匹配

坚持风险与收益合理匹配的投资原则，让慈善财产在安全的前提下获得更多投资收益，是受托人尽职管理的体现。信托合同一般对慈善财产的管理方法会做出一般性的约定，如可以投资于货币基金、银行理财等。受托人需要综合考虑安全性、流动性、收益性等因素筛选具体的投资产品，尤其要根据慈善项目的资金需求做好久期管理。开展投资前，受托人还应当履行必要的决策程序和告知义务[①]。

五、关于慈善信托未来的思考

慈善信托作为重要的慈善组织形式之一，在全球范围内得到了广泛的发展和运用。一方面它是实现长效慈善公益机制的有效途径之一；另一方面也是信托公司战略转型的一个方向。慈善信托的设立有助于积极引导社会资源参与公益慈善事业，实现公益慈善事业的健康可持续发展。信托公司开展慈善信托可以提高信托业的社会公信力，进一步提升信托公司的品牌声誉和公司形象，对于构建慈善信托文化，对行业和公司的长远发展都具有战略意义。慈善信托未来的发展可以考虑以下几个方面[②]。

（一）积极开展与慈善组织间的分工合作

《慈善法》对于信托公司和慈善组织均可作为慈善信托受托人的定位给予了肯定，二者在项目开展的过程中各具优势，应加以充分利用以实现信托财产的效用最大化。信托公司作为专业的财富管理者，拥有优秀的团队和出色的投资管理能力，同时具备制度上的优越性；慈善组织作为公益性组织，在资金筹集与挖掘受资助项目或对象方面有着天然的优势。经过较长时间的积淀，有着丰富的项目管理经验。慈善信托的快速发展给二者带来了新的发展机遇，双方应结合自身优势实现专业分工，秉承“专业机构做专业的事”的理念加强合作，积极探索慈善公益的新方向。

（二）积极探索扶贫济困的新模式

扶贫济困作为公益慈善事业的重要组成部分，正越来越受到国家和社会群体的重视。在我国传统的扶贫模式中，扶贫资金大部分来源于政府，并多以直接捐赠的形式发放于贫困人群手中，未能充分实现慈善财产的使

① 国投泰康信托：《如何做好慈善信托全流程的受托管理?》，http：//www. sohu. com/a/154920233_ 481769。

② 王玉国：《追根溯源看慈善信托的未来发展》，http：//qu. weixinyidu. com/e_ 3327610##3。

用效率和效果。信托机制的灵活性及信托公司优秀的财富管理能力能够弥补传统扶贫模式的不足，在未来的脱贫攻坚战中，应努力引进慈善信托的力量，运用多样化的金融工具创新帮扶措施，不断完善扶贫机制，提升贫困地区自身的发展能力，为贫困乡村脱贫致富贡献力量。

（三）积极开拓与家族信托融合的新市场

信托作为一种比较完善的法律关系安排，对于委托人和受托人的权利和义务均进行了规定，相较于传统的慈善捐赠，慈善信托更能体现委托人的意愿。在英、美等西方国家，慈善信托作为财富管理的组成部分已被纳入了家族财富传承的范畴。随着我国经济的发展，高净值人群数量快速增长，巨大的财富传承与财富管理市场正逐渐形成。慈善信托作为高净值人群家族精神传承和回馈社会的重要工具，正受到越来越多的人群与机构的青睐。因此，信托公司在未来布局家族财富管理业务时，可以考虑“家族信托＋慈善信托”的新模式，以满足委托人财富传承和参与公益事业的双重需要。

（四）积极探索非货币类财产慈善信托领域

在慈善捐赠中，非现金捐赠形式相较于现金捐赠形式成本更高、手续更为烦琐。同样的，配套制度的缺失使得现金以外的其他大部分财产，诸如动产、股权、不动产等非货币类财产作为慈善信托财产的成本更高，极大地束缚了慈善信托的发展步伐。未来，与慈善财产登记关联紧密的信托税收政策应加以明确，鼓励信托公司积极探索和创新以非货币财产设立慈善信托的模式，通过灵活的结构设计和多元化的资产管理，拓展更具特色及优势的慈善信托业务空间，汇集更多的社会资源，助力慈善公益事业。

（五）积极建立长效稳定的慈善信托文化

慈善信托的本质是运用金融工具造福社会和人群，因而信托公司应树立长效稳定的慈善信托文化，将慈善信托作为公司长期发展的业务类型，设立长期有效的信托产品，支持具有长远意义的公益事业。信托公司在开展慈善信托业务时，应充分发挥自身的资产管理技术、团队、经验优势，建立起符合慈善信托的财富管理模式，防控道德风险和操作风险，确保慈善信托的有序和健康发展。同时，受托人应注重其自身影响力建设，树立忠实受托、公开透明的品牌形象，以慈善信托产品的品牌效应引导社会公众建立积极的慈善价值观，通过观念的引导培育和传承慈善文化，为和谐社会的构建添砖加瓦。

慈善信托税收优惠政策研究

◎ 国投泰康信托有限公司　和晋予　沈苗妙　林寅　刘书真
长安国际信托股份有限公司　上官利青　袁瑗

摘　要

2016 年 9 月 1 日，《中华人民共和国慈善法》（以下简称《慈善法》）正式实施，慈善信托作为一种更加灵活高效的新型慈善方式，也在期待中正式落地。一年多以来，信托公司与慈善组织对慈善信托都展现了极大的热情，共备案了 49 单慈善信托，信托财产类型取得突破，交易结构、决策机制的创新更是层出不穷。在监管制度逐步完善的保障下，慈善信托正显示出强大生命力。

税收优惠是慈善信托参与者最为关注的问题。《慈善法》肯定了慈善信托可以享受税收优惠，但在实践中相关部门并未出台具体规定予以落实。为满足委托人的税收优惠需求，信托公司采用与基金会合作的方式为委托人开具捐赠票据，虽然解决了委托人享受税收优惠的问题，但是这是税收优惠缺失情况下的权宜之计。慈善信托税收优惠政策缺失，不仅会增加交易成本、拉长监管链条，扭曲业务模式，而且不能真正发挥慈善信托的优势，难以调动社会力量参与慈善，不利于我国慈善事业发展。

综观英国、美国、日本等发达国家，为了鼓励慈善信托发展，为社会公众提供多种慈善方式，这些国家不同程度给予慈善信托税收优惠政策支持。慈善信托设立环节，委托人一般比照慈善捐赠享受税收优惠。在慈善信托的整个运作期间，委托人、受托人、慈善信托和受益人都可享受税收优惠。尽管不同国家对慈善信托税收优惠认定方式不一，但一般都有严格的税收优惠资格审查。

为促进我国慈善事业持续健康发展，需要尽快落实慈善信托税收优惠政策。要从慈善信托本质出发，首先解决主要矛盾，比照慈善捐赠，落实设立环节的税收优惠政策。具体操作上，可以参考慈善组织的税前扣除资格认定，由受托人所在地省级以上民政部门会同财政部门、税务部门进行慈善信托的税前扣除资格认定，并由委托人在所得税汇算清缴时凭备案文件享受税收优惠。后续逐步完善以股权、不动产、艺术品等非货币财产设立慈善信托的税收优惠政策，为我国慈善事业引入多样化的财产来源。

关键词：慈善信托　税收优惠　税收政策

一、我国慈善信托发展现状

自2016年9月1日起，我国首部慈善领域的基础性、综合性法律——《中华人民共和国慈善法》施行。《慈善法》明确了慈善信托的重要地位，并在第五章以“慈善信托”列为专章加以规范，使慈善信托成为我国慈善事业的新型方式和重要载体。

（一）慈善信托基本概念

慈善信托最早起源于中世纪的英国。依据信托制度，财产所有者以委托人的身份，基于对受托人（在我国慈善信托受托人为慈善组织或信托公司）的信任，将财产委托给受托人，由受托人按照委托人的意愿，以受托人名义进行管理和处分，开展慈善活动，从而实现慈善目的的行为。可以从三个方面理解慈善信托。

1. *慈善信托的法律界定*

慈善信托是用信托制度开展，用信托的方式进行的慈善活动。慈善信托以《慈善法》为特殊法，以《信托法》为一般法。

《慈善法》明确慈善信托属于公益信托。开展慈善信托首先要遵守

《慈善法》的规定。《慈善法》中单设一章慈善信托，对慈善信托的运行管理做出特别规定，建立了慈善信托的基本法律框架。《慈善法》明确了慈善信托受托人可以是慈善组织或信托公司；慈善信托采用备案制，主管机关为民政部门；慈善信托可以根据需要设立监察人……这些具体的规定，提高了慈善信托的可操作性，为慈善信托的发展提供了制度保障，为推动我国慈善事业发展注入了新的动力。

《信托法》为慈善信托的一般法。《慈善法》第五十条规定："本法未规定的，适用《中华人民共和国信托法》的有关规定。"即《信托法》关于公益信托的相关条款，在《慈善法》没有规定的情况下依然适用，如《信托法》第六十三条规定的纯公益原则"公益信托的信托财产及其收益，不得用于非公益目的"。第七十二条规定的近似原则"公益信托终止，没有信托财产权利归属人或者信托财产权利归属人是不特定的社会公众的，经公益事业管理机构批准，受托人应当将信托财产用于与原公益目的相近似的目的，或者将信托财产转移给具有近似目的的公益组织或者其他公益信托"。

2. 慈善信托是一种慈善方式

慈善信托是运用信托制度开展的慈善活动，首先是一种慈善方式。与慈善捐赠相似，慈善信托要遵守《慈善法》中关于慈善活动的一般规定。

首先，慈善信托是财产由委托人通过受托人向第三方的单方向转移，设立慈善信托的信托财产不能再回到委托人及与委托人有利害关系的相关方。

其次，慈善信托的信托目的必须是慈善性的，包括：①扶贫、济困；②扶老、救孤、恤病、助残、优抚；③救助自然灾害、事故灾难和公共卫生事件等突发事件造成的损害；④促进教育、科学、文化、卫生、体育等事业的发展；⑤防治污染和其他公害，保护和改善生态环境；⑥符合《慈善法》规定的其他公益活动等。

最后，慈善信托的慈善效果必须是公益性的，这包括受益人必须是不特定的，并非是以特定的某一个人或某些人为资助对象；慈善信托的实施具有产生公共利益的效果，有益于整个社会。

3. 慈善信托具有信托制度所有的六大优势

慈善信托作为一种运用信托制度开展的新型的慈善方式，与慈善捐赠等其他慈善方式相比，可以利用信托制度安全、灵活、高效、透明、持久、创新的特点，更好地根据委托人的意愿开展慈善活动。

（1）安全

慈善信托的安全性主要体现在双层破产隔离。一方面，从委托人角度出发，慈善信托财产与委托人的其他财产相互隔离。慈善财产交付信托后，不再是委托人自己的财产，即使委托人破产清算，信托财产也不受影响；另一方面，从受托人角度出发，慈善信托财产与受托人的固有财产相互隔离，也与受托人管理的其他信托财产互相独立，可以最大限度保障信托财产的安全性。

（2）灵活

慈善信托的灵活性主要体现在两个方面，一是结构灵活。资金、股权、不动产等各类财产都可以设立慈善信托；慈善信托的规模、期限、决策机制及委托人的参与程度都可以灵活约定。二是资金使用灵活，与公募基金会每年有70%的支出比例下限规定相比，慈善信托每年财产支出没有严格的比例限制，可以根据委托人的意愿以及慈善项目的实际需求支出。

（3）高效

慈善信托的高效主要体现在两个方面。一是设立简便。慈善信托是一种契约关系，慈善信托设立不受资金门槛限制，也无须运营场地及专职人员等配套设施，委托人与受托人签订合同并在民政部门备案完毕后，慈善信托即宣告成立。二是管理高效。慈善信托在“确保资金安全”前提下可以自主选择投资管理人，对慈善资金进行保值增值的专业化管理，有助于提高慈善财产的运作效率。

（4）透明

慈善信托的透明主要体现在三个方面。一是慈善信托利用信托架构，通过受托人、监察人、信息披露等制度规定，为慈善财产使用介入多重外部监管，消除传统慈善捐赠中捐赠人与慈善组织、受益人之间的信息不对称问题。二是慈善信托的财产采用专户管理，受托人就每一个慈善信托的资金运用状况进行单独披露，其信息披露的详细程度远高于慈善捐赠中基金会披露的详细程度。三是慈善信托的受托人按照委托人意愿管理和使用慈善财产，当受托人违反约定损害委托人和受益人利益时，委托人有更多的救济措施，包括撤销信托、更换受托人等，能够更好地保护委托人的利益。

（5）持久

慈善信托可与家族信托结合，共同实现物质财富和精神财富的延续。高净值客户群体不仅注重传承自己家族的创业精神，同时更注重对后代人生观价值观的延续。在家族信托中嵌入慈善信托，使得在财富传承过程中传承整个家族的慈善精神，跨越委托人的生命周期，将其慈善精神以更有生命力的模式实现传承。

（6）创新

慈善事业需要新生力量，慈善信托作为一支强大的新生力量，具有极强的创新能力，具体体现在以下几个方面：第一，信托公司可以与现有基金会合作，推出多样化的慈善信托产品；第二，信托公司可以与一些有实力的企业、企业家以及其他有实力的自然人合作，设计推出具有公益目的的定制化慈善信托产品；第三，信托公司可以与学校、图书馆、医院等非营利性机构合作，由学校、图书馆、医院等非营利性机构作为委托人，将接收到的捐款、财产委托给信托公司进行专门管理，促使捐款增加和持续发展。

（二）慈善信托发展现状

在《慈善法》的推动及相关政策的指引下，信托公司和慈善组织积极开展慈善信托实践，创新模式不断涌现，慈善目的进一步拓宽，慈善组织与信托公司的合作继续深入，共同推动慈善事业向好向前发展。据统计，自 2016 年 9 月 1 日《慈善法》实施以来至 2017 年 10 月底，全国共有 49 单慈善信托在民政部门完成备案，涉及扶贫、教育、环境保护等多个慈善公益领域。从以上落地的案例来看，慈善信托的发展呈现出以下特点。

1. 信托公司和慈善组织均有担任受托人

《慈善法》规定慈善信托的受托人可由慈善组织或信托公司担任。从49单慈善信托案例来看，信托公司担任受托人的有41单，慈善组织担任受托人的有2单，以信托公司和慈善组织共同担任受托人的有6单。当前慈善信托的受托人以信托公司为主，主要与信托公司在信托受托管理、信托财产保值增值以及信托交易结构设计领域具有丰富经验积累相关。随着慈善组织独立担任受托人、慈善组织与信托公司共同担任受托人的慈善信托案例推广，未来慈善组织也将更加深入地参与慈善信托业务的核心环节。

2. 信托公司与慈善组织积极开展合作

在49单慈善信托案例中可以看出，信托公司与慈善组织在不同维度和方式上进行了合作。信托公司与慈善组织作为慈善信托受托人，二者各有所长。慈善组织的资金募集能力较强，同时也具有丰富的项目实施经验。而信托公司则在受托管理、信托运营以及慈善财产投资管理方面更有经验。无论采取何种交易结构，都可以进行合作实现双方优势互补，促使我国慈善事业向更透明、更高效、更专业化的方向发展。

3. 慈善信托的慈善目的范围广阔

这49单慈善信托中，促进科教文卫事业发展的慈善信托数量最多，有12单；扶贫济困的有11单，扶老、救孤、恤病、助残、优抚的有9单；防治污染、保护和改善生态环境的有5单；实现综合慈善目的的有12单。慈善信托的慈善目的已经从救灾、扶贫、医疗等传统慈善领域向教育、环保、科技等更广泛的领域发展，符合慈善事业范围不断扩展的趋势。

4. 慈善信托规模、期限结构多样

从慈善信托规模来看，49单慈善信托中，信托合同规模100万元以下的有16单；100万元及以上且低于1000万元的有27单；1000万元以上的有6单。不同规模档次中均有多单慈善信托落地，反映出慈善信托具有灵活、高效的特点，可以满足不同委托人个性化的慈善需求。从期限结构上来说，无固定期限的有 10 单；3 年期以下有 6 单；5 年期的有 11 单；10 年期的有 10 单；20 年期的有 1 单；永续型有 11 单。其中，5 年期以上及永续型的慈善信托占比高达 67%，充分显示了慈善信托持久性的特点。

5. 以非货币型财产设立慈善信托取得突破

在 49 单慈善信托中，有 3 单是以非货币资金作为基础资产设立的慈善信托，分别是国投泰康信托以股权财产设立的“真爱梦想 2 号教育慈善信托”，万向信托以股权收益权设立的“幸福传承慈善信托”、以艺术品设立的“艺酷慈善信托”。非货币型财产慈善信托与货币型慈善信托相比更能发挥信托制度持久的优势，推动慈善活动从传统消耗型模式向自生型路径转变，一方面为我国慈善事业引入多样化的财产来源；另一方面也为社会公众参与慈善活动提供全新方式。

（三）慈善信托监管情况

信托公司或慈善组织开展慈善信托，不仅受到委托人、监察人及社会公众的监督，也要按照《中华人民共和国慈善法》《慈善信托管理办法》规定，在设立备案、运行管理、终止清算等各个环节，都受到民政部门及银监会的严格监管，保障慈善目的实现。

1. 监管主体

信托公司开展慈善信托业务受到中国银监会和民政局的双重监管。民政部门依法履行备案、受理慈善信托受托人关于信托事务处理情况及财务状况报告、公开慈善信托有关信息、对慈善信托监督检查及对受托人进行行政处罚等管理职责。银行业监督管理机构依法履行对信托公司慈善信托业务和商业银行慈善信托账户资金保管业务监督管理职责。在慈善信托业务上，建立了民政部门和银行业监督管理机构的协同机制。

慈善组织开展慈善信托业务，按照《中华人民共和国慈善法》和《慈善信托管理办法》的规定，“慈善组织担任慈善信托受托人的，由其登记的民政部门履行备案职责”，民政部门作为法定管理部门，负责备案管理、信息公开，强化风险管控，监督受托人严格按照有关规定管理慈善信托财产，规范投资行为，保障资金安全，及时发现和化解苗头性问题。

2. 监管内容

（1）事前备案

按照《慈善法》规定，慈善信托设立采用备案制，主管部门为民政部门，需“向受托人所在地县级以上人民政府民政部门备案”。《慈善信托管理办法》对《慈善法》中慈善信托涉及备案管辖机关等备案要求做出进一步细化。信托公司担任慈善信托受托人，由其登记注册地设区市的民政部门履行备案职责，慈善组织担任慈善信托受托人的，由其登记的民政部门履行备案职责。同一慈善信托有两个或两个以上的受托人时，委托人应当确定其中一个承担主要受托管理责任的受托人，由其按照《慈善信托管理办法》的规定进行备案。信托公司设立慈善信托还应当按照银监会要求及时履行报告或产品登记义务。

慈善信托备案书面材料包括：①备案申请书；②委托人身份证明（复印件）和关于信托财产合法性的声明；③担任受托人的信托公司的金融许可证或慈善组织准予登记或予以认定的证明材料（复印件）；④信托文件；⑤开立慈善信托专用资金账户证明、商业银行资金保管协议，非资金信托除外；⑥信托财产交付的证明材料（复印件）；⑦其他材料。

其中信托文件应载明事项包括：①慈善信托名称；②慈善信托目的；③委托人、受托人的姓名或者名称、住所，如设置监察人，监察人的姓名或者名称、住所；④受益人范围及选定的程序和方法；⑤信托财产的范围、种类、状况和管理方法；⑥年度慈善支出的比例或数额；⑦信息披露的内容和方式；⑧受益人取得信托利益的形式和方法；⑨信托报酬收取标准和方法。

（2）信息披露

《慈善信托管理办法》规定，民政部门和银行业监督管理机构应当及时向社会公开下列慈善信托信息：①慈善信托备案事项；②慈善信托终止事项；③对慈善信托检查、评估的结果；④对慈善信托受托人的行政处罚和监管措施的结果；⑤法律法规规定应当公开的其他信息。

受托人应当在民政部门提供的信息平台上，发布以下慈善信息，并对信息的真实性负责。①慈善信托设立情况说明；②信托事务处理情况报告、财产状况报告；③慈善信托变更、终止事由；④备案的民政部门要求公开的其他信息。慈善信托的受托人应当于每年3月31日前向备案的民政部门报送慈善信托事务处理情况和慈善信托财产状况的年度报告。

目前，慈善信托在全国慈善信息公开平台向社会及时公开慈善信息，受托人要对慈善信息公开应当真实性、完整性和及时性做出要求，是监管部门的重要监管内容，也是落实《慈善法》关于慈善信托信息公开的具体措施。

（3）评估检查

民政部门和银行业监督管理机构根据各自法定管理职责，联合或委托第三方机构对慈善信托的规范管理、慈善目的的实现和慈善信托财产的运用效益等进行评估。信托公司作为银行业金融机构之一，根据《中华人民共和国银行业监督管理法》第二条规定，接受中国银监会的监督管理。慈善信托作为本身创新性强的业务，仍处于发展的初级阶段，社会影响力较大，中国银监会可采用现场监管的手段，对慈善信托进行窗口指导、现场核验和专项检查，以进一步落实“分类监管，扶优限劣”的监管政策，促进慈善信托的健康发展。

（4）终止环节审批

《慈善信托管理办法》规定，慈善信托终止，受托人应当将终止事由、日期、剩余信托财产处分方案和有关情况报告备案的民政部门。受托人做出的处理信托事务的清算报告，应当经信托监察人认可，向备案的民政部门报告后，并由受托人予以公告。终止时存在未分配信托财产的，采用公益目的近似原则，没有信托财产权利归属人或者信托财产权利归属人是不特定的社会公众的，经备案的民政部门批准，受托人应当将信托财产用于与原公益目的相近似的目的，或者将信托财产转移给具有近似目的的公益组织或者其他公益信托。

二、慈善信托税收优惠现状

《慈善法》肯定了慈善信托可以享受税收优惠，但在实践中并未出台具体规定予以落实。为满足委托人的税收优惠需求，信托公司采用与基金会合作的方式为委托人开具捐赠票据，但是这种权宜之计也带来一定问题，不利于慈善信托的持续健康发展。

（一）慈善信托税收优惠的法律规定

《慈善法》首次提到了慈善信托的税收优惠问题。慈善信托应当报民政部门备案，“未按照前款规定将相关文件报民政部门备案的，不享受税收优惠”。即按照规定报民政部门备案的慈善信托，在满足一定条件下，可以享受税收优惠。《慈善信托管理办法》进一步明确了慈善信托的委托人、受托人和受益人按照国家有关规定享受税收优惠。上述规定使慈善信托享受税收优惠有了法律支持。同时，由于《慈善法》明确了慈善信托的主管机构，民政部门可以慈善信托主管单位的身份，与税务部门沟通、协调并落实慈善信托的相关税收优惠问题。

但慈善信托享受税收优惠并未出台具体规定。例如，慈善信托在报民政部门备案、取得备案回执后，还需要满足哪些条件才可以享受税收优惠；在满足税收优惠条件后，具体在哪个环节享受税收优惠、享受哪些税收优惠；以及申请税收优惠时如何操作等有关操作指引细则尚未出台。2017 年 7 月银监会联合民政部发布的《慈善信托管理办法》，也没有对慈善信托税收优惠的具体问题做进一步明确。

（二）税收优惠缺失下信托公司的应对

由于缺乏国家层面的税收优惠政策支持，慈善信托的当事人无法凭借信托文件到税务部门实现税收优惠。因此，在委托人要求实现税收优惠的前提下，为了解决税收优惠问题，必须通过与慈善组织合作，享受捐赠相应的税收优惠政策。信托公司不得不在信托关系之外，嫁接“捐赠”或

“项目执行”环节。

1. 信托＋项目执行

此模式下，慈善财产的所有者直接作为委托人，设立慈善信托。由于目前委托人无法凭借信托合同直接实现税收优惠，受托人不得不在慈善信托财产分配时，引入慈善组织作为“项目执行人”或类似角色，将信托财产通过慈善组织分配给受益人。此时，由慈善组织向委托人直接开具捐赠发票，委托人实现税收优惠。

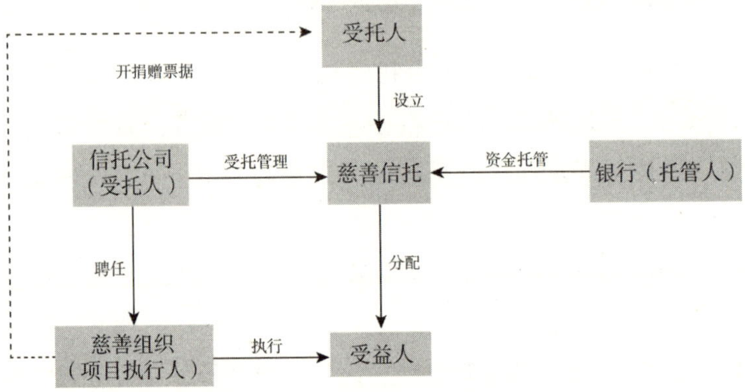

图1 “信托＋项目执行”交易结构

2. 捐赠＋信托

此模式可以分为两个阶段：第一阶段实际上是捐赠行为，由慈善财产的原所有者作为捐赠人将财产捐赠给慈善组织，慈善组织向捐赠人开具捐赠票据，捐赠人实现税收优惠；第二阶段是信托行为，由慈善组织将捐赠人捐赠的慈善财产设立慈善信托，受托人依信托合同要求对慈善信托财产进行管理运用。在此模式下，慈善组织是慈善信托的委托人，在接受捐赠时开具捐赠发票解决委托人的税收优惠问题。

3. 共同受托

这种合作模式的交易结构为：由信托公司与慈善组织共同担任受托人，与委托人签订慈善信托合同，约定各自的职责、权益、义务及需要承

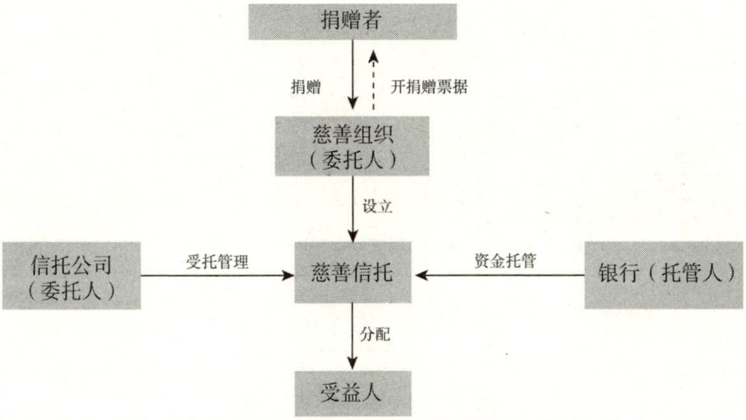

图2　“捐赠+信托”交易结构

担的风险。其中信托公司负责受托管理，慈善组织负责财产分配和运用。

这种合作模式的好处是：①实现专业分工。信托公司长期经营营业信托业务，在信托财产的受托管理、风险控制、保值增值和分配清算等方面具有很强的专业能力。慈善组织是专业从事慈善事业的机构，在慈善项目管理、慈善活动执行、慈善资源组织等方面具有突出优势。两者作为共同受托人，充分体现了“专业机构做专业的事”的理念。②建立长期合作关系。双受托人模式中，慈善组织与信托公司均处于受托人的核心地位，共同对慈善项目的开展情况负责，有助于二者建立长期合作伙伴关系，持续开展慈善信托业务。

尽管存在一定优势，但共同受托人模式目前仍难以解决税收优惠等诸多问题。在慈善组织未能开立信托专户的条件下，如果采用共同受托人模式，信托财产只能首先交付给信托公司，慈善信托成立之后，信托财产及收益通过慈善组织的账户进行分配，仍是由慈善组织为委托人开具捐赠票据。这与“信托+ 执行人”模式的问题是基本一致的。

如果信托财产先进入慈善组织账户，因为慈善组织目前没有信托账户，所以本质上是一个捐赠行为，慈善组织可以开具捐赠票据；只有当财产从慈善组织账户转移到信托公司的慈善信托专户时，才是一个信托行为，慈善信托才正式设立。因此，对于这种情况，其本质仍是“捐赠+ 信

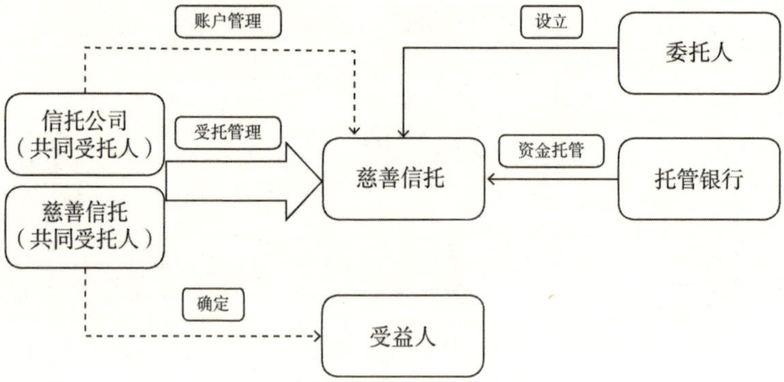

图3 共同受托交易结构

托”模式，而非共同受托人模式。

（三）税收优惠缺失导致的微观问题

1. *慈善组织存在的问题*

如果为了解决税收优惠问题，在慈善信托中引入慈善组织发挥其开具捐赠发票的作用，那么慈善组织可能会面临如下争议。

（1）慈善组织作为委托人的争议

一是慈善组织将接受捐赠的财产设立慈善信托，这部分财产是否可以认定为慈善组织的“慈善支出”？有观点认为，由于慈善信托是他益信托，慈善财产及其收益要全部用于慈善事业，因此慈善组织设立慈善信托的财产，其所有权和信托受益权已从慈善组织脱离，并且将在未来全部用于符合慈善信托目的的不特定受益人，因此符合“慈善支出”的本质要求，应该算作慈善支出。但相反观点认为，在慈善信托存续期内，没有进行分配的信托财产和收益，并未实现其慈善目的，因此存续的部分信托财产和收益不能被认为是慈善组织的慈善支出。

二是慈善组织接受捐赠的财产，是否属于委托人合法持有的财产？有观点认为，在表面上，慈善组织拥有对接受捐赠的财产的所有权，因此该部分财产是慈善组织合法持有的财产，可以用来设立慈善信托。但相反观点认为，慈善组织接受的捐赠财产，表面上虽然是慈善组织合法拥有的财产，但实际上这些财产要符合捐赠人的意愿用于慈善目的，具有一定的慈善属性，因此不能由慈善组织违背捐赠人意愿而设立慈善信托。

（2）慈善组织作为“项目执行人”的争议

如果慈善组织作为项目执行人，并向慈善信托的委托人开具捐赠发票，那么慈善信托财产和收益的分配相对慈善组织来说，可能会被认为是一个特定的接受捐赠行为。按照公益信托受益人不确定性原则，慈善信托的受益人应该是不确定的。但从这类模式的受益人来看，慈善组织虽名为“项目执行人”，但由于资金首先进入慈善组织账户，然后再分配给不特定的受益人，有可能会引起对慈善信托受益人特定性的争议。

2. 委托人存在的问题

在“捐赠＋信托”的慈善信托模式里，慈善信托财产的原所有者不是直接的委托人，而是慈善组织的捐赠人，因此可以一次性获取捐赠票据，从而实现税收优惠。但也可能带来一个新的问题，在信托层面，委托人由原财产持有人（捐赠人）变成了慈善组织，慈善信托层面的委托人权利就由慈善组织而非捐赠人来行使了，捐赠人的意愿可能要在相关文件里做出一定体现，或将增加慈善信托的管理复杂度。

在“信托＋项目执行人”模式里，委托人即使通过慈善组织取得了捐赠票据、实现了税收优惠，也将面临三大问题。

（1）委托人可能无法一次性取得全部捐赠票据

慈善信托的优势之一在于可以灵活约定慈善支出的比例，因此委托人交付的慈善信托财产及收益可以根据约定，分期进行分配。这对委托人而言会产生新的问题：当委托人一次性交付慈善信托财产，而又分为多期甚至多年进行分配时，慈善组织作为项目执行人，只能分期开具捐赠票据，无法就委托人一次性交付的全部财产金额开具。因此，在这种模式下，委托人可能无法一次性实现税收优惠。

（2）委托人慈善信托财产的财务处理问题

如果委托人是企业，设立慈善信托与慈善捐赠相比，也可能面临财务处理问题。例如，企业进行慈善捐赠，其捐赠支出将被列入营业外支出，通过一次性取得捐赠票据，完成财务处理。但企业作为委托人设立慈善信托，如果能够一次性取得所有捐赠票据，那么可参照慈善捐赠进行财务处理；如果不能一次性取得捐赠票据，那么剩余的财产应计入支出还是计入资产，是需要委托人财务与审计部门共同解决的问题。

（3）委托人可能要出具相关说明文件

如果慈善组织作为“项目执行人”，直接为委托人开具捐赠票据，为了使开具票据的行为合法合规，一些慈善组织可能会要求委托人出具说明文件，将设立慈善信托行为解释为“通过慈善信托对慈善组织进行捐赠”。尽管这种做法为慈善组织开具票据、委托人实现税收优惠提供了依据，但已经严重扭曲了慈善信托的属性。

（四）税收优惠缺失导致的宏观问题

1. 和捐赠不同的税收待遇，不能真正发挥慈善信托的优势

由于当前慈善信托的税收政策没有落实，难以享受和捐赠相同的税收待遇，慈善信托的诸多优势无法发挥。为了间接解决税收优惠问题，信托公司不得不采取一些办法，在信托关系之外，嫁接“捐赠”或“项目执行”环节，导致慈善信托的业务模式产生了一定的扭曲，甚至混淆了法律关系、增加了交易成本、拉长了监管链条、衍生了不必要的风险，不仅不利于慈善信托财产的灵活运用，也不能充分体现慈善信托的制度优势。

2. 难以调动社会力量参与慈善活动，不利于我国慈善事业发展

税收政策在调整收入分配、引导社会资源配置上具有重要作用，税收优惠政策在推动慈善事业发展中扮演非常关键的作用，在客观上鼓励民间资本的大额捐赠，实现财富的社会价值。对于委托人来说，税收优惠缺失加大了他们的慈善成本，不利于盘活各类慈善资产。如果不能从根本上解决制约慈善信托发展的税收问题，难以调动社会力量参与慈善事业，慈善信托很难长远健康发展。

3. 阻碍了非货币财产设立慈善信托

随着公众拥有的财富规模和财产类型的不断增加，以非货币性财产设

立慈善信托的需求也不断提升。然而，由于没有明确税收优惠政策，以动产、不动产、无形资产、商品货物等财产设立慈善信托时，往往涉及增值税、土地增值税、印花税、契税、车辆使用税、房产税、土地使用税等诸多税种，严重阻碍了以非货币财产设立慈善信托的发展进程。例如，以股权设立慈善信托往往被视同转让股权，并以公允价值作为转让收入缴纳所得税，使委托人产生沉重的纳税负担，打击了社会公众的慈善热情。

三、慈善信托税收优惠的国际经验借鉴

为了鼓励慈善信托发展，为社会公众提供多种慈善方式，英国、美国、日本等国家在不同程度上给予慈善信托税收优惠政策支持，在慈善信托设立环节、运行环节、信托利益分配环节设有具体的税收优惠政策，促进了慈善信托发展。

（一）英国：税收优惠力度大

1. 完成登记自动获得税收优惠资格

英国1960年《慈善法》的颁布，正式建立起了慈善组织强制注册体系，该法规定慈善组织必须在慈善委员会登记。在此之前，英国法对慈善信托成立的形式要求并不严格，但成立后的慈善信托能否享受税收优惠，由国家税务署决定。1960年《慈善法》颁布后，慈善信托只要完成慈善委员会的登记，则自动获得税收优惠资格。同时，国内税务署对获得税收优惠资格的慈善信托享有监督权，有权查阅慈善委员会的登记记录。

英国的慈善委员会成立于1853年，一直作为官方对民间慈善组织的监管机构，但其法律地位不太明晰。2006年修订的《慈善法》首次明确了慈善委员会独立于政府运作，最终向英国议会负责。慈善委员会的主要职能包括对符合条件的慈善组织进行登记注册，并对登记的慈善组织按照不同规模进行相应的监管。慈善组织可以向设在伦敦的慈善委员会总部或者设在利物浦、纽波特等地的慈善委员会工作办公室申请登记。登记的实质是

慈善委员会对慈善组织的慈善地位进行认定。也就是说，登记之前慈善委员会必须确定信托的性质，只有委员会认可了信托具有慈善性质才能对其进行登记。

2. 委托人享受免税、税前扣除等优惠

在慈善信托设立环节，委托人可以享受财产转让税、所得税、印花税、遗产税的减免优惠和所得税抵扣。第一，委托人用以设立慈善信托的财产免征财产转让税、所得税。第二，若信托财产为不动产，还可免除转让时的印花税。第三，委托人若将遗产净值中 10% 以上的部分设立慈善信托，则设立慈善信托的遗产免税，同时其他遗产可享受 36% 的低税率（标准税率为 40%）。第四，委托人若设立期限超过 3 年的不可撤销慈善信托，则每年可享受一定金额的所得税抵扣。

3. 信托财产收入免税

在信托存续环节，慈善信托可享受所得税、增值税和土地税的减免。第一，慈善信托财产获得的不动产收入、股息、利息、版税、养老金和扣税捐赠物品等多种收入，只要用于慈善目的，均可以享受所得税免税优惠。第二，若慈善目的为救济贫困，还可免征出售捐赠物的增值税。第三，慈善信托对其占有的土地及土地上的建筑物可以要求减免 50% 的土地税。

（二）美国：税收优惠政策全面

1. 税收优惠资格由国税局审定

美国没有专门独立的慈善法，联邦层级规范慈善活动的只有税法，因此联邦税法和国税局成为监管慈善机构的主导角色。在州层面，各州自行制定规范慈善组织的州法，州法在慈善机构的成立、公信方面发挥着重要作用。慈善组织按联邦相关法律和所在州的法律成立，程序比较简单。美国对于慈善信托的设立采取比较宽松的准则主义，但是在获得免税优惠时，税收部门会对其进行严格的实质性审查，严格把关公益性目的和运作过程的合规性，确保信托财产真正被用于慈善目的。

此外，1954 年颁布的《统一公益信托受托人监督法》将公益信托的监督权赋予州检察长，州检察长有责任监督公益信托财产的管理及运用，并负责将监督过程中所发现的违法行为告知法院。若受托人为金融企业，还必须由美国货币管理机关或联邦储备银行履行部分监管职能。

2. 委托人享受所得税抵扣、遗产税免税优惠

美国对慈善活动的税收优惠政策集中在《国内收入法典》第 501（C）（3）条款中。以《国内税收法典》第 501 条为龙头，一系列的税收、非营利组织、基金管理、信托、社会福利条款、IRS 行政法规、州法、司法判例共同构成了美国的慈善法律体系。

在联邦层面，《国内收入法典》规定慈善捐赠者可享受税收抵扣的优惠措施，只要纳税人通过分项扣除的方式申报纳税，就可以在应税收入中扣除捐赠支出。税前扣除的具体比例因捐赠者类型的不同、捐赠物形式的不同、受赠机构性质的不同而异。第一，自然人以现金设立慈善信托，最高扣除比例为 30%；以长期资本性资产设立慈善信托，最高扣除比例为 20%。但纳税人在填写纳税申报单申请抵扣时，必须提供捐赠凭证，秉持举证原则。第二，自然人如果以遗产设立慈善信托，可以享有 100% 的税前扣除优惠。第三，法人设立慈善信托，可在公司应税所得 10% 的范围内准予扣除，超过最高减免额的部分可向以后 5 个纳税年度结转。

美国各州所得税法通常也允许对慈善捐赠进行税收扣除，各州对慈善信托的税收激励政策基本上都是遵照联邦税法的。但是由于各州之间的税率不同，最终的扣除额度在州与州之间存在一定差别。此外，有些州同时以税收抵免的方式对慈善捐赠进行税收激励，税收抵免是在纳税人应缴所得税中直接扣除捐赠支出，每一个纳税人的抵免额度都有一个最高限制。

3. 慈善信托财产收入免税

美国除了针对捐赠财产设立慈善信托的委托人以外，对慈善信托本身也都规定了大幅度的税收优惠政策。符合《国内收入法典》第 501（C）

(3) 条款规定条件的慈善信托基金可以申请获取免税资格。第一，在信托财产存续期间，信托财产所生孳息，无论是利息收入、租金收入或投资所得，只要所得都用于公益目的，就能够享受全额免税的优惠。第二，慈善信托还能享受土地税、财产税、事业保障税等方面的税收优惠措施。

此外，美国税法还对享受税收优惠的慈善组织规定了一些附加条件和相关处罚措施。《国内收入法典》明确规定私人股东或个人均不能从慈善组织的任何净收益中获益。《税法实施条例》细化了此条，规定慈善组织的实际运营必须“服务于公众利益而非私人利益”。同时，《税法实施条例》对违反上述条款的行为也设置了相应的处罚措施。

4. 特殊慈善信托税收优惠

美国有两种基本的慈善信托形式：一是“优先”信托（lead trust），首先给予慈善机构，而在信托终止后，剩余部分给予受益人或返回捐赠人。二是“剩余”信托（remainder trust），在其他受益人获得支付后，信托终止后的剩余财产才捐给慈善机构。支付可以是固定的数额（年金信托），也可以按本金一定比例支付（单一信托）。慈善剩余信托是由捐赠者设立的不可撤销的信托形式，旨在给受益人提供收益来源，而公共慈善组织或私人基金会接受信托财产终止后的剩余财产。美国不仅承认这种混合性质的信托属于慈善信托，而且也给予了税收优惠。1986 年《国内收入法典》修订条款规定，委托人设立“分割利益”的慈善信托也可以享受税前扣除的优惠措施。

（三）日本：建立分级税收优惠政策

1. 获得税收优惠的条件

日本《信托法》规定，受托者接受慈善信托时应取得主管政府机关的批准。日本采用的是慈善信托许可主义，若慈善信托未经批准，则不得以慈善信托名义进行活动。慈善信托许可主义指的是慈善信托在设立时，应当向有关国家机关提出申请，由该机关进行实质性审查并做出批准与否的决定。

慈善信托批准设立后，也不能直接享受税收优惠，需由主管慈善信托的大臣根据慈善目的、资产管理等标准认定为一般慈善信托、特定慈善信托、认定特定慈善信托，分别享受不同程度的税收优惠。

2. 设立环节：税收优惠分级

日本的慈善信托税收优惠采用分级制度，层级越高，优惠力度越大。第一，对于“认定特定慈善信托”，当委托者为法人时，捐赠可以全额在税前扣除；当委托者为自然人时，捐赠额必须超过1万日元才可享受扣除，最高扣除额为综合课税所得总额的25%。第二，对于“特定慈善信托”的捐赠，法人可享受的最高扣除额度为：期末资本金额×0.25%＋当年所得金额×2.5%×0.5；自然人的捐赠不可以享受税收优惠。

3. 运营环节：非营利性收入可免税

在慈善信托运营环节，作为慈善信托的受托人，信托公司经营慈善信托财产时，享有公益团体所享有的各项税收优惠。第一，慈善信托只对营利性收入缴纳税款，而无须就其他收入（例如捐款、应付款、补贴或资助等）交税。而且慈善信托的营利性收入也享有27%的低税率，远低于37.5%的一般税率。第二，慈善信托财产孳生的利息免征所得税。第三，受托的土地、房屋不征固定资产税。

4. 分配环节：根据受益人类别免税

在分配环节，第一，当受益人为自然人时，其取得的奖学金、研究助成金等不征赠予税，而以“一时所得”为名义课征所得税，但享有60万日元的免税额度。如果这类所得是从具有减免税资格的慈善信托处取得的，则免征所得税。第二，当受益人为普通法人、非法人团体时，其受益所得课征法人税。

当慈善信托终止时，第一，对于“一般慈善信托”，其剩余财产归还委托人、特定的个人、营利法人，兼营营利事业的公益法人，则应分别课征个人所得税或法人所得税。第二，对于“特定慈善信托”和“认定特定慈善信托”，其结束时所剩余的财产不发生课税问题。

（四）国际经验总结与启示

1. 设立环节一般比照慈善捐赠享受税收优惠

从英、美、日等国的实践来看，慈善信托设立环节一般比照慈善捐赠享受税收优惠，具体的优惠方式有免税、税前扣除、直接抵税 3 类，优惠的税种主要包括所得税、财产转让税、遗产税、印花税。委托人以遗产设立慈善信托，一般免征遗产税。生前设立慈善信托，英国免除财产转让税、所得税，美国和日本可在所得税前进行扣除。此外，英国还免除不动产转让的印花税。从信托财产的类型来看，委托人无论是以货币现金设立慈善信托，还是以带有长期资本利得性质的财物设立慈善信托，都可以享受税收优惠。

我国个人所得税法和企业所得税法都规定慈善捐赠可在所得税税前扣除，但没有明确设立慈善信托是否可以享受该优惠措施。慈善信托作为一种开展慈善活动的新型方式，在设立环节应该比照慈善捐赠享受税收优惠。

2. 委托人、受托人、慈善信托、受益人都有享受税收优惠

在慈善信托的整个运作期间，委托人、受托人、慈善信托和受益人都享有税收优惠。第一，委托人一般在慈善信托设立环节享受与慈善捐赠类似的所得税税前扣除等税收优惠。第二，慈善信托的受托人在经营慈善信托财产时，只对营利性收入缴纳税款，而无须就其他收入（例如捐款、应付款、补贴或资助等）交税。第三，慈善信托财产所生孳息只要用于公益目的，就能够享受全额免税的优惠；此外，英国对慈善信托占用的土地及地上建筑物免征 50% 土地税，日本对受托的土地、房屋不征固定资产税。第四，受益人从具有免税资格的慈善信托处取得收入免税，在信托终止后取得剩余财产也享有一定的税收优惠，例如日本的“特定慈善信托”和“认定特定慈善信托”结束时所剩余的财产不发生课税问题。

我国目前对慈善信托本身、慈善信托受托人和受益人均没有规定相关的税收优惠政策，不利于慈善信托的持续运营，可参照国外的做法设置相

应的优惠措施，对用于公益目的的慈善信托收入免税，只对受托人的营利性收入征税，对慈善信托的受益人也应该给予税收减免。

3. 税收优惠认定方式不一，但一般有严格审查

英、美、日各国慈善信托获得税收优惠的方式不一。英国的慈善信托只要完成慈善委员会的登记，则自动获得税收优惠资格；美国的慈善信托设立程序简单，但成立后要获得税收优惠资格需要税务机关的审定；日本的慈善信托设立后也不直接享受税收优惠，需要政府相关机构主管大臣的认定。尽管获得税收优惠的具体方法不同，但本质上，各国都建立了较为严格的审查体系，只是税收审查发生在不同的环节。

我国《信托法》鼓励发展公益信托，但没有规定公益信托的主管部门，造成公益信托落地难。2016 年出台的《慈善法》为慈善信托业务开展制定了较为具体的规定，明确慈善信托备案部门为受托人所在地县级以上民政部门，并指出慈善信托未按照规定备案的，不享受税收优惠，但相关法律并没有规定慈善信托备案后可享受哪些税收优惠。

4. 遗产税是促进慈善信托发展的客观原因

英、美、日等国慈善信托的发展离不开遗产税的调节作用。英国的标准遗产税税率为 40%，美国遗产税的最高边际税率也达 40%，日本遗产税的最高边际税率更高达 55%。与此相对，以遗产设立慈善信托可以享受免税或者适用低税率的优惠。因此，高额的遗产税成为富人们积极参与慈善事业的客观原因。

四、我国慈善信托涉及的税收优惠

慈善信托的运行中涉及税收的主要有三个环节——设立环节、运行环节以及信托利益分配环节。慈善信托本身的税收优惠政策尚未落实，但是通过引入具有公益性捐赠税前抵扣资格的慈善组织，可以从技术上解决税收优惠问题。不同主体、不同财产类型设立慈善信托，涉及的税收及税收优惠政策不同。

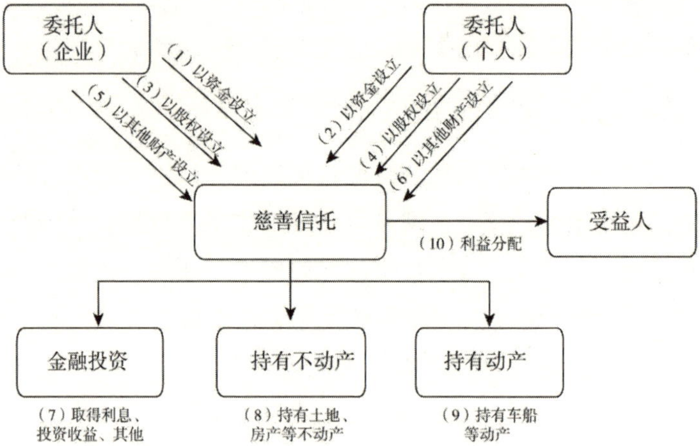

图4　慈善信托涉及的税收

（一）慈善信托设立环节

慈善信托的税收主要集中在设立环节。如果委托人以资金设立慈善信托，可以享受所得税税前抵扣的优惠政策。如果委托人以非货币财产设立慈善信托，则可能涉及增值税、所得税等税收。

1. 企业以资金设立慈善信托

企业向慈善组织捐赠资金，可以享受所得税税前扣除的优惠。企业以资金设立慈善信托，通过引入具有公益性捐赠税前抵扣资格的慈善组织，也能享受企业所得税税前扣除的优惠。

根据《企业所得税法》，企业通过县级以上人民政府及具有公益性捐赠税前扣除资格的慈善组织发生的公益性捐赠支出，在年度利润总额12%以内的部分，准予在计算应纳税所得额时扣除。企业凭借由财政部或省、自治区、直辖市财政部门印制并加盖接受捐赠单位印章的公益性捐赠票据进行税前扣除。

2017年企业所得税法修正后，企业的捐赠可以分三年结转抵税。“企业发生的公益性捐赠支出，在年度利润总额12%以内的部分，准予在计算应纳税所得额时扣除；超过年度利润总额12%的部分，准予结转以后三年内在计算应纳税所得额时扣除。”

2. 个人以资金设立慈善信托

个人慈善捐赠可以享受所得税税前扣除优惠。个人以资金设立慈善信托，通过引入具有公益性捐赠税前抵扣资格的慈善组织，也能享受个人所得税税前扣除的优惠。

根据《中华人民共和国个人所得税法实施条例》第二十四条，个人将其所得通过中国境内的社会团体、国家机关向教育和其他社会公益事业以及遭受严重自然灾害地区、贫困地区的捐赠，捐赠额未超过纳税义务人申报的应纳税所得额30%的部分，可以从其应纳税所得额中扣除。

与企业公益捐赠可结转抵税不同，个人公益捐赠只能在发生捐赠的当月一次性扣除，超过当月抵扣限额的部分不能顺延或提前。

3. 企业以股权设立慈善信托

企业捐赠股权可享受税收优惠。企业以股权设立慈善信托，通过引入具有公益性捐赠税前抵扣资格的慈善组织，也能享受企业所得税税前扣除的优惠，以及以历史成本确定财产转让所得的税收优惠。

首先，企业捐赠股权的转让收入按历史成本确定。2016年财政部、国家税务总局《关于公益股权捐赠企业所得税政策问题的通知》（财税〔2016〕45号），明确：企业向公益性社会团体实施的股权捐赠，视同转让股权，股权转让收入额以企业所捐赠股权取得时的历史成本确定。以历史成本为依据确定捐赠额这一规定，大幅降低了企业股权捐赠的税收成本。

其次，企业捐赠股权可享受所得税税前扣除。财税〔2016〕45号规定，企业实施股权捐赠后，以其股权历史成本为依据确定捐赠额，并依此按照企业所得税法有关规定在所得税前予以扣除。

4. 个人以股权设立慈善信托

当前，个人进行公益股权捐赠，或者个人以股权设立慈善信托，都没有明确的税收优惠。捐赠者/委托人需要按照财产转让所得缴纳20%的个人所得税。实际操作中，个人向公益性社会团体捐赠股权，视同转让股权，股权转让收入按照公平交易原则确定，主管税务机关可以按照净资产核定法、类比法等方法核定股权转让收入。因此，巨额税收负担成为个人以股权开展公益慈善活动的重要障碍之一。

5. 以不动产设立慈善信托

个人或企业以不动产设立慈善信托，主要涉及土地增值税、增值税以及所得税三种税收。其中，以不动产进行慈善捐赠的土地增值税和增值税有税收优惠政策规定。

（1）免征土地增值税

根据《财政部、国家税务总局关于土地增值税一些具体问题规定的通知》（财税字〔1995〕48 号），房产所有人、土地使用权所有人通过中国境内非营利社会团体、国家机关将房屋产权、土地使用权赠予教育、民政和其他社会福利、公益事业的，不征收土地增值税。

（2）免征增值税

2016 年《营业税改征增值税试点实施办法》（财税〔2016〕36 号）第十四条规定，单位或者个人向其他单位或者个人无偿转让无形资产或者不动产视同销售无形资产或者不动产，但用于公益事业或者以社会公众为对象的除外。据此规定，单位或者个人无偿转让无形资产或者不动产用以设立慈善信托不需缴纳增值税。

（3）所得税没有具体税收规定

个人以不动产进行公益捐赠，或者设立慈善信托，均可能被认定为视同转让，并以不动产的公允价值确定转让收入，缴纳个人所得税。

6. 以动产设立慈善信托

个人或企业以艺术品等动产设立慈善信托，主要涉及增值税以及所得税两种税收，但具体征收政策并不明确。在现行公益捐赠的税收政策中，由于动产的价值评估、价格核定、艺术品真假鉴定都是税收征管中的难题，因此动产捐赠的增值税、所得税是否缴纳、如何缴纳没有统一规定。以动产进行公益捐赠，或者设立慈善信托，存在被认定为视同转让，并以动产的公允价值确定转让收入，缴纳增值税、所得税的风险。

（二）慈善信托运行环节

慈善信托运行环节涉及的税收主要有两类，一是信托财产投资增值收入应当缴纳增值税；二是慈善信托持有不动产、特殊动产应当缴纳的房产税、车船税等财产性税收。

1. 信托财产投资增值收入

慈善信托财产投资取得收入应当缴纳增值税。受托人利用慈善信托闲置资金，开展金融投资所取的利息收入、金融资产转让收入，属于增值税应税范围的金融服务收入。根据财税〔2016〕140 号文、财税〔2017〕2 号文以及财税〔2017〕56 号文件规定，资管产品运营过程中发生的增值税应税行为，以资管产品管理人为增值税纳税人，适用 3% 的简易计税方法，从 2018 年 1 月 1 日执行。

慈善信托财产投资增值取得收入是否缴纳所得税并没有明确。实际操作中，由于慈善信托本身并不是所得税的纳税主体，信托财产投资增值收入并未缴纳企业所得税。

2. 慈善信托持有不动产

慈善信托持有不动产，并将不动产用于营业的，应当缴纳房产税。房产税是以房屋为征税对象，按房屋的计税余值或租金收入为计税依据，向产权所有人征收的一种财产税。企业或个人以不动产设立慈善信托，慈善信托就成为不动产的产权所有人，应当缴纳房产税。房产税的税率，依照房产余值计算缴纳的，税率为 1.2%；依照房产租金收入计算缴纳的，税率为 12%。

3. 慈善信托持有车船等特殊动产

慈善信托持有车船等特殊动产，应当缴纳车船税。车船税是以车船为课征对象，向车辆、船舶的所有人或者管理人征收的一种税。委托人以车辆、船舶设立慈善信托，慈善信托成为车辆、船舶的所有人，应当缴纳车船税，一般在投保交强险时一并缴纳。

（三）信托利益分配环节

个人受益人从慈善信托取得福利、救济性质的款项，不属于《个人所得税法》规定的个人所得，无须缴纳个人所得税。

个人受益人从慈善信托取得的奖金收入，视情况不同缴纳个人所得税。符合《个人所得税法》第四条第一款规定，即省级人民政府、国务院部委和中国人民解放军军以上单位，以及外国组织、国际组织颁发的科学、教育、技术、文化、卫生、体育、环境保护等方面的奖金，免征个人所得税。不符合上述要求的，按照偶然所得，按照20%的税率缴纳个人所得税。

五、落实慈善信托税收优惠政策的建议

在慈善信托的税收优惠政策并未得到落实的情况下，受托人通过与慈善组织合作的方式技术性解决税收优惠问题，但在一定程度上扭曲了慈善信托的业务模式，对慈善信托的长远发展产生不利影响。落实慈善信托税收优惠政策要从慈善信托本质出发，首先解决主要矛盾，落实设立环节的税收优惠政策，后续逐步完善财产信托的税收优惠政策。

（一）比照慈善捐赠落实税收优惠

慈善信托与（向慈善组织）慈善捐赠虽然运用不同的法律原理，但是在本质属性、运行机制、监督管理等方面具有相似之处。

首先，慈善信托作为运用信托制度开展慈善活动的一种新型慈善方式，与慈善捐赠一样，其本质属性是慈善，是社会财富的单向转移，首要目标是实现财富所有者行善的目的。

其次，慈善信托与慈善捐赠相似，是通过第三方进行财产转移的慈善方式。慈善捐赠通过慈善组织执行慈善项目，慈善信托通过受托人开展慈善活动。三方结构的慈善方式在提高慈善活动效率、增强慈善行为透明度

等方面具有显著优势。

最后，慈善信托与慈善组织一样，受到民政部门的严格监管。尽管慈善信托与慈善组织有不同的运行规则和监管规则，但与慈善财产管理使用公开透明的监管要求是相似的。事实上，慈善信托备案、信息公开，都属于项目层面的监管要求，其运行透明的要求是显著高于慈善组织的。

基于慈善信托与慈善捐赠在本质属性、运行机制以及监督管理等方面具有共性，根据税收公平原则，不论是向慈善组织进行慈善捐赠，还是通过慈善组织或信托公司成立慈善信托，相关当事人应当享受与慈善捐赠相同的税收优惠待遇。

（二）优先落实设立环节的税收优惠

慈善信托的税收优惠政策难以落地，其中一个重要原因是慈善信托税收优惠政策与建立信托税收制度紧密联系。一些专家认为，在当前信托税收制度尚未明晰的情况下，难以为慈善信托出台单独的税收优惠政策。这种观点没有认识到慈善信托这一新生事物的本质，在落实慈善信托税收优惠政策方面无疑绕了远路。

为了尽快落实慈善信托税收优惠政策，提高解决问题的效率，我们首先要认识到慈善信托的本质不是信托，而是一种慈善活动，信托仅仅是用来开展慈善活动的一种运行机制。《慈善法》也明确提出："本法所称慈善信托……是指委托人基于慈善目的，依法将其财产委托给受托人，由受托人按照委托人意愿以受托人名义进行管理和处分，开展慈善活动的行为。"因此，从慈善活动、慈善方式的角度去理解慈善信托，比照慈善捐赠赋予慈善信托当事人税收优惠政策，是更加合适的解决方案。

当前，慈善信托税收优惠诉求主要集中在设立环节。慈善信托的全流程经历设立、运行、分配、清算等四个阶段，不同信托财产在不同阶段都有各自的税收优惠诉求。当前慈善信托税收优惠需求主要来自委托人，一是在设立环节，委托人设立慈善信托与向慈善组织捐赠相似，准予在计算企业所得税或个人所得税的应纳税所得额时扣除。二是在设立时的信托财产交付环节，委托人交付非货币财产设立慈善信托，无须就财产增值部分缴纳企业或个人所得税。因此，制定慈善信托税收优惠，首先应当落实设立环节的税收优惠政策，可由国家财税部门出台相关通知，比照慈善捐赠的税收优惠政策执行，让慈善信托委托人享受所得税税前扣除的税收优惠，以及平价确定信托财产转让所得的税收优惠。

（三）可进行慈善信托的税前扣除资格认定

慈善信托税前扣除资格认定是委托人享受所得税抵税优惠的前提。慈善捐赠的税前扣除操作实践可提供参考。

慈善捐赠享受抵税优惠是有条件的，受赠的慈善组织需被认定为“公益性捐赠税前扣除资格”，持有该组织开具的捐赠票据的企业或个人才可享受税前抵扣优惠政策。

从2016年起，根据《关于公益性捐赠税前扣除资格确认审批有关调整事项的通知》（财税〔2015〕141号文），“公益性捐赠税前扣除资格确认”作为非行政许可审批事项予以取消，改由财政、税务、民政等部门结合社会组织登记注册、公益活动情况联合确认公益性捐赠税前扣除资格，并以公告形式发布名单。

对在民政部登记设立的社会组织，由民政部在登记注册环节会同财政部、国家税务总局对其公益性进行联合确认，对符合公益性社会团体条件的社会组织，财政部、国家税务总局、民政部联合发布公告，明确其公益性捐赠税前扣除资格。在省级和省级以下民政部门登记注册的社会组织，由省级财政厅、国税局、地税局、民政部门参照执行。

从国际经验来看，慈善信托也并不自动享受税收优惠，美国和日本对慈善信托都有严格的免税资格认定过程。英国慈善信托虽然自动获得税收优惠，但是要经过慈善委员会的严格认定，必要时慈善委员会会商税务部门再做决定。

为了使我国慈善信托有序发展，建议慈善信托也比照慈善组织进行“税前扣除资格”认定。具体而言，税前扣除资格由受托人所在地省级以上民政部门会同财政、税务部门联合确认，由上述部门在次年年初联合发布公告，明确慈善信托的税前扣除资格。

（四）凭备案文件享受税收优惠

在认定慈善信托税前抵扣资格后，慈善信托委托人享受税前抵扣优惠，实际操作可以有两种方式。

一种做法是比照慈善捐赠，赋予信托公司和慈善组织作为受托人以捐赠票据开票资格，委托人可以凭借捐赠票据抵税。这种做法的优点是方便委托人纳税申报，凭捐赠票据就可以实现抵税。这种做法的缺点也比较明显，不符合现行捐赠票据管理办法的规定，也存在发票管理的隐患。根据财政部发布的《公益事业捐赠票据使用管理暂行办法》（财综〔2010〕112号）及各地方财政厅文件，只有政府部门和公益性社会组织（社会团体、基金会、民办非企业）可以申领捐赠票据，信托公司不在其列。即使信托公司可以申领捐赠票据，但由于民政部门仅对慈善信托业务监管，不对信托公司主体监管，存在捐赠票据使用的监管漏洞。

我们建议由委托人凭借慈善信托备案文件、慈善财产交付证明以及民政部门备案回执等材料，在年度纳税汇缴时进行抵税。这种做法不用赋予受托人开具捐赠票据的资格，省去了对受托人捐赠票据使用的监管工作。同时，在慈善信托备案环节，民政部门对慈善信托的目的、慈善目的实现方式、受益人选定方法和程序、每年用于慈善目的支出的数额或比例等要素进行仔细审核；后续运行环节，慈善信托受到监察人、政府、公众的多重监督，能够保障国家让渡税收利益是真正为了实现慈善目的。

（五）完善非货币财产设立慈善信托的税收优惠政策

以非货币财产设立慈善信托，在设立环节的所得税税收优惠，除按照一定的交付价值享受所得税税前抵扣以外，还涉及财产交付产生的所得税的优惠政策。这不仅要落实慈善信托比照慈善捐赠享受税收优惠，也还需要继续完善慈善捐赠本身的税收优惠政策。

1. 完善以股权设立慈善信托税收优惠

企业以股权进行捐赠已有明确的税收优惠政策。因此，企业以股权设立慈善信托，比照企业的慈善捐赠享受股权转让的税收优惠，首先也应当进行慈善信托“税前扣除资格”认定。如上文所述，建议税前扣除资格由受托人所在地省级以上民政部门会同财政、税务部门联合确认，由上述部门在次年年初联合发布公告，明确慈善信托的税前扣除资格。在进行企业所得税年度纳税申报时，则由委托人凭借慈善信托备案文件、慈善财产交付证明以及民政部门备案回执等材料，以交付财产的历史成本为依据确定股权转让收入额进行汇算清缴。

个人股权捐赠还未有相应的税收优惠政策，实践中需要按照捐赠资产的公允价值确认转让收入并计算其应纳税所得。这就造成企业慈善捐赠与个人慈善捐赠在税收优惠政策上存在显著差异。因此，建议进一步完善个人公益股权捐赠的税收优惠政策，明确按历史成本确定其转让额进行纳税申报，并以历史成本为依据确定捐赠额进行税前抵扣。个人以股权设立慈善信托，也比照个人公益股权捐赠享受税收优惠待遇。

2. 完善艺术品捐赠及信托的税收优惠政策

除股权捐赠以外，近年来，以艺术品为代表的其他非货币财产开展公益活动的积极性日渐高涨。以艺术品成立自己的慈善基金会，或者设立慈善信托，不仅保持艺术品的完整性，也支持公益文化事业，成了不少艺术家的重要诉求。

在西方国家，私人或企业向公立机构捐赠艺术品可以根据捐赠品的估价作相应的遗产税、所得税的抵免。而我国关于艺术品捐赠和设立信托都没有明确的税收政策出台，使委托人面临较大的税务风险。如果以艺术品设立慈善信托被认定视同转让，仅在设立环节，捐赠者就面临增值税、所得税等税收，严重阻碍了公众以艺术品开展慈善活动的热情。因此，建议后续逐步明确以艺术品为代表的非货币财产进行慈善捐赠或设立慈善信托的增值税和所得税优惠政策。

参考文献

[1] 何宝玉. 信托法原理与判例 [M]. 北京：中国法制出版社，2013.

[2] 贾康，等. 各国慈善捐赠优惠财税政策掠影 [J]. 经济视角：中国纳税人，2007 (1).

[3] 赵廉慧. 慈善信托税收政策的基本理论问题 [J]，税务研究，2016 (8).

[4] 黎颖露. 关于股权捐赠和慈善信托的税收问题 [J]，中国民政，2016 (6).

[5] 陶冶，陈斌. 美国个人慈善捐赠税制安排的现状、特点与启示 [J]，河北大学学报，2016 (5).

[6] 杨利华. 美国慈善捐赠税收扣除制度的考察与思考 [J]，北方法学，2016，10 (3).

[7] 王奇. 慈善信托税收优惠制度研究 [D]，上海：华东政法大学，2016.

[8] 邱唐. 构建和完善我国公益信托税收制度研究 [J]，金融经济，2013 (14).

[9] 唐琦. 英美公益信托制度及对我国的借鉴 [D]，太原：山西大学，2007.

[10] 沈琳. 两岸三地慈善捐赠的税收优惠政策比较与借鉴 [J]，经济研究导刊，2011 (10).

关于信托公司为社会慈善组织输出服务合作开展慈善信托研究

◎ 紫金信托有限责任公司　薛小峰　吴明晰
南京市慈善总会　章小怡　苏菲娅

摘　要

慈善信托在我国尚属新生事物，信托公司和慈善组织作为法定的两类受托人各具特色。本文对两类受托人在中国慈善事业中的角色和担当慈善信托受托人的优劣势进行分析，并在此基础上提出了信托公司可以为社会慈善组织提供的服务。之后，我们基于慈善信托的流程建立了慈善组织的成熟度评估框架体系，并建立了基于成熟度评估的信托公司为社会慈善组织输出服务合作开展慈善信托的标准化服务体系和具体的合作机制。

关键词：慈善信托　成熟度评估　服务体系　合作机制

一、导论

（一）选题背景

1. 慈善意愿与需求的增强

（1）经济与文化发展背景下，慈善意愿显著提升

首先，慈善理念为中华文明自古流传。中国传统文化博大精深，源远

流长，传承至今，是当代中华文明的重要根基。而慈善理念内涵于中国传统文化之中，一直是其主流核心思想之一，从其三大宗教中可观。儒家以“仁”为本，提出“仁者爱人”的理念；释家以慈悲观为核心教义，提出“大慈与一切众生乐，大悲拔一切众生苦”，并提倡布施，言“布施为第一波罗蜜”；道家云“我恒有三宝，持而保之，一曰慈，二曰俭，三曰不敢为天下先 ”，其“善恶报应”论更是在我国民间产生深刻影响[①]。

其次，社会经济与文化提升，群众慈善意愿逐步增强。经济基础决定上层建筑。我国改革开放近40年，社会经济获得腾飞式巨大发展，社会物质财富取得爆炸式快速增长。“衣食足而知荣辱”，伴随中国崛起成为世界第二大经济体，叠加西方现代慈善意识在中国的传播[②]，中国现代慈善理念开始崛起，人们开始更加积极主动地关注慈善、参与慈善，慈善供给逐步增强。

最后，高净值群体形成，寻求回馈社会。伴随社会物质财富的积累，在社会主义初级阶段“一部分人先富起来”的理论与社会框架支持下，中国高净值人群逐步形成。截至2016年末，中国可投资资产千万元以上的高净值人士数量已达158万人，近3年复合增速23%；私人财富市场165万亿元，近3年复合增速21%[③]。“达则兼济天下”的理念自古传承，慈善成为高净值人士回馈社会的重要渠道，马云、马化腾、李嘉诚、普里西拉·陈历年累计捐赠额均超百亿元。伴随高净值人士群体的形成，我国慈善供给更加突出。

（2）社会发展现阶段背景下，慈善需求日益突出

首先，社会主义初期阶段，经济发展不均衡。尽管我国社会经济财富发展获得巨大成就，但由于地域广、人口多、底子薄、发展历程短，仍存在区域发展不平衡、城乡发展不平衡、个人发展不平衡等社会不均衡问题，主要体现在包括教育、医疗、养老等在内的公共服务不均衡，以及包

① 安冬：《中国传统文化中的慈善思想》，载《赤峰学院学报》2015年第36卷第2期。

② 单玉华：《中国公民慈善意识转型的利弊因素分析》，载《中共郑州市委党校学报》2013年第5期。

③ 招商银行、贝恩公司：《2017中国私人财富报告》，2017年。

括物质财富、知识财富、生态财富在内的多种资源不平衡。城镇化的人口集中趋势，更加剧了这种不均衡现象。欠发达地区与落后人群的困难地位，伴随社会发展演进日益突显，急需得到救助和支持，以实现社会的公平与和谐发展。

其次，供给侧结构性改革仍在路上，可持续发展仍面临诸多矛盾。社会可持续发展是一种系统发展观，它包含当前发展与永续发展的协调、经济发展与科教文卫等各发展要素的协调，以及人和社会、自然与环境的协调发展①。我国仍处于社会主义发展初级阶段，发展仍然是当下第一要务。尽管“供给侧结构性改革”正在开展，但在一定时段内，以资源投入拉动的传统经济增长模式仍在经济结构中占据重要地位，会对生态环境带来一定不利影响，对科教文卫等公共事业的投入形成一定挤出。因此，可持续发展的实现在当下经济发展阶段，有赖于第三部门（慈善）的关注和支持。

最后，新时代个体意识的苏醒，叠加移动互联网时代的无距离无时差沟通。自“文革”之后，中国个体意识从极“左”集体主义中获得解放，伴随经济文化的发展逐步苏醒。伴随改革开放带来中西文化的沟通，尤其是移动互联网带来的信息无距化传播，个体意识迅速觉醒和强大。对个体幸福快乐的追求，提升到前所未有的高度。由于快乐“在于客观条件和主观期望之间是否相符”②，而移动互联网尤其是社交网络的普及，推动了个体之间的比较，进一步推升主观期望的提升，带来现代社会所特有的焦躁和不满情绪。而个体之间由于自然禀赋和资源分配所带来的差异，正是慈善事业所力求弥补的领域。社会和谐在移动互联新时代对慈善提出了更高的需求。

2.《慈善法》出台，慈善信托走上历史舞台

(1)《慈善法》出台，奠定慈善信托法律地位

关于信托与公益事业的结合，最早是在2001年《信托法》中，通过

① 徐春：《社会可持续发展与人的全面发展》，2002年8月27日《光明日报理论周刊》。

② 尤瓦尔·赫拉利：《人类简史》（林俊宏译），北京·中信出版社，2014年版。

“公益信托”的制度规定来实现的。但由于公益信托在设立上存在审批和监管部门不明确等问题，发展相对缓慢。而2016年《慈善法》的出台，特别制定了“慈善信托”专章，明确了慈善信托的法律地位，正式将慈善信托这一信托方式纳入我国慈善事业体系。《慈善法》中明确了民政部门作为慈善信托的主管机构，并采取设立“备案制”，有利于慈善信托的发展。

（2）《慈善法》框定大慈善理念，丰富了慈善范畴

《慈善法》第三条以列举方式对“慈善活动”进行了定义。该定义中不仅包含了我国传统慈善中的扶贫济困、扶老救孤、恤病助残等相关内容，还包含了救灾、促进科教文卫发展、防止污染、保护生态等更广泛的公益内容，与国际上广义的慈善范围较为一致。本次以法律形式框定大慈善理念范畴，突破我国传统的狭义慈善范围，实现了对慈善内涵和文化的升华，为慈善事业的进一步开展开辟了更广阔的天地。

（3）慈善信托较慈善捐赠具有制度优势

慈善信托诞生之前，我国传统慈善资源的获取与分配，主要通过慈善人士向慈善组织进行慈善捐赠，慈善组织根据自身慈善章程运用所得善款组织慈善事业的方式。而《慈善法》明确慈善捐赠和慈善信托两种方式，并分设专章，对比可知，慈善信托较慈善捐赠拥有以下制度优势：通过“委托－受托”方式更加尊重慈善人士个性化慈善意愿的体现；慈善信托财产区别于慈善组织/信托公司的自有财产，以及其他慈善信托的财产，具有破产隔离功能，慈善财产更加安全；慈善信托的委托人具备更广泛的权利，享有变更慈善财产管理方法、变更受托人、撤销慈善信托等权利，对于其慈善意愿的体现有更好的控制力。此外，慈善组织在运用慈善捐赠款项时，有一定的最低使用比例限制，而慈善信托则没有该项要求，慈善资源供给者在实现自身慈善意愿的过程中拥有更大自由度。

（4）明确两类受托人，二者各有所长

《慈善法》第四十六条规定慈善信托的受托人可由慈善组织或者信托公司担任。慈善组织是我国慈善事业的传统主力，积累了丰厚的声誉资源和宝贵的经验，在慈善资源获取，以及慈善项目的征集、遴选、实施方面

拥有信托公司不可比拟的优势。信托公司作为专业金融机构，在金融资产作为主要财产形式的当下，对于慈善财产的保管、保全、保值则具备慈善组织所难以匹敌的专业优势。

（二）选题意义

1. 有效整合各类慈善资源才能充分发挥慈善信托效用

以往信托公司与社会慈善组织在开展慈善活动中采用的慈善方式不同、拥有的资源禀赋不同。在《慈善法》背景下，二者均可以担任慈善信托的受托人，均被赋予了慈善事业中重要的中介组织角色。站在慈善事业效用最大化的角度，在慈善信托制度框架下，双方按照各自角色定位，充分整合各类资源，取长补短，通过有效合作方式实现优势互补，才能使得慈善信托效用达到最优化，从而提升慈善效率，推动我国慈善事业的进一步发展。

2. 充分发挥信托公司作为公益信托的先行者的带动作用

信托公司开展公益信托已经有近 9 年历史，而类公益信托的开展更是拥有 16 年的历史，对于公益性质的信托管理运作积累了丰富经验。相比较而言，对于社会慈善组织，传统的慈善财产募集方式主要通过慈善捐赠，其作为受托人管理慈善信托还是一个陌生的领域。有效借鉴、发挥信托公司在慈善公益信托领域的现行优势，带动社会慈善组织共同开展慈善信托具有积极社会意义。

3. 提高信托公司与慈善组织合作展业的效率

通过建立信托公司为社会慈善组织输出服务的标准模式和管理体系，可以帮助信托公司、社会慈善组织明确各自需求特征、合作主要环节，提高信托公司与慈善组织合作开展慈善信托的效率。

（三）选题创新性

1. 建立信托公司输出慈善信托的标准化服务体系

在明确社会慈善组织的角色定位、主要资源、慈善主题、运作能力等方面的特征，建立社会慈善组织的成熟度模型。以该模型为依据，按照标准化、可复制的原则建立信托公司输出慈善信托的服务体系。作为慈善组织与信托公司合作展业的分析框架具有行业领先性。

2. 建立信托公司与慈善组织合作开展慈善信托工作机制

以慈善信托社会效用最优化为依据，根据社会慈善组织的成熟度等级以及相应的信托公司慈善信托输出服务的主要范围，明确相应的合作展业的工作机制，保障慈善信托管理运作。

二、信托公司与慈善组织在中国慈善事业中的角色

（一）社会慈善组织在中国慈善事业中的角色

1. 社会慈善组织的定义、功能及分类

2016 年 9 月《慈善法》出台，给予了慈善组织以明确定义："本法所称慈善组织，是指依法成立、符合本法规定，以面向社会开展慈善活动为宗旨的非营利性组织。"该定义主要由两个因素构成：一是以面向社会开展慈善活动为宗旨；二是非营利性组织。整体而言定义相对宽松。此外，还以列举形式框定了慈善组织的组织形式，具体包括基金会、社会团体、社会服务机构三种。

此外，慈善组织的设立还必须具备形式要件，即在县级以上人民政府民政部门申请登记并获得认定。登记认定的标准参照《中华人民共和国慈善法》和《慈善组织认定办法》的相关规定。通过上述认定后，可获得民政部门颁发的表明慈善组织属性的登记证书，并由民政部门向社会公告。

在《慈善法》的框架下，慈善组织的日常功能主要体现为，通过慈善募捐和作为慈善信托受托人的方式来募集慈善资源，向社会或他人提供慈善服务，并依法公开相关信息，接受监管部门和社会公众的监督。

慈善组织的分类可按照其组织形式、发起人、服务区域、服务领域等维度进行。按照组织形式，慈善组织可分为基金会、社会团体、社会服务

机构三种类型。按照发起人，慈善组织可分为官办慈善组织和民办慈善组织。按照服务区域，慈善组织可分为国际性服务组织、全国性服务组织、跨地区服务组织、本地区服务组织等。按照服务领域，慈善组织可分为综合性服务组织、多领域服务组织、单一领域服务组织等。

除上述定义范围外，另还有一些组织，因多种原因没有注册为慈善组织，但也是以服务公众慈善为目的的非营利组织，符合社会上或学术上对于慈善组织的一般化定义，可以视为广义上的慈善组织。并且事实上，由于《慈善法》推出时间尚短，慈善组织的具体认定工作还存在一些实务中的把握与探索，因此目前已经获得官方认定的慈善组织数量还相对较少。尚有大量具有慈善公益性质的非营利性社会组织，仍未获得慈善组织认定，尚处“黑户”状态。以江苏省南京市为例，截至2017年6月末，非营利性社会组织的数量约为3.1万个，但获得官方认定慈善组织的仅有2个。因此，在考虑信托公司如何服务社会慈善组织的时候，我们有必要把这些“黑户”考虑在内。

2. 我国社会慈善组织的历史与发展

（1）起源与发展历史

我国最早有文字记载的慈善机构可追溯至西周初期，为当时国家设立的专门负责灾害时期慈善救济机构①，其作为国家政权维护社会安定的专门机关，既是政权职能机构，同时又具有官办慈善组织的特征。由于赈灾扶贫本身具有社会安定作用，符合政治需求，因此官办慈善在我国历史中始终存续，并与民办慈善交互作用。

先秦两汉时期，伴随宗族聚集的形成，宗族慈善开始日渐盛行，主要体现为同宗同族之间对于贫弱群体的内部救助。一般以族长或族长指定人士进行组织，逐步建立族产、族田、族学等多种宗族慈善财产和宗族慈善活动。但受封建宗族思想影响，宗族慈善始终局限在宗族群体内部，具有较强的局限性。

---

① 谢忠强：《中国古代慈善事业的发展特点》，载《中国石油大学学报》（社会科学版）2011年第27卷第2期。

东汉时期，伴随佛教的传入，宗教开始在慈善事业中扮演正式角色，并成为我国最早的非官办普世性救助机构。此外，道教的发展，以及伊斯兰教、基督教的传入，也进一步推动了宗教慈善的开展，并在相当长的时间内成为我国民间慈善的主要机构。其间，官方对此类民间慈善组织持续进行管理，管理强度在不同时代有明显差异。

晚晴到民国，传统慈善开始向近代慈善转型，表现为民间慈善力量的崛起，各种慈善机构和慈善家群体的先后涌现，改变了以往传统民间社会以个人、宗教和家族为主办慈善的状况[①]。此外，近代慈善的救助范围也更加广泛、组织方式也更为先进，法律规范更为清晰，体现了较多的民族性和文化内涵。

1949 年中华人民共和国成立以来，由于当时复杂的政治和文化环境，民间慈善组织一度遭到否认。1950 年，由政府组织设立的群众性救济组织——中国人民救济总会成立，并着手对原有民间慈善组织的改造。原有民间慈善出现中断[②]。到 20 世纪改革开放后，中华慈善开始全面复兴。1994 年，由民政部出面组织官办的中华慈善总会，并在各省份设立分会，掀起了官办慈善的热潮，推动了中国当代慈善事业的发展。2004 年，我国出台《基金会管理条例》，开始允许民间设立非公募基金会。2008 年由于汶川地震带来的深刻影响，伴随我国经济文化的发展，我国开启“全民慈善”阶段，中国慈善进入了新的转型，民办慈善组织开始蓬勃发展。

（2）近年来发展现状

“全民慈善”的开启，使得慈善成为大众所关注的焦点，也推动了慈善相关制度的建立和健全。包括对民间慈善组织公募资质的放开、对以金融资产创办基金会的放开、企业捐赠税前扣除新规、中国慈善联合会的成立、慈善信息化建设的加快、《慈善法》及配套法规的出台等。在这一系列政策的支持下，民间慈善组织快速发展。在 2011 年度，民间慈善组织数目首次超越官办慈善组织。

---

① 靳环宇：《中国民间慈善组织的历史嬗变》，载《中州学刊》2006 年第 2 期。

② 周秋光、林延光：《传承与再造：中国慈善发展转型的历史与现实》，载《齐鲁学刊》2014 年第 2 期。

根据《中国慈善发展报告（2017）》，截至2016年12月底，全国共有社会组织69.9万个，同比增长6.23%。其中，社会团体33.5万个，基金会5523个，民办非企业单位35.9万个。对比2012年，社会组织总量从49.9万个增长至69.9万个，5年间社会组织数量年均复合增速6.96%，发展速度相对较快，对我国慈善事业的发展起到推动作用。

（3）为我国慈善事业做出的贡献

由于我国公益信托制度推出较晚，个人与企业直接开展的慈善活动相对零散，社会慈善组织在我国民间慈善事业中一直担负着主体角色，并配合政府机构在官方慈善事业中承担重要角色。其具体承担的职能包括：慈善资源的募集、慈善桥梁的构架、慈善救助的实施、慈善文化的传播①。

在慈善资源的募集方面，2016年度，社会捐赠总量预期达1346亿元，筹集彩票公益金1039亿元，加上志愿服务捐赠小时折算价值，社会公益总价值达到2881亿元，占我国GDP总量的0.387%。近年来，伴随我国慈善组织的发展和增长，社会慈善资源募集能力持续成长。2016年相较2015年，社会捐赠总量增长10.7%，志愿服务捐赠小时折算价值增长19.6%，彩票公益金增长5.8%，全核算社会公益总价值增长10.5%。2012—2016年的5年时间里，社会捐赠总量从817亿元增长至1346亿元，年均复合增速10.5%。

在慈善桥梁的架构方面，慈善组织凭借其在慈善事业方面的声誉与经验，以及多年架构起来的信息、渠道、资源和服务体系，连接了包括慈善人士、社会慈善团体、志愿者等在内的慈善供给方和慈善需求方。慈善资源与慈善需求信息在慈善组织中汇集，并由慈善组织进行分类、筛选和匹配，使得慈善意愿和慈善需求能够得到有效对接，起到慈善事业中的专业中介作用。

在慈善救助的实施方面，慈善组织做出了诸多贡献，如繁星闪烁，

---

① 崔炜、周悦：《论中国慈善组织的角色定位与发展路径》，载《长沙民政职业技术学院学报》2010年第17卷第4期。

难以枚举。尤其是在汶川地震、玉树地震等自然灾害面前，慈善组织及时组织慈善资源、输送慈善力量，为抗震救灾做出重大贡献。此外，在扶贫救孤、科教文卫、保护环境等方面，慈善组织也做出许多重大贡献。

在慈善文化的传播方面，慈善组织通过慈善活动的组织、慈善行为的表彰、慈善精神的宣传，引导社会民众慈善意识的培养。尤其是近年来，伴随互联网在生活中的渗入，慈善组织也积极通过互联网媒介进行宣传，并召集有影响力的社会成功人士作为慈善形象代言，进一步增强了慈善文化的传播力度。

3. 社会慈善组织遇到的问题

（1）历经多次信用危机

2008 年开启了全民慈善的时代，慈善组织的信用问题也伴之引发全民关注。此前，2001 年“中国妈妈”胡曼丽以慈善组织名义私吞孤儿善款事件、2002 年青基会挪用希望工程款违规投资疑案及 2008 年红十字会“天价帐篷”事件、2011 年上海红十字会“万元餐费”事件，均引起群众质疑，并引发不同程度的慈善信用危机。尽管上述事件事后相关机构均出面做出官方解释，但却无法获得民众认可，究其原因，主要是因为长期以来管理体制不统一、部分慈善组织内部管理混乱、外部监管松弛、捐赠款项不透明、慈善信息披露不足等因素，带来民众的不满。

（2）监管程度相对较弱

《慈善法》就信息公开和监督管理分别专设一章进行规范，对慈善组织的信息公开义务进行规范，并对民政部门赋予对慈善组织监督管辖的权力。然而，在此之前，由于社会团体受民政部门和主管部门的双重管辖，以及民政部门行政资源有限的影响，对慈善组织的监管相对较弱。即使在当前《慈善法》框架下，对于慈善组织信息披露的内容，仍然规范较为粗犷，除组织章程等基本信息外，仅要求每年公布其年度工作报告和财务会计报告，而对于年度工作报告和财务会计报告具体包含的内容和详细程度缺乏细节规定，而简单的财务会计报告并无法反映出具体的资金使用情况，因此仍需配套的专门规章来进一步细化规范。

（3）人才匮乏，缺乏资产管理运作能力

根据2014年发布的《中国民间公益组织基础数据库数据分析报告》的数据，仅有79.44%的慈善组织拥有全职工作人员，入库慈善组织的全职人员和兼职人员数量中位值均为3人，95%分位值分别为34人和30人。多数慈善组织工作人员相对较少，却要承担从资金募集到资金管理，再到资金运用、项目实施等多重工作，人力相对匮乏。有效的资产管理虽然能够实现慈善财产的有效管理、提升慈善资金的使用效率，但资产管理涉及资产组合管理、多种金融产品的估值与合规审查、流动性管理、风险控制等多种专业知识，具有较强专业性，多数慈善机构缺乏相关专业人才。尤其是在慈善信托登上慈善舞台后，慈善组织作为慈善信托受托人还需要为慈善信托建立专门账户，对不同的慈善信托进行独立的账户管理，并建立相应操作规程，而多数慈善组织并不具备这样的人力和专业基础。

（二）信托公司在中国慈善事业中的角色

1. 信托公司的定义、功能与业务结构

依据《信托公司管理办法》，我国信托公司是指“依照《中华人民共和国公司法》和本办法设立的主要经营信托业务的金融机构”，而上述信托业务是指“信托公司以营业和收取报酬为目的，以受托人身份承诺信托和处理信托事务的经营行为”。

目前，信托业是我国仅次于银行、保险、券商之外的第四大金融行业，接受银监会和人民银行的管辖和监督。目前我国共有68家信托公司，信托公司设立需经过银监会的批准。从2016年信托业业务情况来看，信托业管理资产规模突突破20万亿元。其中，事务管理类信托余额100668亿元，占比49.79%；投资类信托余额为59894亿元，占比29.62%；融资类信托余额41624亿元，占比20.59%。信托财产广泛投资于工商企业、基础产业、证券投资、金融机构和房地产等多个领域。近两年，信托产品的收益率多集中于6%—8%，显著高于CPI水平。

信托公司对慈善公益事业的参与，最主要体现在其公益信托和准公益信托的开展，以及《慈善法》出台后慈善信托的开展。

2. 公益信托诞生及其发展

2001 年，《中华人民共和国信托法》（以下简称《信托法》）诞生，对“公益信托”专设一章，奠定了公益信托的法律基础。在此框架下，信托公司开展了公益信托的业务实践，并以此为中国慈善事业做出自己的贡献。

《信托法》框架下，公益信托需具备四大要件：“一是为公共利益目的设立，二是经公益事业管理机构批准，三是信托财产及其收益不得用于非公益目的，四是须设置信托监察人。”① 然而由于其中的公益事业管理机构未能明确具体机构，存在管辖不明确的缺陷。公益信托作为新兴事物，尚未有明确的范本，对相应的政府管理机构来说管理难度相对较大。许多信托公司有意从事公益信托，却苦于无法找到相应的愿意给予批准的政府管理机构，因此难以推行。自公益信托法律地位明确以后第 8 年，即 2008 年 6 月，在汶川地震的背景下，长安信托发行的“5・12 抗震救灾公益信托计划”才成为第一个满足《信托法》全部要件的公益信托。此后的 10 年间，公益信托虽有所进展，但由于根本问题尚未解决，因此仍相对缓慢。截至 2016 年，信托公司累计推出的公益信托仅 10 余个。

此外，受银监会《关于鼓励信托公司开展公益信托业务支持灾后重建工作的通知》约束，公益信托“只能投资于流动性好、变现能力强的国债、政策性金融债及中国银监会允许投资的其他低风险金融从产品”，因此信托公司的资产管理优势在公益信托中难以得到发挥。

3. 准公益信托的夹缝生存

尽管公益信托由于审批机构不明确的原因，难以开展，但信托公司践行公益的意愿仍然十分强烈。在这种背景下，信托公司开展了较多的准公益信托实践。所谓准公益信托，是指为公益目的而设立，满足公益信托除

① 中国信托业协会：《慈善信托研究》，北京・中国金融出版社，2016 年版，第 110 页。

了公益事业主管机构审批之外的所有要件的信托计划，是公益信托审批制下的特殊产物。

根据《信托业2015年度社会责任报告》，2015年信托业开展公益及准公益信托项目54个，涉及信托资产规模18.9亿元，其中绝大多数都是准公益项目。

除了准公益信托之外，信托公司还开展了一些其他包含公益元素的信托项目。该类项目将公益与私益糅合在同一信托计划中，通常是将信托收益或部分信托收益用于公益事业。由于这类信托设计上较为灵活，能够满足委托人的多重目的，因此获得较好的市场反应。

4. 信托公司慈善信托发展现状

2016年9月1日《慈善法》正式实施，慈善信托正式迈上历史舞台。与公益信托相比，慈善信托明确民政部门为主管部门，且采取设立备案制，大幅降低制度门槛。受此鼓舞，仅《慈善法》颁布一周内，就有9个信托公司设立慈善信托产品。2016年《慈善法》出台当年，我国慈善信托共成功备案21单，初始资金逾30亿元①。其中仅有1单位慈善组织作为单一受托人，其余均有信托公司作为单一受托人或者共同受托人。众多慈善信托的设立，集中体现了信托公司在慈善事业中发挥作用的意愿。目前信托公司在开展慈善信托中也遇到一些典型问题：首先是多数慈善信托均为免费受托，缺乏市场激励机制；二是相关具体免税措施尚未出台；三是信托公司在慈善项目实施方面缺乏经验和渠道。

值得一提的是，民政部《关于做好慈善信托备案有关工作的通知》中关于慈善信托的投资范围定义为："除合同另有特别约定之外，慈善信托财产及其收益应当运用于银行存款、政府债券、中央银行票据、金融债券和货币市场基金等。"该定义允许通过合同约定突破原有公益信托的投资范围，充分尊重了慈善信托委托人的意愿，同时也为信托公司发挥其资产管理专长留下了空间。在已设立的慈善信托中，以平安信托设立的"中国

① http：//news. xinhuanet. com/fortune/2017 -01/10/c_ 1120284089. htm.

平安教育发展慈善信托计划”为典型，其明确“以实现慈善资金的保值增值为目标”来设定投资目标，将慈善资金“主要投资于固定收益类产品、现金管理类产品；在追求稳定收益的前提下，通过投资权益类产品保证资金长期抗通胀能力”。[①] 该信托的投资范围较之前的慈善公益类信托大幅拓宽，一方面在固定收益类产品方面并未限制产品的类别或信用等级；另一方面还拓展到了权益类产品，有利于充分发挥信托公司在资产管理方面的专业优势，提升慈善资源的使用效率。

三、信托公司与慈善组织作为慈善信托受托人的优劣势比较

（一）社会慈善组织作为慈善信托受托人的优劣势

1. 优势

（1）广泛的慈善财产与项目资源

慈善组织在我国拥有相对较长的历史，如中国红十字会自中华人民共和国成立初期设立，至今已有近 70 年历史。其他一些慈善组织也拥有 10 年以上历史，在其慈善活动的践行和宣传过程中，积累了较多的声誉。广大人民群众在想到慈善事业的时候，往往直接反映为慈善捐款，而捐款对象往往选择一些耳熟能详的慈善机构。而社会拥有慈善需求时，也往往直接或间接地反映到慈善组织，以求获得相应的慈善帮助。慈善组织凭借在慈善领域多年积累的专业形象，成为普通大众在遇到慈善供给或慈善需求时的首选，因此积累了较多的慈善财产和广泛的慈善备选项目。

（2）丰富的慈善项目实施经验

慈善组织存续的历史相对较长，且专业从事慈善事业。在历年的慈善经历中，积累了较多的慈善项目实施经验。部分慈善组织专业从事某一或

① 中国信托业协会：《慈善信托研究》，北京·中国金融出版社，2016 年版，第 157 页。

某几个慈善领域，在该领域中具备较强的专业性，形成了专业化的项目实施能力。如赈灾项目中，针对灾情所需采取的救助措施和所需的救助设备与救助物资；救孤项目中对孤儿心理的关怀，以及对有特殊身体状况孤儿的特殊照顾需求；扶贫项目中对特定地区贫困状况的了解，以及当地交通、卫生、文化环境的针对性解决方案；等等。部分慈善组织在多年项目实施的过程中，不仅培育了一批慈善项目实施专业人才，并且积累了大量有经验的志愿者，还和一些相关的政府机构、其他社会组织、其他相关资源提供者建立了长期合作关系，能够确保后续项目实施的顺利开展。

（3）专业慈善项目筛选和实施人才

享有盛誉的慈善组织，往往积累了较多的慈善需求，难以全部满足，需要对其真实性、紧急性、重要性、可行性等多方面进行专业判断，以筛选出适合执行的慈善项目，并筛选出适宜转移到其他相关慈善组织的项目。只有具备专业的眼光，才能在上述筛选过程中满足效率与效果的最优。而在慈善项目的实施中，也需要具备一些专业技能，如项目组织能力、资源协调能力、专业设备物资采购能力、志愿者筛选和培训能力，在部分针对性较强的项目中，可能还会需要一定的医疗、教育、心理、生化等专业能力。这些工作的开展和能力的积累，都体现在慈善组织的专业人才储备上。

（4）存在一定制度优势

慈善组织相比信托公司，在从事慈善事业中存在一些制度优势，主要体现在以下方面。首先，登记满两年的慈善组织，可以向民政部门申请公开募捐资格，通过后即获得公开募捐资格。而信托公司目前在实务操作中，一般不能够采取公开募集形式，只能采取定向募集。其次，慈善组织在满足一定条件的情况下，可获得公益性捐赠税前扣除资格，捐赠人向具有该资格的慈善组织捐款可获取捐赠发票，并据此发票获得所得税减免的优惠。其中，企业捐赠在其年度利润12%以内的部分，可以税前扣除，超出部分允许结转以后3年内在计算应纳税所得额时扣除；个人捐赠，可按照现行法规政策在所得税税前扣除。考虑到我国目前25%的企业所得税，和最高45%的个人所得税，上述税收优惠对慈善财产供给者还是有较大的吸引力。

2. 劣势

（1）信托专户设立受限，无法履行受托管理职责

首先，目前信托专户是依据人民银行的监管政策，由银行为每个信托计划独立设立的一种专门账户。在政策未放开的情况下，慈善组织开立信托专户尚有困难。其次，信托专户需要进行独立的账户管理，体现在一方面与受托人的自有财产相独立；另一方面各信托专户之间的财产相互独立。为此受托人需要建立专门的信托业务团队和账户管理系统，对不同信托专户分别记账、分别管理，并建立有效的内部合规风控系统，来保障信托财产的独立和安全。而目前，慈善组织尚缺乏这一套完整的信托专户管理体系，即使向其放开信托专户开立权限，也难以履行受托管理职责。

（2）专业金融人才不足，难以担当慈善信托运营和风控的责任

信托专户的设立和运营管理，需遵循相关的法律规范和金融运行规则，账户风险防范体系的建立，以及风险点的识别，均需具有专门经验的金融人才来实现。慈善组织长期以来专注于慈善领域，没有相关金融人力资源的储备，一时之间难以建立起体系化的人力系统。并且在初期慈善规模有限的情况下，负担相应专业金融人士的成本，对于慈善组织也不具备经济效应。

（3）资产运营管理能力较弱，难以实现资产的有效管理

除青基会等少数几个具备一定资产管理能力的机构，多数慈善组织在获得慈善财产后，简单地将其以银行存款形式保管，少数机构采取购买一定国债的投资方式。由于金融产品纷繁复杂，慈善组织在缺乏专业人士的情况下，难以采取有效的资产管理。由于银行存款利率相对较低，难以跑赢通货膨胀，会使得慈善财产伴随时间流逝出现贬值，降低慈善财产的实际价值，更遑论慈善财产的增值。

（二）信托公司作为慈善信托受托人的优劣势

1. 优势

（1）有一定数量的高净值客户资源，便于定向募捐

根据《信托公司集合资金信托计划管理办法》，信托计划的投资者必

须是合格投资人，且单个信托计划的自然人不得超过50人，但单笔委托金额300万元以上的投资者数量不受限制。而要成为合格投资者必须满足以下三个条件之一：投资一个信托计划的金额不低于100万元；个人或家庭金融资产超过100万元的自然人；最近3年内每年个人收入超过20万元或每年夫妻双方合计收入超过30万元。因此，信托公司的客户群聚集了具备一定资产实力的高净值人群。

此外，信托公司的信托计划只能定向推介，不得公开营销宣传。因此，信托公司客户群相对集中，信托公司与信托公司通常具有较紧密的联系。

（2）具备专业的资产管理能力，保障信托长期运作

信托公司长期从事资产管理业务，积累了较多的专业金融人才，对各项金融法规有全面的了解，对各种金融产品能够较好地把握，并且建立了与资产管理相匹配的一整套组织架构和流程体系，形成了专业的资产管理能力。凭借专业资产管理能力，信托公司可以实现受托慈善资产的有效运用。通过合理的信托财产投资收益率和慈善支出资金比例的匹配，可以在不依赖后续慈善收入的情况下，实现慈善信托永续。

（3）建立了完善治理机制，拥有完善的内控体系

信托公司长期专业从事信托业务，是我国法定的信托业务运营主体。按照金融监管部门的要求，已经建立了完善的治理机制。在长期的业务实践中，信托公司建立了完善的信托账户设立和管理流程，以及相匹配的风险管控体系，并且与资金托管人等建立起长期的合作关系，能够较好地完成慈善信托计划的设立与日常管理。

（4）正规金融机构，具备较好公信力

信托公司是受银监会管辖的正规金融机构，其经营牌照发放、机构设立、高管任命均须获得银监会的批准，并严格遵循银监会规定的净资本管理办法和保障基金管理办法，拥有较强的抗风险能力。信托公司受托慈善信托，需要接受民政部门和银监会的双重监管，而银监会长期从事资金方面的监管。因此，信托公司作为慈善信托的受托人，相当于具备双重监管的信用背书，具备较好的公信力，能够让慈善资源供给者对于善款的妥善

保管使用更加安心。

2. 劣势

（1）公益/慈善信托历史较短，慈善影响力相对较弱

信托公司在金融法律制度框架下，主要以从事营业信托为主。直到2001年《信托法》出台，公益信托才具备了法律基础。2008年银监会出台公益信托的规章，信托公司才开始开展公益信托和准公益信托的业务，将信托与纯粹的公益事业相关联。与慈善组织自古而有，且在改革开放后逐步建立起来的当代慈善组织相比，信托公司从事慈善事业的历史较短、经验相对较少。并且由于公益信托未明确审批主体，叠加公益信托公开募集资质、税收优惠政策等的缺位，信托公司开展公益信托的规模发展相对缓慢，尚未形成有强大社会影响力的慈善品牌。受此影响，导致信托公司在开展慈善事业时面临慈善项目资源较少、善款来源有限、志愿者召集能力有限等问题。

（2）慈善项目实施能力相对较弱

慈善项目的实施涉及项目的来源、项目的筛选和慈善项目实施等。信托公司由于尚未形成慈善品牌，在慈善项目的来源上相对缺乏。而即使有了慈善项目的来源，从委托人意愿实现最佳角度考虑，也需要对慈善项目进行优选，这需要在有限的信息下对慈善项目进行多维度的考察，需要专业的眼光，信托公司在此方面缺乏经验。而具体到慈善服务方面，信托业以1.8万人管理22万亿元规模资产，人力相对紧张，缺乏专门实施慈善服务的专业人手。并且信托公司所擅所专为金融服务，在慈善服务方面相较成熟的慈善组织，服务经验和服务能力都相对较弱。

（3）存在一定制度劣势

尽管《慈善法》开立了慈善信托备案制，且明确了民政部门为唯一主管单位，解决了此前公益信托制度下审批难的问题，但信托公司相较慈善组织在开展慈善信托方面仍然存在一定制度劣势。

首先，《慈善法》对于慈善组织的公募资质进行了明确规定，但对于信托公司开展慈善信托的募集方式并未做出规定。尽管《慈善法》第四十

四条开宗明义“慈善信托属于公益信托”，且在第五十条规定“本法未规定的，适用《中华人民共和国信托法》的有关规定”，但事实上《信托法》中也未对公益信托的募集方式进行明确规定。而根据《信托公司集合资金信托计划管理办法》等其他相关信托法规规定，信托业务是不能够进行公开募集的。唯一提供突破口的是银监会2008年在汶川地震背景下发布的《关于鼓励信托公司开展公益信托业务支持灾后重建工作的通知》，其中规定：“信托公司设立公益信托，可以通过媒体等方式公开进行推介宣传。”目前在实务操作中，信托公司开展慈善信托除个别项目获得当地民政部门特批外（如陕国投的公益助学慈善信托），一般是不能进行公开募集的。部分信托公司在实务操作中是将慈善信托的募集端口嫁接在慈善组织的慈善捐赠入口上来进行变通，但多数慈善信托仍然是由信托公司自身或者其股东、员工等利益关联方作为委托人的。

其次，尽管《慈善法》第四十五条为慈善信托享受税收优惠奠定了法律基础，但具体的优惠内容须由税务机关设定，目前尚处缺位状态。因此，目前慈善信托委托人难以就其慈善行为享受相关税收优惠，对比慈善捐赠最高可达45%的税收减免，相形见绌。

四、信托公司可以为社会慈善组织提供的服务内容

（一）慈善财产的有效运用

1. 慈善财产合理投资的必要性

（1）慈善财产可持续性的需求

首先，慈善收入具有一定波动性，除重大灾难引发的临时针对性捐赠外，日常慈善捐赠与宏观经济运行、居民收入增长水平呈正相关。而慈善支出需求，排除重大灾难影响，具有相对稳定的特性，且在宏观经济下行、居民收入下降的情况下，需求可能更加突出。因此，慈善财产需要具备一定独立性，即在慈善收入有所波动的情况下，能够靠自身内部增长对

慈善支出有所保障。

其次，针对部分高净值人群，或者企业单位，其对慈善捐赠保留冠名权，即有一部分声誉传承的考虑。但由于财富的波动性，慈善捐赠主体难以保障永续捐赠，因此更希望通过有效的方式使得其慈善资源能够得以永续。如美国著名的洛克菲勒基金会，于1913年设立，初始设立规模仅1亿美元，而到2000年时，其规模已突破30亿美元，迄今为止已运行超过一个世纪，且规模和影响力日趋增大。

（2）通货膨胀对货币价值的侵蚀

通货膨胀，是在信用货币制度下货币供给量超过实际经济需求，从而带来货币购买力下降、物价上涨的一种现象。在现行经济理论中，保持一定程度的通货膨胀有利于经济发展，因此各国的货币政策目标一般都设置一定程度的通货膨胀率。

假设单位货币在目前时点（T0）的购买力为V0，通货膨胀率年化水平为i，则其在未来时点（Tn）的购买力Vn可用以下公式测算：

$$Vn = V0/（1+i）n$$

可以看出，由于i>0，伴随时间流逝，n逐渐增大，则Vn即单位货币的购买力以几何级数逐渐变小。

从图1中可以看出，我国历年CPI同比增速多数都为正值，近几年来的中枢维持在2%—3%的水平。图2揭示了我国历年货币供应增速均超越于GDP增速。

（3）复利的魅力

复利被称为人类最伟大的发明之一，著名科学家爱因斯坦甚至评价“复利是世界第八大奇迹”。复利的价值通过时间得以体现。当n趋向于无穷时，1.01的n次方趋向为无穷大，而0.99的n次方则趋向于0，这就是复利价值最直接的体现。以下，我们假设通货膨胀率维持在3%的水平，初始慈善财产的规模为1亿元，考虑在不同慈善收支差额，以及不同投资收益率水平下，20年后该笔慈善财产的规模，以及折算成当前物价水平的购买力（即现值）。

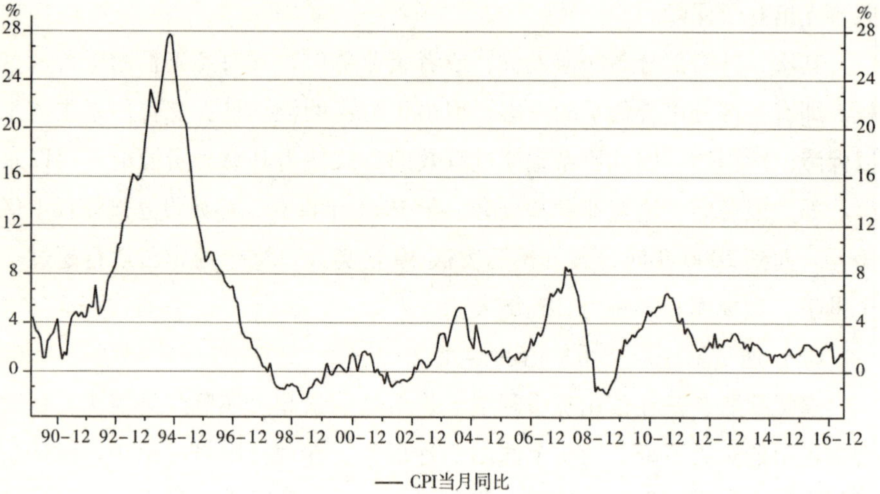

图1　我国历年通货膨胀情况

数据来源：Wind，紫金信托。

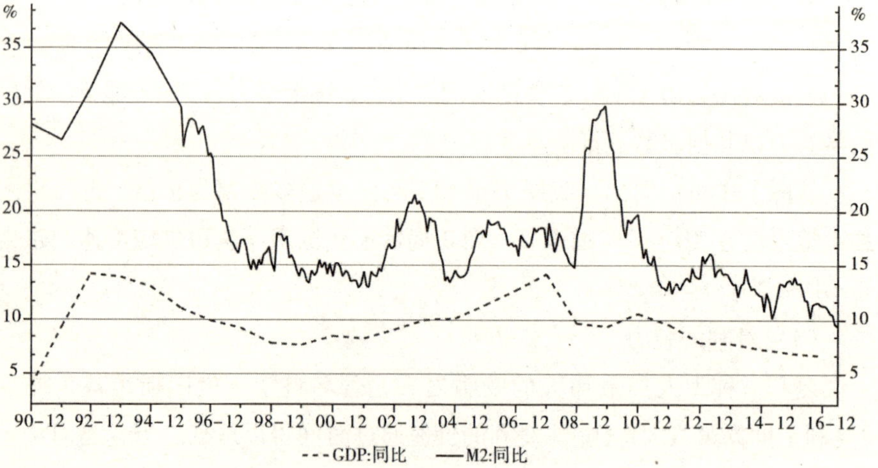

图2　我国货币供应与经济增长的缺口

数据来源：Wind，紫金信托。

表1　20年后慈善财产规模（单位：亿元）

投资收益率 慈善收支 差额/慈善资产规模	5%	8%	10%	15%	20%
-10%	0.36	0.67	1.00	2.65	6.73
-5%	1.00	1.81	2.65	6.73	16.37
0%	2.65	4.66	6.73	16.37	38.34
5%	6.73	11.52	16.37	38.34	86.74
10%	16.37	27.39	38.34	86.74	190.05

数据来源：紫金信托。

表2　20年后慈善财产的现值（购买力水平）（单位：亿元）

投资收益率 慈善收支 差额/慈善资产规模	5%	8%	10%	15%	20%
-10%	0.08	0.15	0.22	0.58	1.47
-5%	0.22	0.39	0.58	1.47	3.57
0%	0.58	1.02	1.47	3.57	8.36
5%	1.47	2.51	3.57	8.36	18.91
10%	3.57	5.97	8.36	18.91	41.44

数据来源：紫金信托。

由表1、表2可以看出，在合理安排慈善收支与投资收益率的情况下，可以通过慈善财产的投资收入弥补慈善收支缺口，优化慈善财产的慈善效力，甚至可以助力慈善财产规模的持续扩大、慈善能力的持续增强。

2. *慈善财产合理投资的可行性*

（1）法律规定有突破

《慈善法》中关于慈善信托的投资范围并未有明文规定。按照《慈善法》第五十条规定，该法未规定的事项，适用《信托法》。但《信托法》中对公益信托的投资范围也未进行规定。仅在2008年银监会发布的《关于鼓励信托公司开展公益信托业务支持灾后重建工作的通知》中规定公益信托财产“只能投资于流动性好、变现能力强的国债、政策性金融债及中国银监会允许投资的其他低风险金融产品”，该规定强调了安全性、稳妥性，但却不利于慈善财产的有效运用。而紧随《慈善法》出台的民政部、银监会联合发文的《关于做好慈善信托备案工作的通知》中则以“除合同另有特别约定之外”的描述，为慈善信托财产的投资范围打开一个突破口。2017 年 7 月 26 日，银监会、民政部联合印发《慈善信托管理办法》，在第三十条中规定慈善信托“可以运用于银行存款、政府债券、中央银行票据、金融债券和货币市场基金等低风险资产，但委托人和信托公司另有约定的除外”。根据新法优于旧法、特殊法优于一般法的法律原则，慈善信托的投资范围应当依从《慈善信托管理办法》中的规定。因此说，在信托公司担任受托人的情况下，慈善信托财产的投资范围实现了法律规定上的突破。

而对于慈善组织的慈善财产投资，《慈善法》第五十四条做出了规定，但也相对比较宽泛，未对投资范围进行明确描述，只规定“应当遵循合法、安全、有效的原则”，“重大投资方案应当经决策机构组成人员三分之二以上同意”，以及“政府资助的财产和捐赠协议约定不得投资的财产，不得用于投资”。因此，就目前的法律框架来看，慈善组织的慈善财产，其投资范围并未限制，只是需要遵守一定的投资基本原则。

（2）我国投资环境逐步向好

经过 30 余年的发展，我国已建立起相对完善的多层次资本市场体系，发展出包括主板、中小板、创业板、新三板、区域股权交易市场在内的多层次的股权市场，以及较为成熟的债券市场、资金市场，能够提供较为丰富的金融产品。此外，伴随社会财富的积累和沉淀，近几年来资产管理行业迅猛发展，形成包括银行、券商、保险、信托、基金在内的各有专长的丰富资产管理经营主体。金融制度建设和监管体系建设也相对完善，能够确保金融市场的有效运行。同时，资产管理行业的大发展，吸引了众多的高层次人才，并经过多年的市场实战磨炼，形成一批资产管理专业人士。

（3）国内已有慈善财产的投资先例

尽管目前慈善组织和公益性质信托的绝大多数慈善财产均沉淀在银行存款上，仅少数财产投资于国债、金融债等低风险资产。但在2016年法律规范实现突破以后，已有信托公司首开先河，扩大了慈善财产的投资范围。2016年9月1日成立的由平安信托受托的"中国平安教育发展慈善信托计划"，其投资"以实现慈善资金的保值增值为目标，对信托财产采取相对保守的投资策略。慈善资金将主要投资于固定收益类产品、现金管理类产品；在追求稳定收益的前提下，通过投资权益类产品保证资金长期抗通胀能力"①。上述产品的投资范围，首先在"固定收益类产品"的规定中，并未对产品做明确限制，因此突破了以往仅投资于国债、金融债等低风险债券的范围，可以投资于企业债、资产证券化产品等；其次约定了在追求稳定收益的前提下，可以投资权益类产品，实现了慈善财产投资范围的重大突破。

3. 慈善财产投资的国内外经验借鉴

（1）国外慈善财产的投资经验借鉴

英国作为慈善信托的发祥地，对于慈善财产的投资具备丰富经验，并建立起了配套的法律规范体系。在《英国慈善委员会指引》中以CC14和CC15两大章节对慈善组织投资事宜和财务报告事宜进行了规范，奠定了英国慈善组织在慈善财产投资中的法律基础和操作规范。CC14中明确定义了"经济投资""专项投资""道德投资""混合目的投资"等概念，并对可投资的范围和相应的风险管理进行了说明。其中"经济投资"是指"在慈善组织可以接受的风险范围内以实现最大经济回报为目的的投资方法"；"专项投资"是指"在获得经济回报的同时，直接将资金用于深化慈善组织目的的投资方法"；"混合目的投资"是指"兼顾慈善组织目的和经济回报的投资方式"；"道德投资"是指"能反映慈善组织价值观和理念，且完全符合慈善组织目标的投资方式"，"慈善组织可以决定进行道德投

① 中国信托业协会：《慈善信托研究》，北京·中国金融出版社，2016年版，第157页。

资，即使该投资回报率可能比其他投资回报率低”。关于投资范围，CC14中指明“受托人可以投资任何专门用于保值增值和（或）创造经济回报的资产”，并列举了银行存款、股票、公司债或国债、房屋土地、共同投资资金和其他集体投资计划、私募股权、对冲基金、商品、衍生产品等金融产品，可谓包罗万象。关于投资风险，其定义了包括资本风险、流动性风险、市场风险、估值风险、对手风险、税收风险、环境社会和企业管理风险在内的一系列风险，并分别提出相应的管理措施①，

以英国资产规模最大的慈善信托 Welcome Trust 为例，其官网披露的最新资产规模为209亿英镑，其2015—2016财年慈善支出为10.34亿英镑。Welcome Trust 的投资收益目标为长期的年化收益率超越通货膨胀4.5个百分点。其投资领域主要包含四个方面：公开发行的股权（股票）、对冲基金、私募股权、房地产和基础设施。依据2015年的年报披露，其上述四个领域的投资在其资产中占比分别为48%、11.8%、23.9%、12.9%，而其流动性货币资产占比仅为3.9%。其自1985年成立以来的实际年化复合收益率达到10.8%，累计增值倍数达到45倍②。

美国作为慈善信托发展最为兴盛繁荣的国家，也具备较多的经验和可借鉴之处。自20世纪30年代洛克菲勒基金会成立以来，可谓树立了美国慈善信托基金的模板。美国的监管法规对于基金会的资金运作并未进行限制，其投资领域十分广泛，几乎可以覆盖所有的金融产品类别。耶鲁大学基金会是美国众多基金会中在投资领域获得了卓著声誉的典范，其在过去30余年的时间里达到13.9%的年化复合收益率。在其2015年末的255.72亿美元的资产总额中，股票占比为18.6%，私募股权占比32.5%，不动产占比14%，大宗商品占比6.7%，固定收益类4.9%，现金仅为2.8%。

通过英美的慈善信托投资经验来看，在合理的资产配置情况下，通过有效投资能够保障慈善信托获取有效收益，从而对其慈善目的能够提供持

---

① 英国慈善委员会：《英国慈善委员会指引》（林少伟译），北京·法律出版社，2017年版，第261—344页。

② 中国信托业协会：《慈善信托研究》，北京·中国金融出版社，2016年版，第102页。

久并越发增强的支持。

（2）国内社保基金与保险公司投资经验借鉴

社保基金在收集企业和个人缴纳社保金的同时，对收集的资产进行投资管理，而后用于社保金支付。其广泛募集社会资金，用于全社会的养老支出，与慈善组织具有相类似的运营目的和运营模式。而保险公司，其实质上也是募集社会广泛资源，用于救助遇险个体，虽然为营利机构，但其也担负着一定社会稳定的作用。二者募集来的资产，均须进行妥善处理，承担较强的社会和道德责任，与慈善财产具有相似的特性，因此其资产管理可以为慈善财产管理所借鉴。

截至 2016 年末，我国社保基金 2.04 万亿元，其中直接投资资产 9393.56 亿元，占比 45.99%；委托投资资产 11029.72 亿元，占比 54.01%。社保基金自 2000 年 8 月成立以来的年均投资收益率 8.37%，累计投资收益额 8227.31 亿元。可以看出，成立 17 年以来，社保基金的投资收益率明显跑赢我国通货膨胀水平，为我国社会保障事业做出了积极和巨大的贡献。根据社保基金官方网站披露，社保基金的投资理念为“坚持长期投资、价值投资和责任投资的理念，按照审慎投资、安全至上、控制风险、提高收益的方针进行投资运营管理，确保基金安全，实现保值增值”。其投资采取直接投资和委托投资相结合的方式，一方面建立起了自己的专业投资队伍；另一方面广泛借助外部市场化投资力量来实现自身的投资目标。社保基金所披露的投资范围包括“经批准的境内投资范围包括银行存款、债券、信托贷款、资产证券化产品、股票、证券投资基金、股权投资、股权投资基金等；经批准的境外投资范围包括银行存款、银行票据、大额可转让存单等货币市场产品、债券、股票、证券投资基金，以及用于风险管理的掉期、远期等衍生金融工具等”。可以看出，社保基金的投资范围虽然不及国外慈善财产投资广泛，但是涵盖各项现金类产品和固定收益类产品，以及股票、私募股权、基金等，其投资范围也相对广泛，远胜于目前慈善组织所采取的投资范围。社保基金所实现的年化 8.37% 的优秀投资业绩，正是基于其广泛的投资范围所提供的可能性，因为单纯的银行存款和国债等低风险品种是完全无法提供如此高的收益水平的。

保险资金投资方面，保监会出台了一系列文件做出规定，包括《保险资金运用管理暂行办法》《保险资金委托投资管理暂行办法》《保险机构投资者股票投资暂行管理办法》《保险资产配置管理暂行办法》《保险资金投资股权暂行办法》《保险资金投资不动产暂行办法》《保险资金投资债券暂行办法》《保险资金境外投资管理暂行办法》《保险资金间接投资基础设施项目管理办法》等。目前，保险公司可投资的范围包括银行存款、债券、股票、基金、不动产以及国务院规定的其他资金运用形式。但对于各项金融产品投资的权重以及交易对手公司的资质等方面进行了较为详细的规定。如保险资金办理银行存款的，该银行必须在资本充足率、净资产和拨备覆盖率方面符合监管要求，治理结构规范，经营业绩良好并且3年内未发生重大违法违规行为，连续3年信用评级在投资级别以上。保险资金投资证券投资基金，该基金管理人必须满足一定的净资产要求，并有良好的防火墙机制，以及稳定的投资团队、良好的历史业绩、稳定的管理规模。此外，在债权、股票、私募股权、不动产方面也都用专门的法规进行了规范。在资产配置方面，保监会也有一些具体的规定，如股票投资占比不超过30%，单只股票投资占比不能超过5%，等等。

除了社保基金、保险资金外，养老金放开股票投资也正在进展之中。之所以在这些领域，投资范围较早地实现了开放，并配套了相应完备的监管措施，主要是这些资金的募集和兑付在时间点上有较长的间隔，如果不能够保证其对抗通货膨胀，那么就无法完成其社会保障的功能。慈善资金在这一问题上虽然没有如此显著的约束，但从慈善事业的义务和道德层面来看，我们都有义务保障慈善资金对抗通货膨胀，以保障慈善支付的能力，保障慈善事业的可持续性。否则，任凭慈善资金伴随时间流逝而降低其慈善效用，这是对慈善资源供给人士的不负责任，也是对社会的不负责任。

4. 信托公司具备提供资产有效管理运用的专业能力

信托公司长期从事金融领域的业务，其主业就是受人之托、为人理财，正是现有市场经济分工体系下，在资产有效管理方面的专业机构。由于我国慈善组织向来以慈善资源的募集和慈善项目的实施为专长，在金融投资领域几乎相当于“门外汉”，因此信托公司为慈善组织打理资产，提供资产有效管理服务，符合我国现有慈善事业大环境下的慈善需求。

（二）账户管理与信托运营

1. 监管框架对慈善组织的约束——账户开立难

在《慈善法》出台之前，我国能够经营信托业务的法人机构仅有信托公司。在多年的实践中，人民银行和银监会为信托公司经营信托业务建立了一系列相关法规和措施，同时也和商业银行建立起了成熟的运营制度。信托公司开展信托业务，在商业银行需开立专门的账户，用以进行该信托项下财产的募集和保管。根据银监会此前发布的《信托公司集合资金信托计划管理办法》《银行与信托公司业务合作指引》等规定，上述账户称为“信托财产专户”，是专门用于信托公司开展信托业务的。而《慈善法》虽然赋予了慈善组织开展慈善信托的权限，可是在具体的实施方面，由于没有人民银行、银监会的配套政策，商业银行面对慈善组织开立慈善信托的要求无所适从，无法开立相应账户。而根据民政部、银监会联合下发的《关于做好慈善信托备案有关工作的通知》中要求，慈善信托备案是必须提供“开立慈善信托资金专用账户证明”的。在慈善组织无法在商业银行开立专门的慈善信托账户情况下，慈善组织难以完成慈善信托备案的要件。

而在此方面，信托公司通过多年的业务开展，以具备开立相关账户的完善法律制度体系支持，以及和商业银行多年实务操作的熟练配合，可谓驾轻就熟、小菜一碟。因此，在慈善组织无法设立信托财产专户的情况下，由信托公司为其提供服务，解决上述问题便成为必然的选择。

2. 信托公司具有专业人才和组织架构

信托账户区别于受托人固有资产以及其他信托账户财产的独立性，需要分别建立账户进行管理。信托公司作为专营信托的经营机构，需要同时管理众多不同的信托账户。为此，信托公司专门建立起了相应的组织架构和业务流程，并积累了相应的专业人才，以保障信托账户的清晰流畅、合规合法运营，并且这一过程也受到银监会的持续监督，因此可以确保在信托公司的整个架构下对信托账户的管理成效。因此，信托公司为慈善组织提供专业的账户管理与信托运营服务，一方面有利于慈善信托的顺利开展；另一方面对于信托公司而言边际成本小、社会经济效益相对较高。

（三）增信

1. “郭美美事件”后，部分民众仍对慈善组织存疑

“郭美美事件”发生于2011年，正是微博已然普及盛行的自媒体时代开端，是社会互联、信息时代的进一步升级。在“美女炫富”这一刺激眼球的因素下，影响迅速扩大。群众发现其背景、年龄与其所拥有的财富是完全不匹配的，而将这两个不匹配的现象连接起来的竟然是所谓“红十字会商业总经理”这一莫名所谓的“职务”，极具突兀性。因此“郭美美事件”在自媒体时代、刺激眼球的元素、突兀性等多重因素下，迅速散播，产生了极为广泛和深刻的影响，引发了全社会的关注，掀起了全民对慈善组织的质疑。

虽然此次事件已过去多年，并且慈善组织也为消除其影响做出了一些努力。但我们必须清醒地认识到，这种努力尚有不足。在慈善组织依旧缺乏透明度的当下，“郭美美事件”的影响依然尚存，仍有较多的民众对慈善组织难言信任。

2. 信托公司具备双监管框架，具备制度增信优势

信托公司从事金融业务，长期处于人民银行和银监会的监督管理之下。信托公司开展慈善信托业务，除了像慈善组织一样接受民政部门的监督管理，还要额外接受银监会的监督管理。银监会专司银行信托等金融体系监管，在财产保管、资金交易等方面拥有丰富经验和强大管理能力，多年来保障我国银行体系平稳运营，具有较强的行政能力，同时也获得较多社会民众的认可。在我国慈善组织监管体系不统一、重要主管部门民政部行政资源不足的大背景下，信托公司接受银监会和民政部的双重监管，无

疑是一种重要的制度化信用背书，可以给慈善人士以更好的信心保障。

（四）高净值客户的慈善需求挖掘

1. 高净值客户慈善意愿的引导

由于信托业务的私募性质，以及集合资金信托对委托人较高的财富水平要求，信托公司的客户群体多为高净值人士，且与信托公司保持较为紧密的联系。尤其是信托公司近年来大力发展家族信托，专为富裕阶层打造财富家族传承，更是积累了一批超高净值客户。这部分高净值人士，不仅拥有较多的财富资源，而且其中很多具有较高的文化素养，内心具备从事慈善回馈社会的潜意识。但由于我国慈善事业影响力仍相对较弱、慈善组织信用和知名度问题、对慈善税收递减政策的不了解，很多人并未主动做出慈善资源供给的行为。信托公司可以基于原有客户基础，与其积极沟通慈善理念、慈善环境、慈善相关政策等，从而深入挖掘高净值人士的慈善意愿。

2. 高净值客户慈善理念的家族传承

高净值客户对于财富传承的理解更加丰富，不只是具体财物的交接，更是良好家风的传承。财富的创造和保持，需要多方面的素质。而缺乏这些必要的素质，则千金易散，历史上此类例子难以计数，甚至留下了“富不过三代”的说法。因此，对于子女后代人生观、价值观和世界观的锻造，对于家族兴旺延续而言，是超越于简单财物资产交接的更核心的因素[①]。而慈善事业提供一个平台：首先它通过慈善捐赠在提升家族声誉的同时，也在家族内部形成正面的价值观；其次通过调动这些慈善资源开展慈善服务的过程中，为子女后代提供参与其中的机会，一方面切实感受慈善的真义，另一方面也在这一过程中为其子女提供一个锻炼和展示的平台。

而从慈善事业的角度考虑，高净值人群掌握了社会上更多的资源，如

① 周小明、赵廉慧：《财富传承视角下的慈善信托》，载《当代金融家》2016 年第 7 期。

果其慈善理念能够世代相传，也是慈善事业未来开展的重要财富。

3. 高净值客户多种慈善资源的提供

通常慈善捐赠都集中于金钱与物品的捐赠，再由慈善组织运用这些财物开展慈善服务。但是开展慈善服务的过程中，事实上需要更广泛的资源，如稀缺物资的供应、物资采购的渠道、物流运输、大型会务活动的组织、具备较强专业技能的志愿者、对职业者进行专业培训的讲师等。一方面高净值客户中不乏医生、律师、会计师、演员、主持人等精英人才；另一方面高净值客户有较广泛的社会资源，可以撮合和调动更广泛的力量参与到慈善事业中。信托公司在引导高净值客户进行慈善捐赠的过程中，还可以动员其参与慈善服务，甚至直接搭建正式或非正式的多种慈善资源共享平台。

（五）非货币资产的管理

慈善捐赠所获资源往往多种多样，尤其是在我国金融市场日渐发达、金融资产形式日趋多样的当下。股权和房产的捐赠，尽管仍旧面临税收优惠缺位的压制性因素，但依然不可避免地存在于慈善资源募集的实务中。就股权而言，在我国目前股票分红率普遍偏低的情况下，仅依靠分红款实现慈善意愿相对困难，因此面临股权的变现。但股权价格面临市场波动，并且变现时受流动性约束影响。因此何时变现、如何变现，甚至是否为了最大化慈善资源的价值，考虑抛售该股权后持有其他股权，这些都需要专业的价值评估和投资能力，慈善组织难以具备，而信托公司作为专业的资产管理机构，在此方面具备明显优势，可以为慈善组织提供专业化服务。

就房产而言，可以通过房产变现，或者持有房产获取租金来获得慈善服务所需资金。房产变现涉及复杂的交易过程，而房产出租更涉及日常的维护管理，一方面需要专业人士处理；另一方面也需要消耗巨大的精力和时间。信托公司长期从事房地产相关信托，对房地产市场有较多理解和经验。在房屋出租和日常维护方面，信托公司可以委托第三方专业机构进行管理。由于信托公司自身要发展 Reits 业务，本身也涉及物业的运营，因此在房产运营方面可以积累更多的经验，同时在寻求外部第三方服务时具备一定规模优势，从而可以为慈善组织提供专业化的服务。

五、基于慈善信托业务流程的慈善组织成熟度评估框架体系构建

（一）慈善信托业务流程剖析

慈善信托业务，从流程上看首先是慈善资源的宣传和募集，接着依据募集的慈善资源与委托人签订信托协议、开立信托账户、将相关慈善资源交付信托账户保管，然后在慈善资源的保管过程中要对其进行适当的资产管理以实现资产的有效管理，随后再将慈善资源依据慈善需求进行资源划转拨付，最后是在相关慈善资源划转拨付后组织财物和人力来提供具体的慈善服务，从而完成从接受慈善供给到满足慈善需求的全过程。根据流程本身的内在属性将上述流程划分为前、中、后三个阶段。其中慈善资源的募集，作为单独的一个阶段，命名为前段慈善资源募集阶段，以字母 A 表示。从签订信托协议，到慈善资源的划转拨付等一系列流程，作为第二个阶段，命名为中间慈善资源管理阶段，以字母 B 表示。慈善资源的使用，即慈善支出和慈善服务的过程，我们作为第三个阶段，命名为后端慈善项目实施阶段，以字母 C 表示。具体的流程划分情况详见图 3。

（二）基于慈善信托业务流程的慈善组织成熟度评估

依据上述前（A）、中（B）、后（C）段的划分，考虑到不同的慈善组织（尤其是包括众多规模、结构、性质差异巨大的“黑户”之后）在资源能力禀赋上的差异，我们就慈善组织在三个阶段所需能力分别设定评价因素，再根据评价因素分别设定评价因子及评价标准，然后根据社会慈善组织的具体情况给予评分赋值，最终得出三个阶段分别的成熟度情况，再汇总成为一个总的成熟度评估。最终评估得分形式为：{A(x),B(y),C

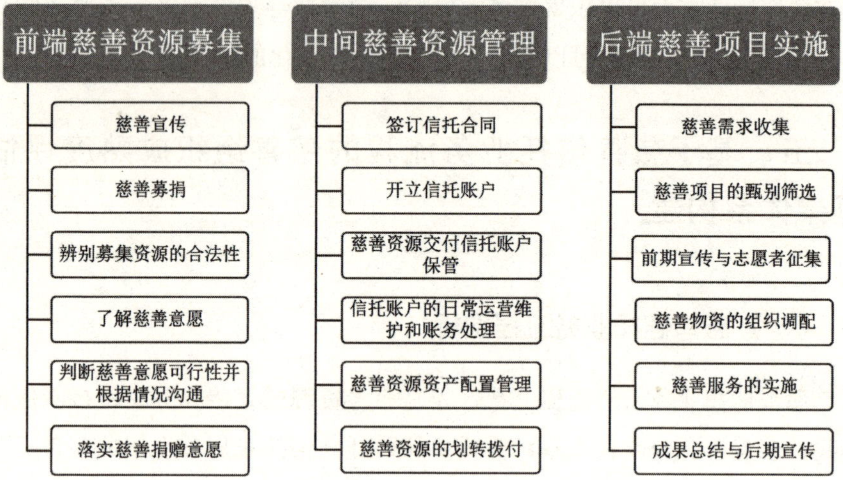

图3　慈善信托流程阶段划分

(z)}。由于我们目前缺乏社会慈善组织的一个现阶段数据库，难以对社会慈善组织在某一具体因子上设定具体数值来作评价标准，因此我们本篇课题研究中仅涉及成熟度因子的设定，来制作一个成熟度评估的框架，同时希望后续能够有研究者在有更多数据资源基础的情况下进一步去完善这一成熟度评估体系，形成一个具体可用的标准。以下我们首先分阶段来设定成熟度评估因子，然后形成一个总的成熟度评估框架。

1. 前端慈善资源募集阶段（A）成熟度评估体系构建

根据图3列示的前端慈善资源募集阶段的流程，主要包括慈善宣传、慈善募捐、辨别募集资源的合法性、了解慈善意愿、判断慈善意愿可行性并根据情况沟通、落实慈善捐赠意愿等环节。其中所需要的主要能力包括宣传能力、资金募集能力、所募资金的合法性与合理性判断。其中，对所募资金的合法性与合理性判断，是基于慈善组织生存法律环境的判断，是一个慈善组织设立和存在的必需素质，因此此处不再对其进行成熟度评判。

在宣传能力方面，考虑到目前互联网时代，并且互联网宣传的效率较为高效，因此主要参考因素是慈善组织互联网平台的设立情况，包括网站、微信公众号、微博认证官方账号的设立情况，以及其访问浏览量。

在资金募集能力方面，需要考虑募集方式、税收减免、美誉度等方面，分别用是否具备公募资质、公益性捐赠税前扣除资格、是否获得官方认定慈善组织、社会组织评级来衡量。此外，慈善组织既往慈善收入的水平，更是对其资金募集能力的直接评判。

综上，A阶段的评价体系见表3。

表3　A阶段评估体系构建

	评价因素	评价因子	评价方法
前端慈善资源募集阶段（A）	宣传能力	网站设立情况	根据浏览访问量评分，未设立不得分
		微信公众号设立情况	根据浏览访问量评分，未设立不得分
		官方微博设立情况	根据浏览访问量评分，未设立不得分
	募集能力	是否具备公募资质	具备得分，不具备不得分
		是否具备公益性捐赠税前扣除资格	具备得分，不具备不得分
		是否通过民政部门慈善组织认定	通过得分，不通过不得分
		民政部社会组织评级情况	根据评级所获等级赋予分值
		既往慈善收入	根据上一年度的慈善收入规模赋予分值
	所募资金合法可行性判断能力	—	—

2. 中间慈善资源管理阶段（B）成熟度评估体系构建

根据图3列示的中间慈善资源管理阶段的流程，主要包括签订信托合同、开立信托账户、慈善资源交付信托账户保管、信托账户的日常运营维护和账务处理、慈善资源资产配置管理、慈善资源的划转拨付等环节。其中所需要的主要能力包括信托账户开立能力、信托账户运维能力、慈善资源投资管理能力。

在信托账户开立能力方面，由于目前也有少数地区或少数银行放开信托账户开立，因此对此项要做出能力评判。

在信托账户运维能力方面，需要考虑慈善组织是否具备专职账户管理人员。此外，如果慈善组织既往资产规模水平较高，有长期对大量资产进行账户管理的经验，通常相对具备较强的账户运维能力。

在慈善资源有效管理能力方面，需要考虑慈善组织是否具备专职投资人员。此外慈善组织既往的投资范围和投资收益率能够更直观地反映出其资产管理能力。

综上，B 阶段的评价体系见表 4。

表 4　B 阶段评估体系构建

	评价因素	评价因子	评价方法
中间慈善资源管理阶段（B）	信托账户开立能力	能否开立信托账户	能开立得分，不能不得分
	信托账户运维能力	专职账户管理人员	根据专职账户管理人员的人数和专业从事账户管理的年限评分，没有不得分
		资产规模	根据上一年度末的资产规模赋予分值
	慈善资源投资管理能力	专职投资人员	根据专职投资人员的人数和专业从事投资的年限评分，没有不得分
		投资范围	根据上一年度投资范围的广度和风险资产覆盖程度评分
		投资收益率	根据过去 3 年年化复合投资收益率水平判断

3. 后端慈善项目实施阶段（C）成熟度评估体系构建

根据图 3 列示的后端慈善项目实施阶段的流程，主要包括慈善需求收集、慈善项目的甄别筛选、前期宣传与志愿者征集、慈善物资的组织调配、慈善服务的实施、成果总结与后期宣传等环节。其中所需要的主要能力包括慈善需求收集能力、慈善项目筛选与组织能力、慈善资源调配能力。

慈善需求收集能力方面，可以用慈善组织成立年限来衡量。主要考虑慈善需求实际上存在一次收集和二次调剂，在行业内拥有较悠久的历史，即使在宣传能力上略微弱势导致慈善需求一次收集能力较弱，但仍然可以通过慈善需求在慈善组织间的二次调剂实现，而慈善组织成立历史越悠久，其在慈善组织间拥有一定品牌形象和渠道网络，获得调剂的可能性也就越大。

慈善项目筛选与组织能力，可以用慈善组织全职工作人员数量和经验来衡量。

慈善资源调配能力，可以用慈善组织拥有的登记志愿者人数来衡量其人力资源调配能力，用其既往慈善支出规模来衡量其物资调配能力。

综上，C 阶段的评价体系见表 5。

表 5　C 阶段评估体系构建

	评价因素	评价因子	评价方法
后端慈善项目实施阶段（C）	慈善需求收集能力	成立年限	根据成立年限赋予分值
	慈善项目筛选与组织能力	全职工作人员	根据全职工作人员的人数和专业从事慈善事业的年限评分，没有不得分
	慈善资源调配能力	登记志愿者人数	根据登记志愿者的人数赋予分值
		既往慈善支出	根据上一年度的慈善支出规模赋予分值

4. *慈善组织成熟度评估框架体系*

根据上述分析和分阶段的评估体系构建，我们最终得出总的一个三阶段慈善组织成熟度评估框架体系。整个框架分为 A、B、C 三个阶段，每个阶段拥有若干评价因子，每个评价因子根据重要性设置不同权重，在对每个评价因子评分后，根据权重计算出一个该阶段的评分。三阶段分别评估后，最终得到一个{A(x),B(y),C(z)}的综合评价。总的评估框架体系见表6。

表6　慈善组织成熟度评估框架体系构建

	评价因素	评价因子	评价方法	权重	得分	各阶段成熟度评分
前端慈善资源募集阶段（A）	宣传能力	网站设立情况	根据浏览访问量评分，未设立不得分			
		微信公众号设立情况	根据浏览访问量评分，未设立不得分			
		官方微博设立情况	根据浏览访问量评分，未设立不得分			
	募集能力	是否具备公募资质	具备得分，不具备不得分			
		是否具备公益性捐赠税前扣除资格	具备得分，不具备不得分			
		是否通过民政部门慈善组织认定	通过得分，不通过不得分			
		民政部社会组织评级情况	根据评级所获等级赋予分值			
		既往慈善收入	根据上一年度的慈善收入规模赋予分值			
	所募资金合法可行性判断能力	—	—			
中间慈善资源管理阶段（B）	信托账户开立能力	能否开立信托账户	能开立得分，不能不得分			

续表

	评价因素	评价因子	评价方法	权重	得分	各阶段成熟度评分
中间慈善资源管理阶段（B）	信托账户运维能力	专职账户管理人员	根据专职账户管理人员的人数和专业从事账户管理的年限评分，没有不得分			
		资产规模	根据上一年度末的资产规模赋予分值			
	慈善资源投资管理能力	专职投资人员	根据专职投资人员的人数和专业从事投资的年限评分，没有不得分			
		投资范围	根据上一年度投资范围的广度和风险资产覆盖程度评分			
		投资收益率	根据过去3年年化复合投资收益率水平判断			
后端慈善项目实施阶段（C）	慈善需求收集能力	成立年限	根据成立年限赋予分值			
	慈善项目筛选与组织能力	全职工作人员	根据全职工作人员的人数和专业从事慈善事业的年限评分，没有不得分			
	慈善资源调配能力	登记志愿者人数	根据登记志愿者的人数赋予分值			
		既往慈善支出	根据上一年度的慈善支出规模赋予分值			

六、信托公司对慈善组织服务体系的构建

信托公司可以为社会慈善组织提供的服务内容主要包括慈善财产的有效管理、账户管理与信托运营、增信、高净值客户的慈善需求挖掘、非货币资产的管理等。按照慈善信托的业务流程来看：其中增信、高净值客户的慈善需求挖掘，主要是服务于前端慈善组织对慈善资源的募集；慈善财产的有效管理、账户管理与信托运营、非货币资产的管理等，主要是服务于中间慈善资源的管理过程；高净值客户的慈善需求挖掘方面，除了资金捐赠之外，高净值客户还可以提供慈善服务所需的专业人士、慈善服务的组织协调、物资调配等多种服务，这些主要都是服务于慈善组织后端慈善项目实施。

结合信托公司对慈善组织提供服务的三阶段划分与慈善组织成熟度的三阶段划分，我们构建起基于成熟度评估的信托公司对社会慈善组织的服务体系。在A阶段得分小于预设标准值X的，即A阶段不成熟的慈善组织，信托公司可以为其提供增信、高净值客户的慈善需求挖掘（慈善资源捐赠）等服务。在B阶段得分小于预设水平Y的，即B阶段不成熟的慈善组织，信托公司可以为其提供慈善财产的有效管理、账户管理与信托运营、非货币资产的管理等服务。在C阶段得分小于预设水平Z的，即C阶段不成熟的慈善组织，信托公司可以为其提供高净值客户慈善需求挖掘（参与慈善服务或慈善项目组织）。除此之外，还可以依据民政部门、信托公司等建立的慈善组织数据库，为C阶段不成熟的慈善组织，匹配合适的慈善项目实施机构。

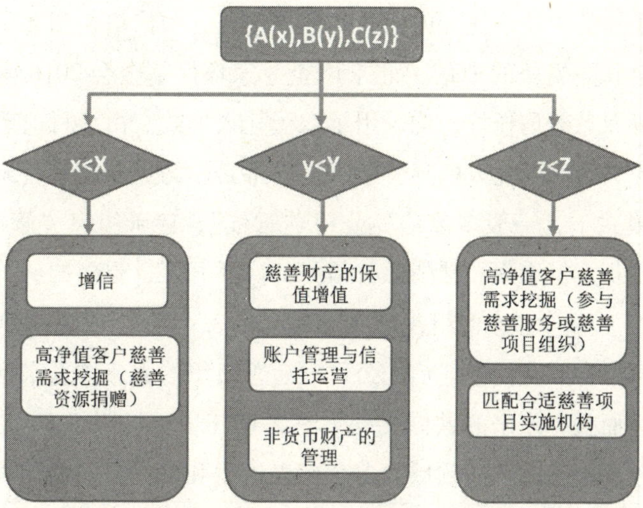

图4　信托公司对慈善组织服务体系

七、信托公司为社会慈善组织输出服务合作机制的构建

（一）信托公司为社会慈善组织输出服务及合作开展慈善信托可采用的方式

1. 信托公司与慈善组织作为慈善信托共同受托人

依照《信托法》的规定，同一信托可以有两个以上受托人，即共同受托人。共同受托人处理信托事务过程中各自的具体权责，可在信托文件中进行规定。在这一模式下，信托公司与慈善组织可以结合各自所长，分配慈善信托流程中的权责，从而实现优势互补。由于信托文件的规定，充分尊重文件签订各方的意愿，因此具有较大的灵活性，可以容纳上述所有信托公司对慈善组织的服务内容。在《慈善法》推出后，我国已有部分由信托公司和慈善组织担任双受托人的慈善信托实践。如万向信托和宁波善园公益基金会共同受托的万向信托·华龙慈善信托、中航信托和中国扶贫基

金会共同受托的中航信托·中国扶贫慈善信托、中信信托和北京市企业家环保基金会共同受托的中信·北京市企业家环保基金会 2016 阿拉善 SEE 华软资本环保慈善信托等，均采用了双受托人模式。由于目前慈善信托尚处初期，作为共同受托人的慈善组织通常都是较为成熟的慈善组织。因此双受托人模式下，一般多以信托公司“管钱”，慈善组织“管事”为主，发挥各自专长。但未来，伴随慈善信托的广泛开展，更多的慈善组织可能会参与其中。不同的慈善组织在前、中、后三个阶段可能成熟度各有差异，因此可以参照我们上述信托公司对慈善组织的服务体系来判定具体的合作方式。而且，未来的共同受托人慈善信托也不局限于双受托人模式，可以由擅长不同阶段不同领域的多个慈善组织和信托公司共同受托。譬如可以一家擅长慈善资源募集的慈善组织、一家信托公司、一家擅长慈善项目实施的慈善组织进行共同受托。

共同受托人模式下，需要格外注意在前期信托合同设立时对各方权责的设定，避免出现多方负责、难以协调，或者互相推诿、责任落空的现象。《信托法》规定共同受托人共同处理信托实务，意见不一致时，如信托文件未进行规定，则由委托人、受益人或其利害关系人决定。但是慈善信托受益人不特定，委托人由于不设资金门槛也存在比较分散的可能性，因此遇到此类问题时，难以协调解决，格外突显了前期签订信托文件时规定细密周全的必要性。

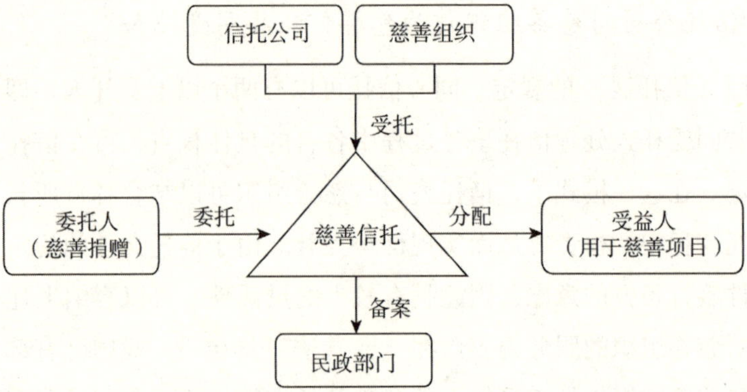

图 5　信托公司与慈善组织担任共同受托人的结构

2. 信托公司通过慈善信托为慈善组织提供慈善资产管理服务

这种模式下，由慈善组织担任委托人，信托公司作为受托人。慈善组织将慈善财产交付信托公司进行日常的资产管理，以实现有效管理目的。信托公司在这一模式下主要是为慈善信托提供有效管理，即上述中间慈善财产管理环节的服务。受益人方面，可以由慈善组织根据其组织既有的慈善目的作为慈善信托的慈善目的，同时由该慈善组织作为该慈善信托的慈善顾问，指导慈善资金的具体拨付方向，以确保慈善组织原有慈善目的的实现。

考虑到有众多的小型慈善机构，其慈善财产相对零散，通过这种模式，也可以组织众多小规模慈善机构，将资产共同委托给信托公司进行管理，然后集合力量投入慈善事业中。

在这一模式下，需要特别注意的是在信托合同中对于信托公司的资产投资风险偏好、资产投资范围、资产配置比例限制、风险管理措施等进行明确规定。由于慈善财产具有较强的公众属性，其最终运用具有一定的道义性，因此其投资必须遵循谨慎的原则。由于低风险的投资品种，通常其收益率较低，无法对抗通货膨胀，因此在慈善财产的有效管理过程中难免涉及一些风险相对较高的资产。首先，信托合同中必须对于这类风险较高的资产给予较高的关注度，对其配置比例、投资标的筛选原则、风险控制方法等给予明确说明；其次，市场有风险，必须预先揭示和理解风险的可能性，确保风险发生时对慈善项目的开展不至于产生重大负面影响。

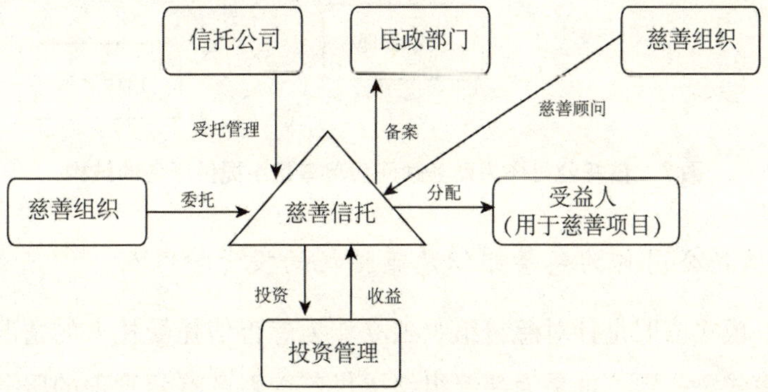

图6　信托公司通过慈善信托为慈善组织提供慈善资产管理服务的结构

3. 信托公司为慈善组织慈善信托提供财务咨询服务和账户管理服务

这种模式主要针对慈善组织独立作为慈善信托受托人的情况，对应的是上述账户管理与信托运营、慈善财产有效管理两项服务内容，均属于中间慈善财产管理阶段的服务。该模式下，信托公司作为信托委托人、受托人、受益人之外的独立第三方，以顾问身份提供投资和账户管理等方面的咨询服务。

在这一模式下，由于慈善信托的受托人为慈善组织，因此其投资范围受到《慈善信托管理办法》第三十条的约束，只能投资低风险低收益的品种，难以实现慈善财产的有效投资管理。在慈善信托期限较短、募集资金停留时间较短的情况下，可以运用此种模式。而在慈善信托期限较长、募集资金停留时间较长的情况下，建议采用其他模式，从而实现慈善财产有效投资管理的制度基础。

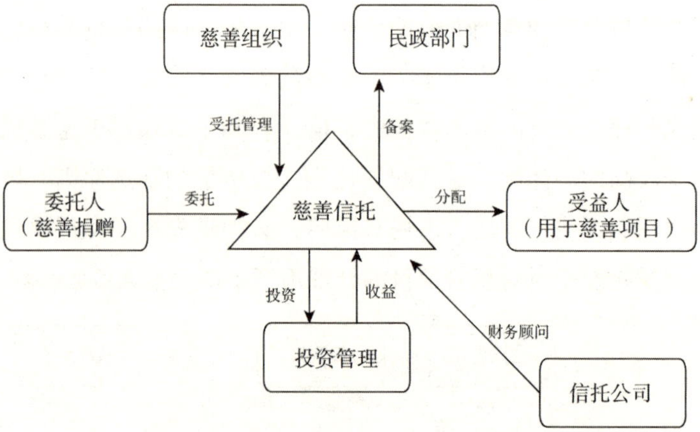

图7　信托公司作为财务顾问为慈善组织提供服务的结构

4. 信托公司作为慈善组织慈善信托的投资管理人

这一模式依旧是针对慈善组织独立作为慈善信托受托人的情况，信托公司同模式2一样，也是为慈善组织提供慈善财产有效管理的服务，区别只在于信托公司的角色从受托人转变为投资管理人。慈善财产依旧在慈善组织开立的信托账户中进行保管，信托公司根据合同约定，对信托账户中的财产下达投资指令，而不负责慈善信托财产的账户管理等职责。

这种模式下，由于慈善组织作为单一受托人，因此慈善信托的投资范围仍然局限于低风险的固定收益类品种，难以实现对抗通胀的投资收益率。但是，通过信托公司的专业投资管理，可以根据慈善信托的慈善项目支出需求，对慈善信托财产进行合理的流动性风险、市场风险的管控，根据市场流动性和利率的变化趋势对投资品种的流动性 、久期、凸性进行合理配置，从而在保障资金使用的基础上，适当地提升慈善信托财产的收益能力。但应当注意的是，这种模式仍然难以实现慈善信托财产对于通货膨胀的对抗，是在现实环境约束下的次优选择。

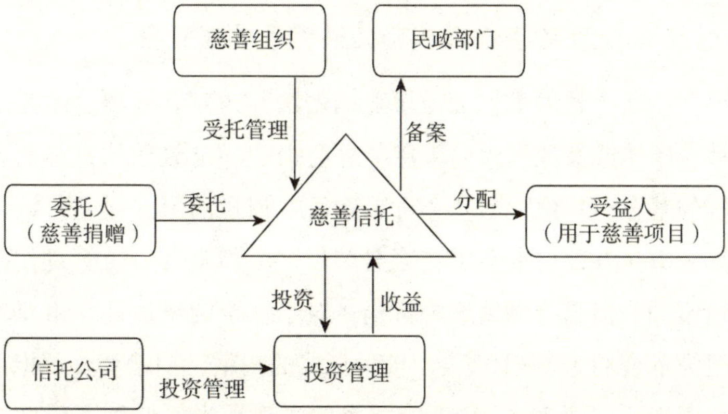

图 8　信托公司作为慈善组织慈善信托投资管理人的结构

5. 信托公司慈善信托作为慈善组织的重要慈善资产来源

信托公司独立开展慈善信托，慈善资源由信托公司进行募集，设立信托后也由信托公司进行独立的信托账户管理，信托目的是将慈善信托财产捐赠给符合特定要求的慈善组织，再由慈善组织去进行具体的慈善项目执行。这一模式下，信托公司承担了前端慈善资源募集和重点慈善管理两个职能，而将后端慈善项目执行交付给慈善组织去做。这种服务模式适合于服务 C 阶段成熟度较高，而 A、B 两端成熟度相对较低的慈善组织。

信托公司在这种模式下，完全不涉及具体的慈善项目执行，其慈善目的仅仅是将慈善资源捐赠给慈善组织，模式相对比较简单。

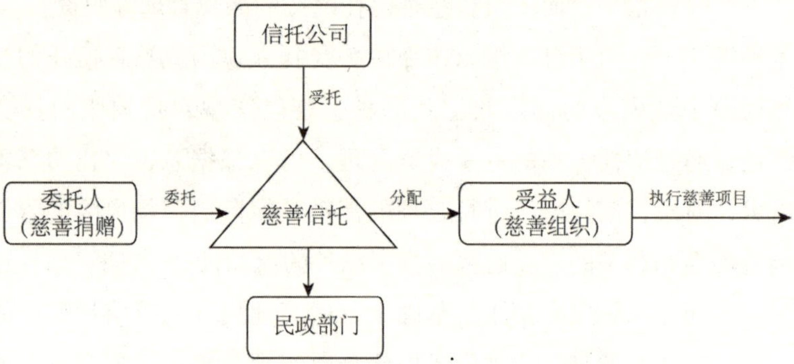

图9　信托公司作为慈善组织重要慈善资产来源的结构

6. 信托公司为慈善专项基金提供资产管理服务

根据《中华人民共和国公益事业捐赠法》规定，专项基金是由企事业单位、社会团体或其他组织向市慈善总会捐赠一定数额的资金而设立的具有冠名权的基金。单位冠名基金可采取留本捐息的形式设立，该形式基金规模起点为100万元，本金留在冠名单位，由捐赠者自行管理使用，每年将基金增值部分捐赠给相关慈善机构。对于基金的增值率，由双方协商确定，一般为本金的5%—10%[①]。该种形式的捐款，捐赠者要承担慈善财产本金的投资责任。而5%—10%收益率的实现在当前低利率环境下并不容易，捐赠者为承担这一责任，需要投入较多的精力和时间成本。尤其是很多捐赠者想通过这一方式实现冠名基金的永续，可是苦于再投资理财方面缺乏专业能力。而信托公司产品的收益率通常恰在这一收益率要求范围之内，可以解决专项基金设立者在投资方面的问题，为众多由于这一问题被拦在专项基金门外的慈善资源供给提供解决之道，从而实现为慈善组织扩充慈善财产的来源。因此，虽然本模式的直接服务对象并非慈善组织，但也实现了为慈善组织扩充慈善财产来源的功能。

① http：//npo. charity. gov. cn/www/specialnamedfund/tosearchspecialnamedfund？oid = 17359&v = new.

7. 信托公司慈善信托直接为慈善组织特定慈善目的提供慈善服务

该模式下，信托公司独立募集慈善资源、受托慈善信托，不仅为慈善项目提供财产资源，并且直接介入慈善项目的执行。但是信托公司并非独立进行慈善项目的执行，而是配合慈善组织，根据慈善组织的特定需求配合慈善组织完成特定慈善项目的执行。具体执行的操作上，一方面可以利用信托公司既有的人力和渠道；另一方面信托公司也可以征集委托人一起参与项目的实施。各种操作方式，都需要尽可能地在信托文件中进行预先的规定和说明。该模式中，信托公司几乎介入慈善信托前、中、后全部三个阶段中，适用于三个阶段都不太成熟的小规模慈善组织。

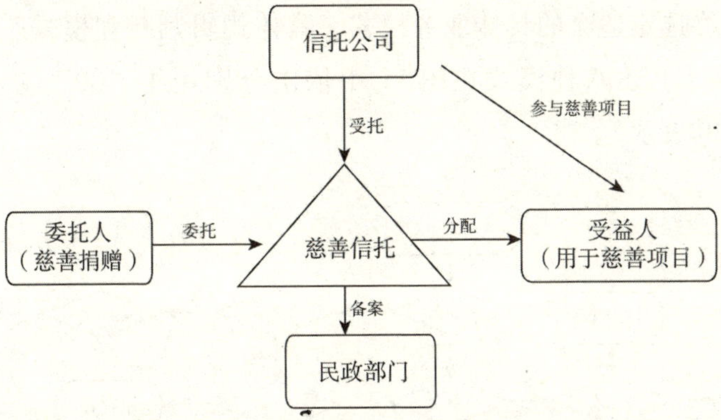

图 10　信托公司慈善信托为慈善组织提供慈善服务的结构

8. 信托公司为慈善组织搭建高净值人士志愿服务平台

由于慈善组织慈善项目的执行，面临多种多样的复杂情况，在志愿者招募、志愿者培训、专业化服务提供、物资采购渠道、物资调配等诸多方面都可能会遇到一些问题。而信托公司的客户群主要是社会上的高净值人群，其中很多人具备一定专业技能，或者具备一定社会地位、掌握一定社会资源，能够为慈善组织的项目实施起到一些关键性作用。但是，由于这部分人士平时与慈善组织交集相对较少，双方的资源和需求无法得到有效的衔接。信托公司在此可以起到一个沟通桥梁的作用，为慈善组织搭建高净值人士志愿服务平台。这种平台搭建，既可以是非正式的一对一沟通，也可以是建立起一些具备组织形态或物理形态的平台。这种服务模式，主要是服务于后端慈善项目实施阶段，适合C阶段成熟度不足的慈善组织。这种模式虽然与慈善信托并不直接相关，但是可以应用到慈善信托当中去。

（二）具体合作机制的构建

结合上述慈善组织成熟度评估框架体系，和上述信托公司服务社会慈善组织合作开展慈善信托的八种具体模式分析，我们搭建了信托公司服务社会慈善组织的机制。该机制主要是对慈善组织进行慈善信托业务的前、中、后端进行成熟度评估，然后根据成熟度评估结果，进行逻辑判断，最终选定适合的具体业务模式。具体逻辑判断和模式匹配的过程参见图11（上述八种模式在图11中依次分别用①、②、③、④、⑤、⑥、⑦、⑧表示）。

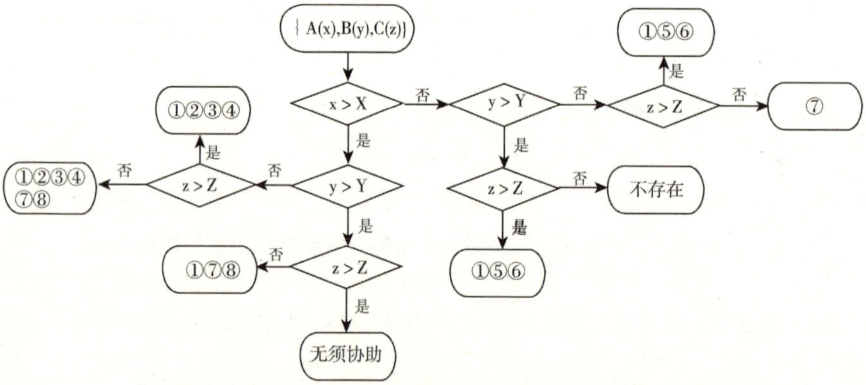

图11 基于慈善组织成熟度评估的信托公司为社会慈善组织输出服务合作开展慈善信托的合作机制构建

当然，我们这里只是提供一个标准化的合作模式模板，是一种基于优势互补基础上广泛的合作机制。而在现实业务开展中，并非局限于此，也要结合慈善组织的具体意愿来进行。譬如，慈善组织在前、中、后各阶段都很成熟，但是为了节省内部成本，或者是进行风险分散，希望把一些账户管理或投资管理的职能交付信托公司去做，那么就不必拘泥于上述逻辑判断结果，而是可以直接按照其所需要的服务，按照上述模式分析，为其选择具体的服务模式。

八、仍有待解决的问题

（一）慈善信托投资管理的监管设定

目前，我国针对慈善信托的投资管理方面尚无专门的法规。仅有的法规内容都相对比较宽泛模糊，缺乏具体可实施参照的明确规定。由于慈善财产的保管与投资担负着较多的社会道义压力，因此多数慈善信托的财产以及慈善组织的财产都是采用银行存款等低风险方式进行保存，但这样的做法会被通货膨胀损害慈善财产的效力，可以视为慈善财产保管者一种无奈之下的不作为。而如我们在上文中所述，英国在这一领域建立了一整套的法规体系，对于投资范围、投资目的、风险识别、风险管理等进行了明确的说明和规定。而国内在社保基金和保险资金的投资方面也都有比较优秀的成果可以借鉴。如果能够推出关于慈善信托投资管理的明确规范，对操作方式和权责进行明确规定，则有助于推动慈善信托受托人积极做好慈善财产的投资管理工作，从而为慈善事业添瓦助力。

关于慈善信托投资管理的监管设定，有几点值得关注的。首先，慈善信托的主管单位涉及民政部和银监会两个部门，需要两个部门合作，联合进行规则制定，避免出现各家出各自的办法、执行时缺乏统一标准的现象；其次，金融市场产品和交易方式不断推陈出新，因此投资管理的相关规定要具有对未来、对创新的兼容性，并根据市场的变化持续完善；最后，根据上述推荐的合作模式，慈善组织可以将自身募集的慈善捐款委托信托公司设立慈善信托，而这种慈善信托的投资管理上不免受到慈善捐款投资管理规定的限制，因此需要民政部门对慈善捐款的投资管理规定进行配套的调整。

（二）慈善信托的税收优惠问题

《慈善法》第四十五条，以“未按照前款规定将相关文件报民政部门备案的，不享受税收优惠”的形式为慈善信托留下了税收优惠的空间。但一方面，由于我国税收具体规定的权限保留在财政部，民政部作为慈善事业的主管部门无法做出具体规定；另一方面，由于慈善信托尚属于新生事物，财政部门做出明确规范需要一定的统筹考虑和商议过程，因此目前为止，慈善信托的税收优惠尚无具体规定出台，优惠“看得见摸不着”。慈善组织方面，目前税收优惠上已有相对明确的规定，主要是在所得税减免上，因此目前的实务操作中，信托公司在募集社会资金时多是和慈善组织合作，以慈善组织作为通道从而实现对于社会资金给予必要的所得税优惠。虽然这种操作在形式上可行，但增添了各方的工作复杂度，不利于慈善信托的推广。因此，关于慈善信托税收优惠专门的细则规定还是需要尽快出台。

在慈善信托税收优惠相关规定的制定方面，本文提出以下三点建议：一是慈善信托的税收优惠要考虑和慈善捐赠税收优惠的一致性，防止留下制度差异套利空间，从而使得两种慈善形式无法均衡开展。二是目前的慈善捐赠税收优惠仅局限于所得税方面，但实际上慈善捐赠或慈善信托设立的流程中还涉及多种税收，考虑到慈善是一种善举，不应该让慈善供给者承担额外的负担，应该综合考虑各环节的各种税收优惠，参照美国、日本等成例，可以包括所有权转移环节的税收，如印花税、契税、增值税、捐赠人的资本利得税、被捐赠人的所得税和增值税，以及未来可能的遗产税等；慈善财产保管阶段的税收，如资本利得税、红利税、利息税，以及未来可能的财产税大类税种等。三是要设立统一规范的税收优惠凭证。目前的慈善税收优惠凭证主要是社会慈善组织开具的捐赠发票，由于发票是由税务局统一印制，具有一致性和防伪性，但是由于慈善信托是基于信托关系，难以采用发票的形式，而信托合同所含内容过于广泛且缺乏一致性，难以作为税务部门可采纳的统一性税收优惠凭证，因此针对慈善信托必须设计一种新的具有一致性和防伪功能的统一税收优惠凭证。

（三）实物捐赠的慈善信托财产登记和管理制度

参照慈善组织慈善捐赠的实际经验来看，慈善资源的供给，其具体形式常常是多样的，包含以房产为主的实物资产，以股权、债券、期权等形式存在的金融资产，以及包括药品、衣物、图书等形式存在的慈善物资。而过往我国实务操作的信托，由于多以营业信托为主，涉及内容主要是投融资，所以信托财产主要以资金为主。因此，针对慈善事业的特征，为慈善信托未来的发展做好铺垫，就必须针对实物捐赠的慈善信托财产，建立规范的登记和管理制度。

首先，是信托财产登记中的估值认定问题。传统的现金交付形式的信托，不存在估值认定问题，因为现金本来就是价值衡量的工具。但实物财产在信托财产交付时，需要进行价值的认定，否则无法开具相关税收优惠凭证。股票和债券等公开市场交易产品相对价值比较好确定，但其他类型的实物就比较难以确定。应该根据实物的种类规定具体认定的办法，以方便实际业务的开展。

其次，信托财产登记流程的问题。传统现金交付的信托财产，其进入托管银行的信托专户，即完成了信托财产交付，从而进行相应登记过程。但股权、房产等产权划转流程相对较长，流程和方式也不尽相同，以何种节点作为信托财产交付，以及如何进行该项财产的登记，也需要有明确的规章来指导实践工作。

最后，实物财产的日常管理繁复程度远胜于现金财产。譬如，房产可能需要保养维护甚至必要的装修，股权涉及企业的决策参与，而药品资源等更是需要针对性的特殊保管。应当有明确的规则指明受托人在其中的基本行为规范。

（四）设定受托人机构评级标准，适当放开公募资质，同时让捐赠者有据可依

《慈善法》中对于慈善信托的募集方式未做明确规定，仅对于慈善组织开展慈善募捐的募集方式和公募资质做出规定。从信托开展的角度看，

传统信托公司的营业信托是不允许采用公开募集方式的，并且集合资金信托对于委托人有较高的门槛要求，而《信托法》对于公益信托的募集方式并未明确规定。而此前2008年为支援汶川地震灾后重建工作，银监会出台《关于鼓励信托公司开展公益信托业务支持灾后重建工作的通知》，其中规定“信托公司设立公益信托，可以通过媒体等方式进行公开推介”，并且委托人“数量及交付信托的金额不受限制”。慈善信托属于公益信托，在《慈善法》对上述问题未做具体规定的情况下，应当可以参照公益信托的规定执行。但在实务中，除个别地方民政部门做出特殊批准外，目前信托公司开展的慈善信托通常是不能够进行公开募集的。鉴于慈善信托的公益性质，应该让更多的人参与，所以公募资质的放开是符合慈善信托的本意的。

但是，如同慈善捐赠一样，为保障广大社会群众利益，对于慈善信托公开募集资质，也应当设定一定的准入门槛。建议开展统一的受托人机构评级标准，根据评级结果来设定公募资质的准入。并且评级标准和评级结果信息可以通过民政部门的网站对外进行公示，从而使得慈善资源提供者在选择受托人时有据可依。

（五）慈善组织受托慈善信托的账务处理问题

无论是作为唯一受托人，还是共同受托人，慈善组织受托慈善信托均需进行与慈善捐赠不一样的账务处理。慈善捐赠，在完成捐赠的过程后，所捐赠财产即完整地属于慈善组织，以慈善组织自有财产的属性体现在慈善组织的资产负债表上。但信托财产虽然所有权也是属于受托人的，但其具有独立性，与受托人的固有财产相互独立。首先，信托财产的管理和使用需要根据其相对应的信托合同的约定，不能够与其他信托财产或者受托人固有财产混同；其次，在司法属性上，其区分于受托人固有财产，不能够用于偿付受托人自身的债务，受托人破产时，信托财产不作为清算财产。因此，信托财产需要分别建账管理。通常，信托公司的资产负债表，是针对其固有资产的，并不包含信托财产。

由于慈善信托对于慈善组织是完全的新生事物，慈善组织既有的会计准则在这一领域尚属空白，慈善组织在处理慈善信托业务时，会计处理上难以对信托财产进行区分，因此急需相关的会计准则出台。

（六）其他慈善信托在实务操作中的细则

慈善信托在实务操作中会面临许多具体的问题，需要制定针对性的细则规定。由于很多问题都是一些细节问题，是在实务操作中才发现的，因此不同机构在其不同的实务操作中会发现不同的问题，制定相关事务操作细则也就需要对包括信托公司、慈善组织、社会委托人、民政部门、银监部门、托管银行、税务部门等慈善信托的多个参与方，以及众多不同实践的实际参与主体进行广泛的调研和建议征求。本文在此仅提出课题撰写人在实务中遇到的问题。撰写人遇到的实践问题主要在于备案时间方面，目前的《慈善法》要求“受托人应当在慈善信托文件签订之日起七日内，将相关文件向受托人所在地县级以上人民政府民政部门备案”。但实务中，由于慈善信托很多是开放式集合信托，在其设立运营期间，不断有新增的委托人来进行新的慈善信托文件签订，若要符合上述要求，几乎要每周到民政部门进行一次备案，工作量相对较大。目前，各地民政部门一般与慈善信托受托人协商一个相对宽松的期限（如一个季度）来进行实际操作，但这种操作缺乏相应法律支持，因此在操作中需要个例具体协商，且各地政策不一致，需要尽快拟定一个合适的期限规定，让实务操作有据可依。

信托公司开展慈善信托的模式、职责和策略

◎ 中国对外经济贸易信托有限公司
卫濛濛、朱闵铭、张颖、徐琳、颜泽宇
中国金谷国际信托有限责任公司　韩芳菲、冀元、黄梦龄、乐婷

摘 要

慈善信托的业务模式是慈善信托全部工作的起点，涉及信托设立的合法合规和运行效率，最为重要的是会影响委托人慈善信托真实意愿的实现。根据境内的实施环境，理想的慈善信托构架搭建与现实的法律政策环境需要逐渐匹配，在动态中加以完善。信托公司开展慈善信托业务应该与时俱进，需要不断丰富完善自身的业务模式、职责和市场服务策略，在动态发展中建立信托行业慈善信托的专业模式。

本文第一部分分析了慈善信托的特征，提出了慈善信托的信托文化。第二部分分析了慈善信托的现状，对慈善组织和信托公司开展慈善信托的模式进行分析比较。第三部分讨论了慈善信托的业务模式，建议政策制定部门和业务实际操作机构都要从动态培育市场的角度来不断完善和发展慈善信托的业务模式。第四部分就信托公司在慈善信托中的职责进行了研究。第五部分就信托公司的慈善信托业务策略进行了相关建议。第六部分就信托公司开展慈善信托的业务定位进行了建议。

关键词：信托公司　慈善信托　业务模式　职责和策略

一、慈善信托的信托特征

（一）慈善公益与信托的关系

因资源禀赋导致的贫富差距，决定了慈善公益工作是一项长期艰巨的工作，建立长效稳定的机制意义重大。慈善信托作为一项法律工具，可以将愿意从事公益慈善的人、机构的意愿固化成为必选的行为。这种慈善公益行动在信托契约的约束下，会转换成长效、稳定、规范和完整的机制。信托构架参与慈善公益实践，有利于社会资源的汇集，有助于社会广泛参与慈善公益意愿的实现，有益于信托文化在慈善领域的建立。

（二）慈善信托模式搭建了固化载体

信托可以搭建这样一个载体，即财产所有者自己设立一个信托，将相关财产所有权转移到信托名下，按照自己确定的目的和对象进行财产支付分配。这种信托结构受到法律保护，即信托相关参与者、当事人必须按照信托设立当初的意愿、规则忠实有效地完成。这种财产转移、分配和获得是“点对点”的直通车模式，较为适合于那些传统公益模式运行较好，运行模式需要加以固化和升级的公益项目，也适合新增设立的公益慈善项目。

（三）慈善信托的信托文化

慈善信托是实现长效慈善公益机制的有效途径之一。因为这种安排将传统慈善公益供需之间的“捐赠对接”关系转换成“法律对接”关系，将传统捐赠、受赠慈善公益不能一体化的过程，调整为完整的、统一的慈善公益过程。因此慈善信托模式的优势是较为明显的。

1. 长效机制维护成本低

传统捐赠方式探索长效机制的做法是希望将成功的、成熟运行的慈善公益模式通过捐赠行为方式完成，其可持续效果、防止改变的维护成本很高。而慈善信托的方式是将这种做法通过法律合同契约的方式约定下来，慈善信托的设立需要签订书面信托合同并备案，这种规则运行的维护成本较低，原因在于违反合同规则约定的性质是违约。同时，在运行成本方面，慈善组织和人员支出等各项费用需要在慈善财产中列支，即使《基金会管理条例》规定基金会工作人员工资福利和行政办公支出不得超过当年总支出的10%，但是相较于信托公司，慈善信托并非信托公司的主营业务，因而人员支出及办公费用相对分担较少，信托公司的低成本优势较明显。

慈善公益资助的意愿多少可能会存在“非必然性”。然而，一旦通过设立慈善信托方式宣布参与慈善公益，就等于向社会、慈善公益对象做出了承诺，这种承诺具备法律可追溯的效力，一旦食言、改变，其声誉风险非常高。这种约束对于具备长期资助慈善公益历史的机构更有约束力。传统捐赠方式中的“一事一议”的做法，将被慈善公益资助资源交付的法律履行义务所替代。同时，慈善信托的设立要式也决定了其义务履行效力强的特点。《慈善法》第四十五条规定设立慈善信托、确定受托人和监察人，应当采取书面形式，对委托人和受托人均形成了较强的法律约束。

2. 信托文化效果显著

信托是一种比较完善的法律关系安排，法律对于信托受托人的权利和义务进行了规定，同时受托人还要受委托人的约定义务约束，这些约束机制的存在使得慈善信托在信托财产的管理及使用上更为规范透明①。受托人应根据委托人的意愿依照诚信、谨慎的管理原则运用信托财产，有效实现信托财产的保值增值，造福于人群和社会。任何能够愿意参与以慈善公益为目的的慈善信托过程的人或机构，能够体验到信托文化的魅力。这些魅力包括“说到做到”的信托契约精神，“该归谁就归谁”的诚实信用准则。

---

① 中国信托业协会：《慈善信托研究》，北京·中国金融出版社，2016年版。

3. 信托财产的独立性

在慈善信托中，受托人在法律上是该财产名义上的所有权者，信托财产是独立于受托人的固有财产和受托人接受委托管理的其他财产的，应该进行分别记账和管理。在慈善捐赠中，捐赠人捐赠财产完成后，财产所有权即发生了转移，成为受赠人的自有财产。信托财产不仅独立于受托人的财产，也独立于委托人的财产，实现了有效的风险隔离，信托财产不在任何一方债权人可追溯的范围之内。而慈善捐赠财产一般无法独立于受赠人的其他捐赠财产，即便是捐赠人要求设立专项基金，在法律上，专项基金也无法实现与受赠人其他财产的风险隔离。

二、我国慈善信托的发展现状

随着改革开放的不断深入，我国高净值人群数量增长的速度逐渐加快。根据招商银行和贝恩公司联合发布的最新报告①，中国高净值人群由2006年的18万人增长到了2016年的158万人，复合年增长率达到了24%。预计2017年，高净值人群数量将达到187万人。而这些高净值人群持有可投资资产在2016年合计达到49万亿元；预计到2017年底，该数据规模可达到合计58万亿元，巨大的财富传承与财富管理市场正逐渐形成。慈善信托作为高净值人群家族精神传承和回馈社会的重要工具，正受到越来越多的人群与机构的青睐；与此同时，慈善信托相关的法律法规不断健全，也在为慈善信托的设立与执行保驾护航。《中华人民共和国慈善法》的正式实施和《慈善信托管理办法》的正式发布掀起了慈善信托发行备案的热潮。

（一）信托财产规模

经查询全国慈善组织信息公开平台，截至2017年12月10日，全国

① 招商银行、贝恩公司:《2017中国私人财富报告》，2017年。

共计49单慈善信托登记在案，涉及27家信托公司，财产总规模约8.76亿元，涉及教育、扶贫、环保等多个慈善公益领域。从备案数量来看，长安信托位居榜首，合计备案5单；从财产总规模来看，中信信托于2017年5月27日备案的“中信·何享健慈善基金会2017顺德社区慈善信托”金额最大，合计4.92亿元；从信托期限来看，大部分的慈善信托设定了明确的年限，多以5年和10年为主，3年与1年占小部分，有少数慈善信托不设定固定存续期限或为永续。总体而言，2017年慈善信托备案的数量及规模均超过2016年，呈上涨趋势。但相较于行业超24亿元的受托资产规模，慈善规模所占比例较低，有待行业内更多信托公司的加入。

（二）参与的主体

目前参与慈善信托的主体主要包括以基金会为代表的慈善组织和信托公司。慈善组织的雏形来源于罗马时期的财团法人，而慈善信托的雏形来源于用益制度，由于二者的运作机制不同，二者存在一定的区别，因而在推动慈善事业发展的过程中各有其优劣。

1. 慈善组织与信托公司的区别

此处以基金会为例，立足于现有法律法规，慈善组织（基金会）与信托公司的主要区别见表1[①]：

表1　慈善组织（基金会）与信托公司的主要区别

参与主体	基金会	信托公司
成立方式	有原始基金的要求，至少不低于200万元，设立门槛高；经登记机关批准	对信托规模无限额要求； 设立慈善信托采用备案制

① 陈娴、邱贤丽：《慈善法视角下慈善信托与基金会的比较分析》，2016年。

续表

参与主体	基金会	信托公司
监督机制	受民政部门管理和监督，信息透明度一般	向银监会报告、向民政部门报备；定期信息披露，引入信托监察人进行监督，透明度高
治理结构	包括理事会、监事会和执行机构等	包括受托人、信托监察人、信托管理人等
财产破产隔离	不具备	具备
财产账户管理	基金会只有一个银行账户，需根据不同慈善项目手工进行资金区分	每个慈善信托都有对应的信托专户（银行账户）运用，确保专款专用
财产保值增值	多数基金会缺乏投资管理能力。实务中一般以活期存款方式存放于银行；部分基金会的机构则委托银行、信托等专业金融机构进行	具备专业投资管理能力，可依据委托人风险偏好在慈善信托合同中约定捐赠财产的投资管理范围，实现捐赠财产的保值增值
税收政策	取得投资收益和股权增值收益时需缴纳所得税	信托计划属于契约型产品，非法人主体无须缴纳营业税和所得税
捐赠发票	可直接开具捐赠发票	暂无法直接开具捐赠发票；实务中多通过与基金会合作为委托人开具公益事业捐赠票据
运营成本	较高；基金会的薪酬及行政支出的上限为当年总支出（含捐赠支出）的10%；基金会通常从捐赠资金中提取5%—10%作为运营、管理费用	很低；慈善信托受托人管理费和信托监察人报酬，每年度合计不得高于慈善信托财产总额的8‰，实践中一般不收取
每年最低捐赠额度	公募基金会每年慈善事业支出不得低于上一年总收入的70%；非公募基金会不得低于上一年基金余额的8%	无要求，可灵活掌握；在股权等长期资产捐赠方面具有优势

2. 慈善组织与信托公司的比较分析

（1）财产的募集

在财产来源方面，慈善组织由于起步较早、为公众所熟知，因而财产的募集渠道较为广泛。《慈善法》第二十二条规定，慈善组织开展公开募捐，应当取得公开募捐资格。慈善组织募集资金，一般都采取公开宣传的方式，通过银行转账等途径即能接受公众捐赠，因而慈善组织在小额公众捐赠资金的募集上具有优势。信托公司基于其出色的投资管理能力以及信托财产独立性等特征，在面对诸如企业、高净值人群的大额捐赠方面具备优势；在财产形式方面，慈善组织募集的多为资金或实物，而信托公司则赋予了“财产”更丰富的定义，既包括个人、家庭、企业的一切可用金钱衡量的有形或无形的资产，亦包括附着于资产之上的财产权利。

（2）财产的管理和运用

我国法律规定，慈善组织在开展慈善活动的财务支出上，受到诸多条件限制。在2016年10月，民政部、财政部、国家税务总局联合印发的民发〔2016〕189号文件《关于慈善组织开展慈善活动年度支出和管理费用的规定》中，对慈善组织的年度慈善活动支出和年度管理费用均有标准比例约束。例如，慈善组织中具有公开募捐资格的基金会年度慈善活动支出不得低于上年总收入的70%，年度管理费用不得高于当年总支出的10%；慈善组织中具有公开募捐资格的社会团体和社会服务机构年度慈善活动支出不得低于上年总收入的70%；年度管理费用不得高于当年总支出的13%；慈善组织中不具有公开募捐资格的基金会、社会团体和社会服务机构，年度慈善活动支出和年度管理费用按上年末净资产额度分档位标准执行。慈善组织每年在承受高额支出压力的同时，为保证资产不会逐年减少，每年的运营收益也要达到较高标准。对于在专业投资领域并不擅长的慈善组织将力不从心。但我国法律法规对慈善信托并没有此类限制，信托财产的投资运用具有更大的灵活性，拥有专业的投资团队、丰富的管理经验及广阔的投资渠道，可以发挥在财富投资管理领域里的优势，能够通过投资组合实现慈善财产的“自我造血”，提供资产的保值增值服务。

（3）项目运作过程

慈善组织由于起步较早，积累了较多的项目运作经验。相较于信托公司，慈善组织的项目来源更加广泛，在确定受资助对象和项目方面更加专业和有针对性，可以充分发挥慈善组织的慈善项目运营经验（如建设希望小学中与地方政府、主管部门的沟通协调，对贫困地区教师培训组织等工作），弥补信托公司作为受托人在项目实施能力和精力方面的不足，使慈善活动得到更好的执行。慈善组织能够有效地发掘梳理委托人意愿，树立慈善情怀，能够有效整合捐赠人资源平台、发展潜在的合作伙伴。

信托公司在项目运作中的优势表现为账户管理更加完备，每个慈善信托都有对应的信托专户，用于接受委托人捐赠款和实施慈善项目拨款，确保捐赠资金专款专用。慈善信托通过专用账户，将慈善信托财产与公司固有财产相隔离，由保管银行负责监管，定期出具保管报告，信息透明度较高；同时，慈善信托可以实现捐赠财产的破产隔离而基金会无法实现。

（4）税收优惠

慈善组织的税收优惠措施明确，《中华人民共和国公益事业捐赠法》《财政部、国家税务总局关于公益救济性捐赠税前扣除政策及相关管理问题的通知》《中华人民共和国企业所得税法》及其实施细则、《全国性社会团体公益性捐赠税前扣除资格初审暂行办法》《关于公益股权捐赠企业所得税政策问题的通知》中都赋予符合条件的社会团体和基金会以捐赠税前扣除资格，慈善组织可以开具捐赠发票；而《中华人民共和国慈善法》只提及慈善信托可享受税收优惠，但未出具具体细则，信托公司不具备开具捐赠发票的合法性，导致税收优惠无法实现，此外股权和房产捐赠等非货币性资产的制度性问题也都亟待完善。

（5）外部监管

目前我国对慈善组织的监管途径主要有："双重登记"准入制度、年检制度、重大活动报告制度、组织内部财产管理制度和信息公开制度。在立法上则主要有《中华人民共和国红十字会法》《中华人民共和国公益事业捐赠法》和国务院制定的三部行政法规，即《社团登记管理条例》《民办非企业单位登记管理条例》和《基金会管理条例》。在实际操作中，对慈善组织的监督更多来源于法人内部治理结构的监督，如董事会、监事会的监督，基金会工作人员只需注意一般的善良管理义务即可。《基金会信息公布办法》虽然规定了捐赠人的相关监督权，却无具体救济措施，对基金会的监督依然较弱；对于信托公司而言，《中华人民共和国慈善法》与《慈善信托管理办法》中明确加入了监察人的相关规定，且赋予了信托监察人对违反信托义务或者难以履行职责的受托人进行起诉的权利。信托公司不仅受到委托人、信托监察人等内部监督，也受到民政局和银监局等外部监管机构的监察，公益信托在登记、运行以及终止阶段都需要报民政局核准。《中华人民共和国信托法》第四条明确规定，信托公司管理、运用信托计划财产，应当恪尽职守，履行诚实信用、谨慎勤勉的义务，为受益人的最大利益服务。《中华人民共和国信托法》明文规定了受托人的谨慎、忠实义务，其义务高于一般善良管理人的注意义务①。

三、慈善信托模式

（一）最优状态下的模式

慈善信托作为境外非常成熟的公益慈善运作方式，也是经历了很长时间的发展和完善。如果从最优状态角度进行分析最佳模式，无论是境内外何种模式，都应该是将慈善公益最优功能与信托法律机制的最优功能完成耦合衔接，构建成崭新的运作模式，实现对社会公众普惠事业的利益最大化。

在信托法律特征的环境下，应该按照信托法律约束的逻辑来开展慈善信托业务，达到慈善公益目标实现的目的，而不是按照传统的公益慈善的逻辑来开展慈善信托业务，对信托功能的运用仅仅是发挥信托金融资产管理的功能。

① 刘光祥：《〈慈善法〉背景下公益信托与公益法人的比较》，2016 年。

（二）目前状态下的模式

境内慈善信托的运行模式随着市场需求、监管政策、税收政策、资产管理模式的不断变化而变化。从目前来看，主要是围绕税收政策、慈善事务专业管理两个主要环节引申出三种慈善信托运行模式，这些模式与慈善组织具备税收优惠政策和慈善事务管理能力有关。

1. 慈善组织前置模式

该模式是将慈善组织作为慈善信托的委托人，主要解决目前慈善信托不能开具捐赠票据和享有抵税资格的问题。

实际捐赠人作为慈善组织的捐赠人捐赠财产，慈善组织将收到的慈善财产设立信托，向作为受托人的信托公司进行信托财产交付。慈善信托目的与实际捐赠人的意愿相同。此结构主要是因为慈善信托目前还不能享有税收优惠政策。信托公司收到信托财产后，需要按照作为委托人的慈善组织的信托意愿，向一定范围的公益慈善领域的受益人支付信托利益。

在目前阶段，信托公司还没有形成专业的慈善公益运行队伍和机构，在具体事项实施方面需要聘请委托另外一家慈善组织，作为慈善事务执行机构进行相关工作。在前端的慈善组织和后端的执行机构不应该存在利益关联关系，即使有一定的关系，也要在法律、财务上进行隔离，做到慈善公益事务的公正有效开展。前后端的慈善组织是否可以是同一个机构，不同捐赠部门的处理意见有所不同，需要根据具体慈善公益项目情况，以及当地监管部门的判断加以实施。

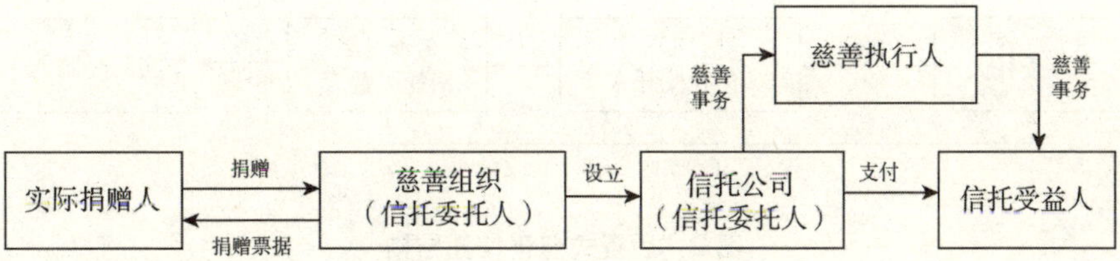

图1　前置式慈善信托结构

以四川信托2017年10月9日在成都市民政局备案的“川信·尊悦豪生慈善信托计划1号”为例，该慈善信托的委托人为成都市慈善总会，受托人为四川信托有限公司，监察人为泰和泰律师事务所，托管人为成都银行股份有限公司金河支行。该信托财产总规模为190万元，采取了本金存续、收益捐赠的模式，约定将不低于上一年度信托收益的100%投向符合信托文件约定的我国各类企业贫困职工、贫困家庭以及相关慈善救助、教育、医疗、文化、体育、环保和社会服务等领域。信托计划结束后，四川信托将剩余信托财产交付成都市慈善总会。这种合作模式的优势包括以下几个方面：首先，对于捐赠者而言，可以获得慈善组织开具的捐赠票据，享受税收优惠；其次，对于慈善组织而言，有利于集合社会资源，充分发挥其募集资金的能力；最后，对于信托公司而言，可以发挥其优秀的财富管理能力，促进信托财产的保值增值。

2. *慈善组织后置模式*

该模式是捐赠人作为真正的慈善信托委托人，向作为受托人的信托公司设立慈善信托，慈善组织作为慈善信托的受益人，前提是该慈善组织可以向委托人开具捐赠票据，并享有抵税资格。

慈善组织收到信托利益支付后，可以向委托人指定的符合信托目的要求的一定范围的公益慈善领域的实际受赠人进行捐赠。这一结构可以使得慈善组织在慈善信托中同时发挥捐赠票据和税收优惠的政策提供者，以及慈善事务的具体实施者的作用。

慈善组织作为慈善信托受益人向委托人出具捐赠票据，以及税收抵扣享有政策，需要当地税务部门的支持才能实施。

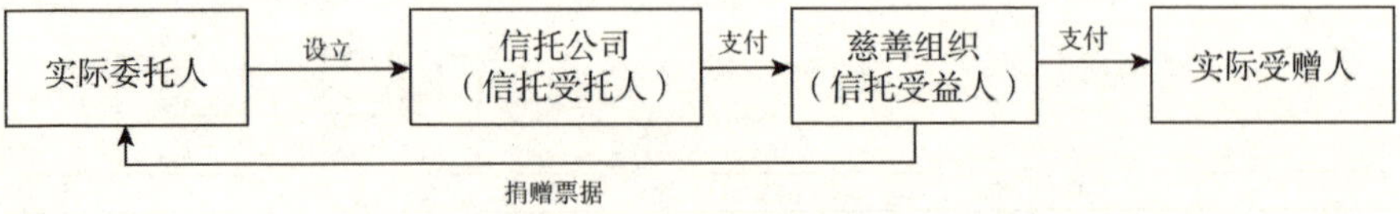

图2　后置式慈善信托结构

以国投泰康信托2017年4月21日在北京市民政局备案的“国投泰康

信托2017年真爱梦想2号教育慈善信托”为例，该慈善信托的委托人为自然人，受托人为国投泰康信托有限公司，项目执行人为上海真爱梦想基金会，监察人为北京市中盛律师事务所，托管人为渤海银行北京分行营业部。该信托财产的总规模为48万元，是业内首单股权类慈善信托，信托目的是支持全国素养教育的研究和推广。

这种合作模式的优势如下：首先，项目执行人有着丰富而专业的项目运营经验，能够更加有针对性地推荐被资助的项目和受益人名单并进行项目的后期管理，有助于信托财产的价值实现最大化；其次，在资金闲置期间，信托公司可以对剩余资金进行有效投资，实现信托财产的保值增值。同时，有助于信托公司拓展新的业务类型，实现慈善信托的规范化和专业化运作。

3. 慈善组织中置双受托人模式

该模式是捐赠人作为真正的慈善信托委托人，信托公司和慈善组织同时作为信托的受托人。信托公司和慈善组织在信托事务和慈善事务方面的工作进行严格的界定、划分，并做好违约处罚的约定。慈善组织向委托人开具捐赠票据和享有抵税资格，信托公司开设信托专户进行信托财产管理。信托利益支付需根据信托合同约定，由信托公司从信托专户中支付。信托受益人需符合委托人设立慈善信托时确定的慈善公益范围要求。

双受托人机制解决了慈善信托法律结构的完整性，但是在具体信托财产管理过程中，需要两个受托人进行有效默契的配合。

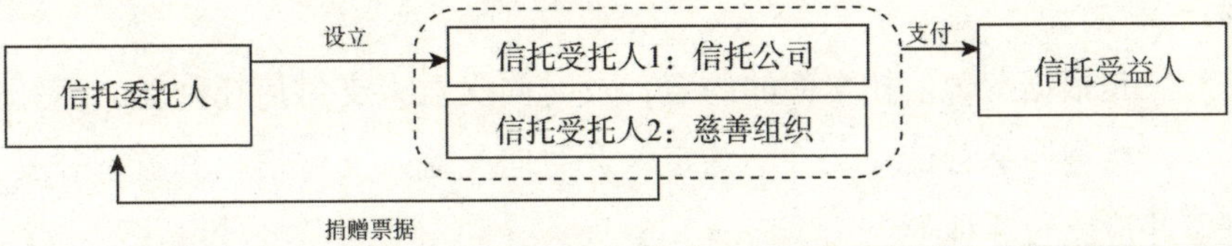

图3　中置式双受托人慈善信托结构

以中航信托2017年9月15日在南昌市民政局备案的“中航信托·绿色生态慈善信托”为例，该慈善信托的委托人为中航信托股份有限公司，主要受托人为中航信托股份有限公司和中华环境保护基金会，监察人为广州市联合公益发展中心，托管人为中国建设银行股份有限公司南昌八一路支行。该信托财产总规模为50万元，信托目的用于资助和开展保护环境、促进绿色生态事业发展的活动及项目等，这是我国首单以绿色生态为主题的慈善信托。这种合作模式的优势在于：首先，能够借助共同受托人的制度设计，充分发挥金融服务专业化与慈善项目管理专业化的双重优势，实现专业分工，充分体现了“专业机构做专业的事”的理念；其次，能够建立信托公司与慈善组织的合作关系，有助于推动慈善信托业务的可持续发展模式。

四、信托公司在慈善信托中的职责

（一）履行的受托职责

一是依照慈善信托文件管理信托财产。信托公司作为慈善信托的受托人，应严格按照慈善信托文件中的相关约定对信托财产进行管理，慈善信托文件包括但不限于：慈善信托合同、慈善信托监察协议（如有）及其他与慈善信托相关的法律文件。

二是对不同的慈善信托财产，分别管理、分别记账。信托公司在慈善信托中，应对不同的信托财产建立独立的信托财产专用账户，分别管理并分别记账，以区别于信托公司管理的其他信托财产和信托公司的固有财产。

三是根据慈善信托文件的约定，及时向受益人支付信托利益。信托公司应严格遵照慈善信托文件的约定，及时向受益人支付信托利益，并妥善保管相应支付凭证等。

四是编制慈善信托财务会计报告。信托公司应严格按照监管部门的相关规定，定期编制慈善信托财务会计报告。慈善信托财产会计报告应进行信托公司内部审计，并获得慈善信托监察人（如有）认可。如有必要，还可对报告进行外部审计。

五是妥善保存处理信托事务的完整记录。信托公司在处理慈善信托事务中，应妥善留存和保管相应事务处理的记录，包括但不限于：相关法律文件、付款凭证、银行回单及其他资料等，并应按照各信托公司的管理制度定期归档保存，保存期自信托终止之日起不得少于15年。

六是自慈善信托终止事由发生之日起15日内，将终止事由和终止日期报告慈善信托备案民政部门。

七是慈善信托终止后，编制处理信托事务的清算报告。慈善信托终止后，信托公司应及时编制并出具慈善信托清算报告，并提交慈善信托备案机关进行核准后予以公告。当慈善信托终止时，信托专户仍有信托财产，则信托公司应按照信托文件的相关约定运用信托财产至近似的慈善目的中。

（二）管理慈善信托财产及其收益

一是处理、使用慈善信托财产及其收益，符合慈善目的。信托公司在处理、使用慈善信托财产及其收益时，应充分尊重委托人的意愿，严格遵照慈善信托合同的约定，以自己的名义为实现慈善信托目的和受益人利益最大化为目标管理信托事务。

二是不得为自己或他人牟取私利。信托公司因信托行为而取得的慈善信托财产应全部运用于慈善目的。信托公司在处理慈善信托事务的过程中可以收取信托报酬。除此以外，信托公司不得运用慈善信托财产于非慈善目的，也不得为自己或他人谋取私利。

三是除合同另有特别约定之外，慈善信托财产及其收益应当运用于银行存款、政府债券、中央银行票据、金融债券和货币市场基金等。

四是按照信托目的，恪尽职守，履行诚信、谨慎管理的义务。

（三）履行信息公开和告知义务

一是信托公司应严格按照慈善信托文件约定、慈善法规定，在民政部门统一指定的平台上向社会公开慈善信托信息，内容包括但不限于：慈善信托备案事项；慈善信托变更、终止事项；对慈善信托检查、评估的结果；对慈善信托受托人的行政处罚结果等。

二是向社会公开信托事务处理情况及财务状况。信托公司应当在自有平台和民政部门提供的信息平台上向社会公开真实慈善信托信息，内容包括但不限于：慈善信托设立说明；年度报告；审计报告等其他备案机关要求公开的信息。

三是向受益人告知其资助标准、工作流程和工作规程等信息。每年3月31日前，慈善信托的受托人应当向备案的民政部门报告上一年度信托事务处理情况及财务状况，具体包括但不限于上述内容。

五、信托公司开展慈善信托的业务策略

（一）信托公司开展慈善信托的意义

如前所述，从历史上看，公益（慈善）目的实现与信托工具结合共生发展而来。在我国社会、经济的发展初级阶段，在构建和谐社会、缩小贫富差距、扶助困难群体等诸多方面具有重要作用。信托公司开展慈善信托可以进一步提高信托业的社会公信力，进一步提升信托公司的品牌声誉和公司形象，对于构建慈善信托文化，对行业和公司长远发展都具有战略意义。

近年来传统融资类信托业务日益陷入困境，信托行业的盈利模式正面临着重大转变。信托公司不断提升资产管理能力，从早期销售产品为主的理财业务，转变为提供综合服务的财富管理业务。在资产运用方式上，加大了股权投资、证券投资等投资类业务的比重，同时也在积极探索新领域，寻找新的盈利点。对于信托公司而言，慈善信托短期内并不会带来大份额的盈利，但是可以对信托公司的转型起到良好的引领作用。一方面，慈善信托可以与家族信托相互融合，作为家族资产配置的一种方式，能够起到传承家族精神和回馈社会的双重作用；另一方面，在为客户做股权投融资服务的同时，可以提供慈善信托以满足其慈善需求。

（二）公益（慈善）市场的供需结构

在经济下行的大背景下，中国慈善捐赠额保持了上涨的势头。根据中国慈善联合会《2016 年度中国慈善捐助报告》数据显示，2016 年我国全年接受国内外款物捐赠共计 1392.94 亿元，社会捐赠总量创历史新高。

根据上述报告统计数据，我国社会捐赠最关注的三个领域依然是教育、医疗健康、慈善公益与发展，分别占捐赠总量的 30.44%、26.05%、21.01%，其中慈善公益与发展领域增长最为明显，比上年提高近 10 个百分点，充分显示了打赢脱贫攻坚战在全社会的凝聚力和号召力，吸引了更多的社会资源投入慈善公益事业中来。

信托公司应该围绕市场捐赠供需结构、特点和热点开展相关工作。

（三）信托公司开展慈善信托的策略

慈善信托的方式、形式、目的、程度、受益人都是灵活的、多样的，信托公司完全可以根据委托人的信托目的，具体的市场环境和法律环境，公司自身的专业能力和业务定位，确定是否开展公益信托、如何开展公益信托、开展哪一类的公益信托，进而兼顾社会效益和经济效益，兼顾社会责任和盈利模式。只有如此，才可能充分调动信托公司开展公益信托的积极性，才可能保证公益信托、慈善事业长期、可持续的健康规范发展①。

同时，由于慈善财产的特殊性，对于信托公司的财富管理能力、投资决策能力和风险防控能力都提出了更高的要求。信托公司在开展慈善信托业务时，应充分发挥自身的资产管理技术、团队、经验优势，建立起符合慈善信托的资产管理模式，防控道德风险和操作风险，确保慈善信托的有序和健康发展。

---

① 邢成：《〈慈善法〉下如何定位公益信托展业前景》，载《当代金融家》2017 年第 1 期。

六、慈善信托业务应注意的问题

（一）信托登记、税收问题

信托登记相关的配套制度的缺位，是整个营业信托、民事信托制度的不完善的重要环节，导致除将资金以外的其他大部分财产，诸如动产、股权、不动产等排除在信托设立范围之外。在慈善公益领域，这一制度的缺失，导致非现金捐赠成本较高，同样极大束缚了慈善信托大规模的开展。

同信托登记一样，与信托财产登记关联紧密的信托税收政策同样没有获得明确，信托作为财产拥有、管理、处分的法律主体，却不具备纳税主体的资格，尤其是在民事信托、慈善信托范围内，不是以获利增值为目的的信托设立，仍旧没有明确税收中性的意义。信托税收中性政策没有匹配的情况下，社会上大量不动产、股权设立慈善信托的需求意愿受到了很大的影响。

（二）全部慈善公益运用

目前推行的慈善信托包括交付的初始信托财产和通过信托财产管理滋生的信托利益，所有这些信托财产必须运用于信托合同约定的慈善信托目的，不得用于非公益慈善目的。应加强慈善信托的信息披露，加大慈善信托监督力度，使得慈善财产的运用更加规范和透明。

（三）慈善信托的开放式委托

由于慈善信托刚刚开始推广，各种运行模式在各个捐赠区域也有所不同。有的区域可以通过首期委托人的慈善信托设立后，采取其他委托人追加信托财产的方式实现信托财产交付的灵活性和持续性。

（四）信托公司的尽职文化

慈善信托采取信托结构运行，是看重了信托财产的独立性和风险隔离的法律效果。促成信托公司和慈善组织一样可以承担慈善信托的受托人，更是看重了信托公司管理信托财产的规范、严格、透明、专业的运营特点。

虽然我国境内的信托公司从营业信托起家发展而来，但是以民事信托为特征的慈善信托的业务发展，也需要继续执行诚实信用、谨慎有效、忠诚尽责的受托人文化。

（五）信托公司的非通道地位

在慈善信托发展初期，市场通常将信托公司定位于信托财产的金融投资管理的地位，专项的慈善公益事务还得需要专业慈善组织来完成。信托公司需要掌握和熟练运用公益慈善事务的管理和实施。而且随着信托财产类型的不断丰富，现金资产之外的股权、不动产等如果可以交付至慈善信托中，那么这些信托财产的管理和运用，对信托公司来讲将会是一个很大的挑战。

（六）慈善信托业务实施的规范化

信托公司应该将慈善信托定位于长期发展的业务种类，而非为了博取热点宣传，吸引眼球偶尔为之。如同营业信托、家族信托一样，信托公司需要建立起专业的运营团队，制定规范的业务流程和规章制度。在信托财产投资管理过程中应匹配合理的风险收益策略，在保证风险控制的前提下，做好慈善公益信托目的的实现。

慈善信托财产登记制度研究

◎ 长安国际信托股份有限公司
上官利青　邓婷　袁瑗
老牛基金会
程会田

摘　要

随着国民财富的增加与积累，我国社会慈善需求日益旺盛，在《中华人民共和国慈善法》（以下简称《慈善法》）及《慈善信托管理办法》相继实施的背景下，慈善信托正显示出强大的生命力。然而，信托财产登记制度的不够完善对开展多种财产类型的慈善信托形成了障碍，慈善信托的发展亟待信托财产登记制度的出台，从而保障慈善目的的实现、保障慈善信托财产安全、保障慈善信托受益人权益。在本文中，基于对我国信托制度的分析以及英美日等国家信托财产登记制度的借鉴，我们对如何建立我国的慈善信托财产登记制度提出了建议，主要涉及慈善信托财产登记的效力模式、信托财产登记范围、登记方式及主体、登记类型和登记内容等方面。此外，考虑到现实中以不动产、股权设立慈善信托的潜在需求较多，我们对以不动产及股权设立慈善信托的财产登记问题进行了专门设计。

关键词：信托财产　慈善信托财产　信托财产登记　慈善信托财产登记

一、慈善信托财产登记的内涵、功能及比较

（一）慈善信托财产登记制度的基本释义

1. 信托财产登记及慈善信托财产登记的内涵

（1）慈善信托的含义和基本特征

根据《信托法》，委托人、受托人、受益人可在我国境内开展民事信托、营业信托、公益信托三类信托活动。慈善信托属于公益信托的范畴，根据2016年9月1日正式实施的《慈善法》：慈善信托属于公益信托，慈善信托是指委托人基于慈善目的，依法将其财产委托给受托人，由受托人按照委托人意愿以受托人名义进行管理和处分，开展慈善活动的行为。慈善信托具有区别于其他信托的三个基本特征：第一，慈善活动是委托人为了慈善目的而设立的信托；第二，慈善信托的受益人是不特定的；第三，慈善目的必须具有公益性①。此外，根据《慈善法》，委托人设立慈善信托，可以选择慈善组织或信托公司担任受托人。慈善信托设立后，受托人应当在慈善信托文件签订之日7日内，将相关文件向受托人所在地县级以上人民政府民政部门备案。

慈善信托业务由民政部负责监管，目前开展慈善信托业务的主体主要是信托公司，在银监会组织召开的2016年信托业年会上，银监会根据资金运用方式兼顾资金来源为标准，把信托业务划分为八大类，其中之一便是“公益信托和慈善信托”，对于信托公司而言，慈善信托业务需要同时接受民政部和银监会的监管。

自2016年9月1日《慈善法》出台以来至2017年10月底，我国共有17个省份成功备案了49单慈善信托。49单慈善信托中信托公司担任单受托人的有41单，慈善组织担任单受托人的有2单，以信托公司和慈善组织

① 中国信托业协会：《慈善信托研究》，北京·中国金融出版社，2016年版。

共同担任受托人的有6单。慈善目的涉及扶贫、教育、文化、环保、救济、医疗、科学技术等公益慈善领域。

（2）信托财产登记与慈善信托财产登记

由于慈善信托属于公益信托，在信托财产登记方面，需要遵循《信托法》中关于信托财产登记的相关规定。目前，我国营业信托主要开展的资金信托业务，主要体现的是信托在理财方面的功能。而从慈善事业发达的英美国家来看，慈善信托是和慈善捐赠并行的一种慈善工具，主要体现了信托在服务社会公共需求方面的功能。相比于营业信托，以非货币财产设立慈善信托的潜在需求可能会更为旺盛，这主要因为用于慈善捐赠的财产类型是多样化的，不仅仅限于资金，还包括股权、不动产、实物等。因此，相比于其他类型的信托业务，慈善信托的发展更迫切需要信托财产登记制度的支持。

信托财产登记是指将财产设立信托的事实通过登记予以公示[①]。顾名思义，慈善信托财产登记则是将财产设立慈善信托的事实通过登记予以公示。慈善信托财产登记和信托财产登记本质上并无差异，但是从逻辑上来讲，只有先建立信托财产登记制度，才能谈得上具体落实慈善信托财产登记。在讨论慈善信托财产登记问题时，首先要从信托财产登记研究入手。

信托制度是英美国家普通法和衡平法下“一物多权”的产物，但在作为信托制度起源地的英国，并没有信托财产登记制度，信托财产登记制度是由大陆法系国家在引入信托制度时所创设的。信托制度在引入大陆法系国家后，失去了衡平法的土壤，在其“一物一权”的制度体系下，如何体现信托财产所有权能分离的本质属性就成为这些国家引入信托制度所需要考虑的问题。日本、韩国等大陆法系国家的做法就是在信托法中直接通过法律条款赋予信托财产的独立性，并明确信托财产要进行登记。

信托财产登记是财产登记在信托领域的延伸和具体发展，信托财产登记的目的在于使第三人知晓该财产为信托财产，用以保障信托安全、保障受益人、第三人的财产权益及交易安全。我国属于大陆法系国家，不具有

① 周小明：《信托制度：法理与实务》，北京·中国法制出版，2012年版。

英美法系中对开展信托进行保障的信托精神、衡平法土壤等，所以“在我国，信托登记制度是信托制度的组成部分，它不能脱离信托制度而独立存在并对经济生活发生作用”①。具体到慈善信托来讲，出于保护慈善信托受益人权益、实现慈善目的的需要，在慈善信托开展中进行信托财产登记显得尤为重要。慈善信托登记可以将信托财产与受托人固有财产以及其他受托财产的区分进行明示，实现了慈善信托财产独立性。

在日本及我国台湾地区，信托财产登记建立在信托财产权属转移的基础之上。日本《信托法》第一条，“本法所称信托，系指有财产权转让和其他处理行为，令别人遵照一定的目的进行财产管理或处理。”台湾信托相关规定第一条，“称信托者，谓委托人将财产权移转或为其他处分，使受托人依信托本旨，为受益人之利益或为特定之目的，管理或处分信托财产之关系。”因此，在日本及我国台湾地区，信托财产登记具有双重性，即信托财产登记包含了两项登记行为：一是信托财产权属的转移登记；二是信托财产和信托内容的登记。这两项登记依托权属登记机构在同一程序下进行。

我国的信托财产登记规定见于《中华人民共和国信托法》（以下简称《信托法》）第十条：对于信托财产，有关法律、行政法规规定应当办理登记手续的，应当依法办理信托登记。未依照前款规定办理信托登记的，应当补办登记手续；不补办的，该信托不产生效力。《信托法》关于信托财产登记的规定是我国目前信托财产登记的法律制度基础。但我国的《信托法》并未明确规定委托人要将财产权转移给受托人，而是采用了“委托人基于对受托人的信任，将其财产权委托给受托人”的表述，这就使得理论上我国的信托财产登记不一定是要建立在信托财产转移的基础上（关于信托财产转移是否是信托财产登记的前提条件，目前在学术界尚存在争议）。也就是说，不管信托财产权属是否转移，信托财产在谁名下，只要将该项财产登记为信托财产，表彰其作为信托财产的独立性就可。

① 刘世国、高凌云、周天林：《信托登记法律问题研究》，载《政府法制研究》2009 年第 1 期。

但是考虑到我国《信托法》中对受托人设定的诸多义务以及信托业务实践的需要，以信托财产的转移为前提讨论信托财产登记制度设计可能更为合理。我国《信托法》的核心逻辑主要是约束受托人，《信托法》第四章第二节中涉及受托人的规范是第十九条，其中第十五条是对受托人的义务进行设定，与这些义务相应的是受托人的受托责任，如果信托财产不在受托人的名下，受托人无法以自己的名义主张对信托财产的管理和处分权利，受托人履职的能力就会受到限制，并可能因此承担大量未尽职的责任风险，这对于信托关系中的当事人都是不利的，基于此，在本文的理论分析中，我们主要是以信托财产转移为基础来研究信托财产登记，继而研究慈善信托财产登记制度的设计，在具体制度设计以及实践中，由于诸如不动产这类财产在转移中将要涉及高额税负，从现实可行性的角度考虑，我们也基于财产不转移的情形提出了相应建议。

2. 慈善信托财产登记制度的主要内容

(1) 慈善信托财产登记的效力模式

信托财产登记的效力模式是指信托财产登记行为的法律效果。物权登记在公示效力上具有两种模式，一种是登记对抗主义；一种是登记生效主义。相应地，信托财产登记也存在两种效力模式。在登记对抗主义下，信托关系在信托财产委托给受托人时就已经成立，而信托财产登记公示与否对信托的设立不产生任何影响，信托财产登记仅产生对抗第三人的效力。登记生效主义则更加严格，根据登记生效主义的理论，信托设立时未经信托财产登记的，信托不能产生效力。在登记生效模式下，信托财产登记对信托关系内部和信托关系外部均发生效力，产生影响。在大陆法系的日本、韩国以及我国台湾地区，对于信托财产登记都是采取登记对抗主义。而根据我国《信托法》第十条的规定，设立信托，对于信托财产，有关法律、行政法规规定应当办理登记手续的，应当依法办理信托登记。慈善信托作为信托业务的一种，也要遵循《信托法》第十条关于信托财产登记的规定。如果一个慈善信托的信托财产是“有关法律、行政法规规定应当办理登记手续的”财产，则应当办理信托财产登记，不办理登记的，信托不产生效力。我国采取的是登记生效主义。

（2）慈善信托财产登记制度的构成

完整的信托财产登记体系应该包括信托财产登记的范围、登记内容事项、登记机构、登记申请主体、登记程序等要素，慈善信托财产登记也应包括以上要素。

慈善信托财产登记范围是指应进行信托财产登记的财产类型，即以哪些财产设立慈善信托应进行登记。日本《信托法》规定“关于应登记或注册的财产权，在信托时如无登记或注册，则无法对抗第三者”；我国台湾地区信托相关规定中规定“以应登记或注册之财产权为信托者，非经信托登记，不得对抗第三人”。这两者在对于哪些财产应进行信托财产登记的原则性界定上是一致的，只不过因对于哪些财产应登记或注册有不同的规定，在具体的信托财产登记类型上有差异。我国《信托法》第十条“对于信托财产，有关法律、行政法规规定应当办理登记手续的，应当依法办理信托登记”的规定也是借鉴了上述国家或地区立法。

信托财产登记机构是指负责办理信托财产登记的主管机构，从境外开展信托财产登记的国家和地区来看，一般都是依托已有的权属登记机关开展信托财产登记。依托已有的权属登记机构办理信托财产登记的好处是可以避免“一物双重权属”的现象，降低信息获取的成本，而且从税收监管的角度而言，有助于区分一般的财产转移和慈善信托财产转移的税费，利于国家对税收的征管。

慈善信托财产登记类型不仅仅包括慈善信托设立时的登记，还应包括慈善信托存续期间的变更登记以及慈善信托终止登记，这是因为慈善信托从设立到期间管理、终止等各个环节都可能会涉及慈善信托财产的转移变动问题，仅仅对慈善信托设立环节进行登记不能全面反映慈善信托财产的状况。

慈善信托财产登记程序主要是指申请办理慈善信托财产登记的流程，具体包括提交登记申请材料、填写登记申请表、受理及审查规则、出具登记证明文件等。

慈善信托财产登记制度要可落地操作，离不开上述各项内容的明确和完善，只有构建完整的符合本国实际的慈善信托财产登记制度体系，慈善信托财产登记制度才能有效发挥其功能。

（二）信托财产登记制度的功能

1. 信托财产转移确认

在要求财产转移的情况下，信托财产登记可以确认信托财产已经从委托人名下转移至受托人名下，说明该项信托财产已经完成交付，成为信托财产。对于一个信托来说，信托制度提供了财产隔离、风险隔离的功能，对于慈善信托来讲，其目的在于实现社会公益慈善目的，信托财产的独立性以及风险防范就显得更加重要。进行慈善信托财产登记可以确认信托财产的权属变动，公示慈善信托财产的独立性。受托人接受委托对慈善信托财产进行管理和处分，为了保证受托人的尽职尽责，可以通过慈善信托合同来约定相关事项，但是仅有这些是不够的。由于慈善信托财产所有权与收益权的分离设计模式，使得受托人有超越权限处分慈善信托财产的可能，也有混同信托财产和自有财产的风险，而慈善信托财产登记公示了信托财产的独立性，可以有效规避这种受托人的管理道德风险，可以更好地保障信托财产的有效运作。

2. 公示、保护第三方交易安全

信托财产登记可以对信托财产起到公示的作用，而信托财产公示则可以保护信托安全，保护受益人、第三人等的财产权益。根据我国《信托法》的规定，信托财产登记是信托成立生效的必要条件，对于不动产以及特殊类型的动产例如车辆、船舶等，必须进行登记，信托方可设立生效。根据信托财产登记中登记对抗主义的要求，不进行信托财产登记则不能对抗善意第三人。基于此，无论是登记生效主义还是登记对抗主义，信托财产登记制度都体现了对委托人财产权、受托人管理权以及受益人信托权益的确认和保护，充分表明了信托财产登记制度对信托当事人安全保护方面的价值。

3. 为信托财产独立性提供保障

信托财产的独立性是《信托法》所规定赋予的，在信托法律关系中，信托财产处于核心地位，信托财产的独立性通过信托财产登记制度进行外化，具有对世效力。根据《信托法》，信托财产的独立性主要包含三层含义，一是指信托财产独立于委托人的其他合法拥有的财产；二是指信托财产独立于受托人的固有财产以及其他受托信托财产；三是指信托财产独立于受益人的财产。对于大陆法系的信托制度来讲，失去衡平法依托的信托没有了“二元所有权”理论的支撑，信托制度中的财产权利归属与大陆法系中的“一物一权”原则相冲突。由此，大陆法系国家创设了信托财产独立性原则，使得英美法系信托核心理念在大陆法系物权理论基础和制度框架下得以发展。

在大陆法系法律制度下，信托财产的独立性需要信托财产登记制度予以保障。信托财产独立于信托制度本身，可能被恶意利用损害他人利益，因此，需要寻求这么一种方式，实现信托财产与信托当事人的自有财产相区分，并使得这个事实能被公众所知晓，使信托财产为外部所知，在外部也能保持其独立性。在信托财产登记制度下，可以对受托人进行监督，使得受托人在以自己名义管理信托财产时，在法律上能将信托财产与受托人的固有财产以及受托人受托管理的其他信托财产相区别开来。因此，信托财产登记制度是信托财产独立性的必然要求。

综上，信托财产登记具有信托财产转移确认、公示保护第三方交易安全以及为信托财产独立性提供保障的功能。而对于慈善信托来讲，基于实现慈善目的、保障慈善财产独立性以及保护慈善信托受益人权益的需要，慈善信托财产登记则显得非常必要而又迫切。

（三）信托财产登记与一般财产登记的比较

在《信托法》和《物权法》中，分别规定了信托财产登记与物权登记。《物权法》对于物权登记中的登记客体、登记机构、登记申请材料、登记程序以及登记效力等做了全面的规定。而《信托法》对于信托财产登记的规定只是具文，信托财产登记的具体配套制度一直处于空白状态。信托财产登记与一般财产登记在属性上存在本质差别，但两者又存在密切的关联性，两者的区别联系具体表现如下。

一是登记对象不同。根据《物权法》的规定，一般财产登记的对象是不动产和部分特殊动产。根据《信托法》的规定，设立信托，对于信托财产，有关法律、行政法规规定应当办理登记手续的，应当依法办理信托登记。信托财产登记的对象是信托财产，《信托法》中只是对《物权法》中规定必须进行登记的财产要求进行信托登记，对于没有纳入《物权法》一般财产登记范围的其他财产没有强制要求进行登记。

二是登记作用不同。在我国的物权制度下，一般财产登记的作用在于对物权权属变动进行公示，包括物权的设立、转让、变更和消灭。但信托财产登记的作用是公示信托财产的独立性，保护信托交易安全。

三是登记效力不同。根据我国《物权法》的规定，一般财产登记针对不动产和特殊动产等不同的登记客体，分别采取了登记生效主义和登记对抗主义的法律效力。但是根据我国《信托法》的规定，信托设立时，不进行信托登记的，信托不生效，由此，我国的信托财产登记采用的是登记生效主义。

四是信托财产登记具有自身独立性，并不完全附属于财产登记。虽然，在日本及其他大陆法系国家和地区的信托实践中，信托财产登记是财产权属登记和信托登记这两项行为的统一体，也就是说，信托财产登记以财产权属登记为基础。但是，信托财产登记也具有其自身的独立性，信托财产登记从其本质上来讲并不是一种物权权属的登记，而是一种特别登记，也即通过信托财产登记证明信托财产具有独立性，信托财产登记并不是一定要依附于财产权属登记，而是可以与其相区别和独立。

（四）信托财产登记与信托登记的区别

信托登记是指信托登记公司对信托机构的信托产品及其受益权信息、银监会规定的其他信息及其变动情况予以记录的行为。2016 年 12 月，中国信托登记有限责任公司成立；2017 年 8 月 25 日，银监会正式发布《信托登记管理办法》，从9月1日起，信托行业正式启动信托登记试点。信托登记主要是对信托产品及受益权信托的登记，其与信托财产登记存在较大的区别，需要将两者进行清楚区分。

一是登记对象不同。根据《信托登记管理办法》，信托登记的对象是信托机构的信托产品及其受益权，由于目前我国的信托机构只有信托公司这一类，因此当前信托登记的对象主要是指信托公司的营业信托产品及其受益权，具体包括信托产品名称、信托类别、信托目的、信托期限、信托当事人、信托财产、信托利益分配等信托产品及其受益权信息和变动情况等。信托财产登记的对象是以按照法律法规规定应进行登记的财产类型设立信托所形成的信托财产，信托财产是区别于物权的一种特殊财产类型。信托财产登记应涵盖所有信托业务类型，包括营业信托、民事信托与公益/慈善信托。

二是登记的机构不同。信托登记的主体是经国务院批准、专门为办理信托登记而设立的专门机构即中国信托登记有限责任公司，而对于信托财产登记的机构，我国现有法律尚未明确信托财产登记的主体机构。

三是登记的功能不同。信托登记的目的：一方面是集中统一展示信托产品，便于投资者掌握信托产品的权威信息，保障投资者的权益；另一方面信托登记也是对信托行业进行监管的需要。在建立信托登记制度之前，信托公司根据监管要求均须向所在地监管部门进行信托产品的备案，而在信托登记正式推行后，信托公司进行的信托预登记申请将取代之前的监管报备，各地监管局也将直接通过信托预登记系统对信托业务履行监管审查职责，以此监督信托公司依法合规开展经营。而信托财产登记的功能主要是公示信托财产，表彰其独立性，保障受益人和第三人的利益，保护交易安全。

四是登记的效力不同。根据《信托法》，我国对于信托财产登记采取登记生效主义，信托财产登记与否，既影响信托内部关系是否生效，也影响其对外是否可以对抗第三人。信托登记由银监会出台的部门规章进行规范，《信托登记管理办法》规定信托机构开展信托业务，应当办理信托登记，也就是说对于信托产品及其受益权的信息强制要求进行登记，登记属于部门规章要求，登记与否影响的是业务开展的合规性，但不会影响信托的内外部关系。

二、信托财产登记制度现状及问题

（一）我国信托财产登记制度现状

自2001年《信托法》颁布实施，信托这一特殊的财产法律制度已经在我国落地生根16年。作为从英美法系国家移植过来的制度，信托制度在其他大陆法系国家和地区经过较长时间的磨合与创新，已经相对比较成熟和完善，然而在我国，关于信托的立法仅限于《信托法》，配套的信托财产登记制度、信托税收制度等制度体系还一直处于缺失的状态。就信托财产登记制度而言，目前仅有《信托法》第十条对其进行了简单的规定，再无其他法律法规涉及，未来还亟待完善。

1. 信托财产登记采取登记生效模式

我国《信托法》第十条规定："设立信托，对于信托财产，有关法律、行政法规规定应当办理登记手续的，应当依法办理信托登记；未依照前款规定办理信托登记的，应当补办登记手续；不补办的，该信托不产生效力。"我国的信托财产登记采取的是登记生效主义。按照这一规定，信托财产登记是信托的生效要件。具体来看，信托设立时，对于法律、行政法规规定应当办理登记手续的财产作为信托财产设立信托的，应当办理法定的登记手续。如果不办理，则信托法律关系不能生效，更谈不上对抗第三人的效力。

2. 信托财产登记范围不明确

根据《信托法》第十条的规定，以法律、行政法规规定应当办理登记的财产设立信托时，应办理信托财产登记。按照《中华人民共和国物权法》《中华人民共和国知识产权法》《不动产登记暂行条例》等相关法律规定，应当办理权属转移登记手续的财产类型主要包括不动产，飞机、船舶及飞行器等特殊动产、知识产权等，但是上述法律、行政法规并未考虑以这些财产类型设立信托时的登记问题，也就是现有财产登记制度体系中没有考虑信托财产这一特殊财产类型，哪些财产应进行信托财产登记也没有明确。

3. 登记机构主体不明确

关于信托财产登记的规定，目前仅出现于《信托法》第十条中，但《信托法》第十条只是对信托财产登记问题进行了原则性规定，对于由什么机关负责信托财产登记、如何登记似都没有明确规定。

2016 年 12 月，中国信托登记有限责任公司成立，为信托产品提供统一规范的流通平台。根据银监会的批复，中国信托登记有限责任公司可以经营的业务范围为：①集合信托计划发行公示；②信托产品信息及其信托受益权登记，包括：预登记、初始登记、变更登记、终止登记、更正登记等；③信托产品发行、交易、转让、结算等服务；④信托受益权账户的设立和管理；⑤信托产品及其权益的估值、评价、查询、咨询等相关服务；⑥信托产品权属纠纷的查询和举证；⑦提供其他不需要办理法定权属登记的信托财产的登记服务。可以看出，中国信托登记有限责任公司的业务范围主要是信托产品登记（包括慈善信托产品的登记），对于信托财产登记，仅仅“提供其他不需要办理法定权属登记的信托财产的登记服务”，并不能为信托财产登记以及慈善信托财产登记充分提供平台。

（二）信托财产登记制度不完善可能带来的问题

关于信托财产登记制度，我国《信托法》第十条仅笼统规定应当办理登记，除此之外，再无其他任何具体的实施细则，致使在实际操作过程中出现困难。由于无法开展信托财产登记，信托制度的功能优势被抑制，财产信托发展滞后，慈善信托财产类型也很单一，直接阻碍了信托制度在我国的运用。

1. 信托制度的功能优势无法得到有效体现

信托是一种财产转移和财产管理制度，信托制度的核心在于可实现财产所有权的分离，即受托人拥有财产的占有、使用和处分权（名义所有权），受益人拥有财产的实质收益权，信托财产具有独立性。信托财产的独立性是信托制度的内在特性，也是信托制度的优势所在，正是因为这一制度优势，使信托具备了最具吸引力的功能——破产隔离功能。

根据《信托法》的规定，信托财产独立于委托人未设立信托的其他财产，也与受托人的固有财产相分离，信托一旦设立，其不因委托人或受托人任何一方的死亡、被解散、被撤销、被宣告破产而终止，除非委托人为信托的唯一受益人。因此，委托人拿自己合法财产设立信托，在信托存续期间，委托人破产，该信托财产不被列为清算财产，债权人是不能追及并要求用来清偿的。但是，如果没有信托财产登记制度的保障，信托的这一破产隔离功能就不能得到很好的发挥。

虽然信托财产的独立性是《信托法》所赋予的，自信托设立之初便产生，其与信托财产的公示是两个问题，但“物权的绝对效力不但要求对物权种类进行界定，而且要求物权的具体种类具有可识别性”，信托同理。信托财产的独立性要全面发挥其作用，不仅仅是对信托关系内部具有独立性，还需要通过公示使其对外产生公信力。由于信托财产登记制度的缺失，导致信托财产对外公示效力大大减弱，从而限制了其破产隔离功能的应用。

2. 信托财产类型单一

综观各国信托制度的发展，信托财产不应仅仅限定在资金（现金）上。从《信托公司管理办法》也可发现，可以设立信托的财产包括资金、动产、不动产、有价证券以及其他财产和财产权。然而在我国，由于信托财产登记制度的不完善，我国信托业务类型主要以资金信托为主，财产信托发展滞后。根据中国信托业协会发布的数据显示，虽然近些年财产信托的绝对规模持续增长，从2013年年底的约0.59万亿元增加到了2017年第二季度末的3.51万亿元，但其在行业管理资产规模中的占比仍然只有15.18%，而且这其中绝大部分是以应收账款、信贷资产、信托受益权等财产权利设立的信托，直接以不动产、股权等设立的财产信托还非常少，这表明我国的信托业务类型还有待进一步丰富，信托的运用领域和范围还亟待拓宽。

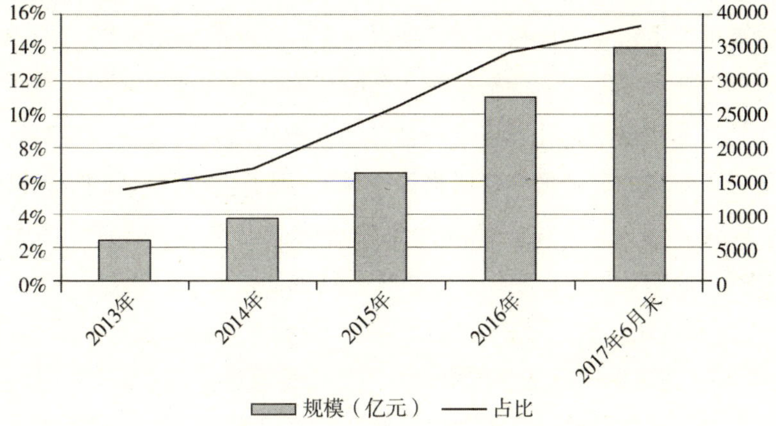

图 1　信托行业管理的财产权信托规模及占比

数据来源：信托业协会。

信托制度具有破产隔离的先天优势，但是还有赖于信托制度内部的具体制度——信托财产登记来保障信托财产破产隔离。从信托当事人的内部关系角度而言，对应当办理登记的财产没有进行信托登记，信托法律关系成立但尚未生效，无法产生法定的信托效果，信托财产的独立性并未得到法律的认可，委托人可因信托未生效而取回信托财产，受托人无权处分、管理信托财产，受益人也不享有受益权。从外部关系角度而言，因为信托尚未生效，受托人在与第三人交易信托财产的时候属于无权处分，委托人可根据民法上的无权代理和物权的追及效力从第三人处要回信托财产。第三人也有权对尚未生效的信托财产主张权利，通过法律手段冻结、查封、保全委托人未进行信托登记的资产。基于以上原因，非资金形式的信托业务在我国的发展受到了极大的限制。特别是股权、不动产等财产设立信托的时候，因信托财产登记制度的缺失，无法受到法律的保护。

2016 年 9 月 1 日《慈善法》实施以来，信托公司在慈善信托领域做出了积极的努力，截至 10 月底，全国共有 49 单慈善信托完成备案。而从财产类型来看，目前慈善信托主要以现金为主。在 49 单慈善信托中，资金信托共46单，1单股权慈善信托，1单受益权慈善信托，1单艺术品慈善信托。其中股权慈善信托由国投泰康信托于2017年4月在北京备案设立，名称为“国投泰康信托2017年真爱梦想2号教育慈善信托”，信托财产为委托人持有的非上市企业股权，信托期限5年。艺术品信托为2017年9月7日由万向信托成立的“万向信托——艺酷慈善信托”，“万向信托——艺酷慈善信托”由一名机构委托人及一名自然人委托人共同设立，首期信托财产为委托人收藏的著名画家曹彬画作41幅，用于包括但不限于发展教育、科学、文化、体育、卫生、环境及其他社会公益事业，扶贫、济困、扶老、救孤、恤病、助残、救助灾害事件及其他公益活动，截至2017年9月7日，“万向信托——艺酷慈善信托”项下委托人共交付资金0.85万元及画作41幅，在之后的日常管理中，万向信托将通过在艺术品市场投资各类艺术品，以另类投资的形式实现信托财产的保值增值。信托受益权慈善信托由万向信托于2017年9月设立，名称为“幸福传承慈善信托”，该慈善信托是我国首个双层信托模式的慈善信托，设立目的为促进和弘扬家族传承文化发展。具体模式为中华遗嘱库管委会主任陈凯律师首期出资200万元设立第一层信托，主要目的是保值增值，并将其全部收益置入第二层信托，第二层信托为慈善信托。这样做的好处是，可以让第一层信托的管理人专心做投资，避免因为慈善资金偏重安全性的特点而限制投资品种和投资方向的选择，更好地提高收益率，又可以让第二层信托专注于做慈善，其资金来源由第一层信托解决，使得第二层信托的管理方免除了因投资和资金来源而产生的后顾之忧，真正做到永续慈善。另外，该信托基金接受多种形式的捐赠，除了现金形式捐赠，还可以通过在中华遗嘱库订立遗嘱，或将保单受益人指定为该慈善基金的形式进行捐赠。信托基金还为捐款人设置保障机制，如委托人发生重大疾病或人身意外导致经济困难，可以申请从第一层基金中退出。

由此可以看出，目前的慈善信托财产类型绝大部分仍为现金类财产，但信托公司也在尝试更加多元的财产类型设立慈善信托。从目前慈善信托的发展来看，慈善信托财产类型还有待增加，慈善信托财产范围还有待扩容。

同时，从监管制度层面来看，2017年7月7日，银监会和民政部联合印发《慈善信托管理办法》，从慈善信托的设立、备案、慈善信托财产的管理和处分、慈善信托的变更和终止等方面对慈善信托的开展进行规制，基本建立了慈善信托制度体系，为我国慈善信托落地生根提供了制度保障。但是，《慈善信托管理办法》似乎也还有一些不足有待完善，例如仅有3处提到了非资金财产形式的慈善信托，而对于具体的非资金形式慈善信托的财产保管等问题并没有详细的执行制度，未来一方面有待于非资金形式慈善信托的不断出现，更重要的则在于非资金形式慈善信托相关制度的完善。

3. 非交易过户登记制度缺失导致慈善信托税收机制不完善

由于信托财产登记制度的缺失，对应当登记的财产信托公司在开展业务时只能通过合同法或物权法意义上的转让持有信托财产，在过户的税费及登记机关的审批等方面都面临较大的障碍。

信托财产登记的目的与物权登记的目的不同，物权登记的目的在于将物权设立、变更、转移、消灭的状态公之于众，以便保护善意第三人的利益，而信托财产登记的目的，主要是为了公示信托财产独立性，平衡受益人与善意第三人之间的利益，为其财产隔离的功能提供公信力。因此，其在设立过程中，如果采取普通物权公示的方式进行登记，会产生不必要的税负。缺失非交易过户登记制度对于慈善信托的阻碍尤为明显。

慈善信托被视为信托公司的一项本源业务。慈善信托是和慈善捐赠并行的一种行善方式，最能体现信托制度的普惠性特点，用于设立公益慈善信托的财产可以是资金，也可以是股权、不动产等非货币财产。从欧美国家慈善信托的发展来看，以股权设立信托的例子较多。但目前国内的慈善信托绝大部分以资金设立，股权慈善信托至今仅推出了一单。由于我国不支持信托的非交易过户登记，以股权设立信托要视作转让行为并就公允价值超出原始成本的部分缴纳税费，这直接导致国内的一些企业家只能选择去境外设立股权慈善信托，不利于信托制度在我国慈善事业领域的运用和推广。

4. 不利于保障慈善信托慈善目的的实现

慈善信托财产登记制度的缺失不利于保障慈善信托慈善目的的实现。慈善信托财产登记制度的缺失，不利于保障慈善信托交易安全。交易安全可以从两个方面理解：一方面是委托人、受益人与受托人的内部信托关系层面；另一方面是信托当事人与外部第三人之间的法律关系层面。在内部信托关系层面，信托财产独立于受托人的固有财产，对信托财产进行登记公示，有利于防范受托人在管理信托财产的过程中出现道德风险。在信托当事人与第三人的外部法律关系层面，通过慈善信托财产登记公示，外部善意第三人能够通过查询公示信息，得知慈善信托财产的权利归属及状态，从而决定是否就该财产与相关交易对手进行交易，最大限度地避免委托人或受益人行使撤销权或者追索权，导致交易的不确定性增加。同时，对慈善信托财产登记公示，有助于防止委托人通过设立慈善信托逃避债务的行为发生，债权人可以及时对委托人不当设立信托行为提出异议，以保护自己的债权。可以看出，慈善信托财产登记可以增加慈善信托运行管理的透明度。然而，我国的慈善信托财产登记制度仍处于立法空白阶段，不利于保障慈善信托慈善目的的实现。

三、境外信托财产登记制度

（一）境外信托财产登记制度情况

1. 英国的信托财产登记制度

慈善信托起源于英国，英国的信托制度经过了几百年的发展，在制度体系上成熟发达。和大陆法系注重信托形式要件不同，对于大陆法系的信托制度发展具有借鉴意义。

英国的信托法大部分体现在衡平法之中，信托法规范具体表现形式为判例。由于英美法系传统上对法律形式要件的要求不像大陆法系那样多，因此，关于慈善信托财产登记的内容也并未显著体现于英国的信托制度中。在信托效力上，英国有著名的“三个确定性要求”，包括了目的的确定、信托财产的确定和受益人的确定。在对于第三人利益的保护上，则遵循衡平法的知情原则和善意买受人原则。基于此，英国的信托制度中并没有关于慈善信托财产登记的专门规定。

考察英国的法律制度，与信托有关的登记制度散见于土地登记制度中。早期英国的法律制度中并不存在土地登记制度，因为所有的土地都是属于英国国王。1862 年，英国《土地登记法》（*Land Registration Act*）颁布，并在其中引入托伦斯登记制。1862 年英国《土地登记法》规定在伦敦地区所有的土地交易必须登记，而对于其他地方的土地交易则没有进行强制性要求，当事人可以自愿选择是否进行初次登记。1925 年，英国对《土地登记法》进行了修改，将土地登记的强制性地区扩展到了所有的地区，规定在该法颁布之后发生的土地交易均须进行登记。

目前在英国，英格兰地区所有的土地都进行了登记。2002 年，英国新的《土地登记法》将已登记的土地上的权益划分为可登记权益、应通过登记处分的其他权益、可登记的其他权益以及具有优先力的非登记权益四种权益类型。托伦斯登记制度下，土地信托上的受益权属于次要权益。2003 年，英国的《土地登记规则》规定，已经登记土地的受托人必须向登记机关申请对该信托土地进行限制性登记，同时，登记机关也可以在特定条件下依照职权做出土地信托限制性登记。限制性登记保障土地的买受人在进行土地交易时可以按照限制性条件而登记为土地产权的受益人，这样就可以维护土地交易的安全。对于限制性登记的效力，依照 2002 年《土地管理法》的规定，如果当事人未进行登记的，则该信托权益不能对抗有偿交易的第三人。

2. 美国的信托财产登记制度

美国的慈善信托法律渊源与英国类似，但与英国不同的是，美国自 20 世纪之初的成文法运动促成了美国信托判例法与成文法并存的格局。信托成文法包括两部法典，分别是《信托基金法典》和《统一信托法》；信托特别法案有四个，分别是《信托公司准备法》《统一信托收据法》《投资公司法》和《信托契据法》。同时，美国于1935年出版了《美国信托法重述》，虽然其并不具备法律效力，但是其中蕴含的信托制度基本原则和精神对美国信托法的发展具有重要影响。

从慈善信托财产登记制度来看，美国的信托制度中最具有相似性的是信托标注制度。信托标注制度是美国最主要的表征信托法律关系的制度，该制度具有公信力。在信托设立、变更或消灭时，受托人如果怠于履行标注义务，则将对交易第三人承担无限责任，并且信托不得对抗第三人。美国《统一信托法》规定受托人有标注信托财产的义务，受托人需要进行记录使得信托财产可以识别。美国的信托标注制度中，信托标注不仅要标注财产为信托财产，还应当标明该信托财产所属的信托法律关系。基于此，受托人需明确以受托人的名义持有信托财产，并且标注该财产是依据某特定委托人的意愿设立信托的信托财产，或者标注他是作为某一特定信托契约的受托人所持有的信托财产，也可以标注是作为特定受益人的受托人持有该信托财产。

3. 日本的信托财产登记制度

20世纪初，信托传入日本。在大陆法系中，日本最早开展了信托立法，日本于1922年颁布了《信托法》和《信托业法》，在此基础上，日本几经修订这两部法典，形成了完善并具有大陆法系特征的信托制度。

日本旧《信托法》中“信托的公告”制度是其信托财产登记制度的基础。日本旧《信托法》第三条第一款规定：“关于应登记或注册的财产权，在信托时如无登记或注册，则无法对抗第三者。”由该规定可以看出，日本信托登记采取的是登记对抗主义。应登记的财产权包括了所有权、地上权、永佃权、地役权、优先取得权、质权、抵押权、租赁权、买回权等不动产上的权利、船舶上的权利、建设机械上的权利等设有登记制度的财产权；而应注册的财产权则包括了著作权、专利权、图案设计权、实用新型专利权、商标权、矿业权、渔业权、注册国债、注册公司债等设有注册制度的财产权[①]。此外，日本旧《信托法》第三条第二款规定："关于有价证券的信托，要按照敕令的规定在证券上标明属信托财产；关于股票和公司债券的信托，则要在股东名单或公司债券底账上明确记载属信托财产，否则，无法以此对抗第三者。"根据该规定，信托财产登记的范围包括了有价证券、股票和公司债券。但是这一规定在过去实践中带来很多问题，根据该规定，如果受托人开展证券投资信托，则每一次买入和卖出证券都需要在股东名单或公司债券底账上进行登记，在实践操作中增加了很多不必要的操作，使信托证券买卖的程序变得很烦琐。基于此，在日本新《信托法》中，删除了旧法中第三条第二款的规定，对证券类信托财产不再专门要求履行标记或登记的手续。

日本的信托财产登记不仅存在于信托基本法中，其法院判例中也可看到对于信托登记的相关范例。根据日本法院的相关判例，财产的转移及其他处分的公示与信托财产的公示是相区别的，信托登记存在其自身的属性与意义。另外，日本的《不动产登记法》对不动产信托登记也进行了专门规定。日本《不动产登记法》最早于1899年颁布，在2004年进行了重新修订。在新修订完成的《不动产登记法》中，对信托登记的事项、信托登记的申请方式、信托设立登记、信托变更登记、信托消灭登记以及信托登记的申请人均进行了明确规定。信托登记的事项包括委托人、受托人、受益人、管理人以及受益人代理人的姓名或名称、住所；信托目的；信托财产的管理方法以及信托终止的事由。信托登记的申请方式中规定，信托登记申请必须与信托财产权利的变更登记同时进行。信托登记申请人中，根据该法的规定，除因信托财产权属转移需要委托人和受托人共同申请外，其余均由受托人申请信托登记。

4. 我国台湾地区的信托财产登记制度

我国台湾地区的信托相关规定是在参考日本信托法和韩国信托法的基础上制定的。关于信托财产登记的规定体现在我国台湾地区信托相关规定

① ［日］中野正俊：《信托法判例研究》张军建译，北京·中国方正出版社，2006年版，第71页。

第四条：以应登记或注册之财产权为信托者，非经信托登记，不得对抗第三人。以有价证券为信托者，非依目的事业主管机关规定于证券上或其他表彰权利之文件上载明为信托财产，不得对抗第三人。以股票或公司债券为信托者，非经通知发行公司，不得对抗该公司。

台湾地区于1996年颁布了信托法，之后针对以土地设定信托专门制定了“土地权利信托登记作业办法”，不过随着2001年台湾“土地登记规则”出台，该办法被废止，但其主要内容已经被融入“土地登记规则”之中，“土地登记规则”专门对土地权利因设立信托的登记事项进行了详细规范，其具体内容如下。

（1）信托登记主体

“土地登记规则”规定以土地权利设立信托，土地权利转移登记与信托设立登记为同一书面程序，按照其土地相关规定，台湾负责土地权利登记为地政管理机关，因此，地政管理机关也是信托登记的主管机关。

（2）信托登记形式

“土地登记规则”第一百三十条第一款规定：登载事项除应于登记簿所有权部或其他权利部登载外，并于其他登记事项栏记明信托财产及委托人之身份资料。实践操作中，则是将信托内容以“信托登记，其内容如附件”之字样标明，再将该信托契约以附件的方式附加于登记簿上。

（3）信托登记的类型

“土地登记规则”第九章对信托登记的类型做了详细的区分，包括信托设立登记、信托财产取得登记、涂销信托或信托归属登记、受托人变更登记和信托内容变更登记。

（4）信托登记方式的效力

台湾地区在信托公示制度方面采用公示对抗主义，即不登记不得对抗第三人。这里的第三人主要是指委托人、受托人、受益人、信托管理人（监察人）、信托财产管理人以外的其他任何人，特别是以各种方式与信托财产进行交易的人。

（二）境外信托财产登记制度对我国的借鉴

1. 英美法系信托财产登记借鉴的局限性

在英美法系中，依托于衡平法的信托制度与大陆法系的信托制度有着很大的差异。因为衡平法中没有绝对财产的概念，所有权并不是一个对世权利，仅仅是一个类似于占有这样的概念，因此，英美法系中的财产所有权是多元的。对于一项财产，在之上可以存在多个性质不同的所有权。基于这样一个法理，英美法系的信托制度中，受托人对于信托财产的所有权是基于普通法下的所有权，而受益人对于信托财产则享有衡平法下的所有权，两者可以同时并存。在英美法系中，双重所有权的制度和衡平法下严密的责任架构使得信托的安全得到足够的保障，美国的信托制度中还特别规定了知情原则和追踪原则，也使得信托财产的安全得到保障，间接实现了信托财产登记的作用。

虽然慈善信托起源于英美法系国家，但在慈善信托制度构建上，英国的慈善信托制度中并没有关于慈善信托财产登记的内容。美国与英国同属英美法系国家，其慈善信托制度中也没有关于慈善信托财产登记的内容，而是要求了受托人有区分固有财产和信托财产的法定义务，要求受托人通过第三方例如托管银行等单独标记信托财产，同时，受托人还需主动告知与其交易的对手信托财产的客观事实。如果受托人没有履行告知交易对手信托财产的义务，则交易对手可以通过善意取得而获得信托财产。由此，在英美法系国家，虽然没有慈善信托财产登记相关制度，但通过信托财产标记以及对受托人告知义务的规范，可以保障慈善信托的信托财产安全。

基于衡平法下受益人和第三人的利益已经得到了充分的保障，因此英美法系的信托制度中并没有专门设计的慈善信托财产登记制度。在实践中，英国、美国以及澳大利亚等国家的信托制度中都不要求慈善信托财产登记。

而从信托财产登记来看，虽然英美法系中没有特别规定信托财产登记制度，但是从具体实践来看，信托当事人设立信托时也需要履行一些登记手续，但这些登记并不是大陆法系信托制度中的信托财产登记。英美法系中的信托登记并不是以公示为目的的信托登记，其信托登记的出发点更多的是税收减免等因素。因此，英美法系的信托制度对我们开展慈善信托财产登记制度的设计并没有多少可借鉴的，值得学习的在于其信托制度的本源性原则与精神，例如保护受益人、第三人等信托制度基本原则。

2. 大陆法系信托财产登记的可借鉴性

日本新《信托法》蕴含了大陆法系国家信托制度的发展方向与基本原则，且日本以营业信托为主，与我国目前信托制度的发展现状相类似，日本的信托制度对我国具有很强的借鉴意义。同时，日本《信托法》对于信托设立时的信托财产登记采取登记对抗主义。经过登记或注册后的信托财产，如果出现受托人的不当处置时，信托的受益人有权要求撤销该处置行为并追索公益信托财产、追究受托人法律责任。我国台湾地区因为信托相关规定制定较晚，其信托相关规定总结了其他大陆法系国家信托立法的经验和教训，其经验也值得学习。

因此，在慈善信托财产登记制度的设计上，日本的做法更具有借鉴意义。比如在日本，除了在《信托法》中对信托财产登记进行明确要求外，还在相关财产的法律法规中，针对以该财产或财产权利设立信托的登记事项进行专门规范，并依托已有的财产登记转移机关来办理信托财产登记，而不是设立统一的信托登记机关，明确权属变更登记与信托登记在同一程序下进行，这样既可简化操作流程和节约操作成本，又可预防未来可能存在的冲突，使得信托财产登记的推行较为顺利，这些对于未来在我国完善慈善信托财产登记制度具有很强的参考价值。

四、完善慈善信托财产登记制度设计

（一）完善慈善信托财产登记制度的必要性

作为一种财产法律制度，信托制度具有灵活性、安全性、独立性的优势。正如我们在前面所阐述的，在大陆法系国家，信托财产登记制度是构成完整的信托制度的一个组成部分，它直接影响信托的内部或外部关系，是信托财产独立性的保障，完善信托财产登记制度设计具有现实意义。

不过，随着社会财富的积累、财富存在形态的多样化以及财产管理需求的复杂化，我国基于民法“一物一权”的单一财产制度已经无法满足社会财产管理的需要，充分利用和发挥信托这一新型财产管理制度的功能优势已成为必然趋势。信托公司目前已经意识到了要突破仅仅将信托作为融资和理财工具的狭窄运用范畴的限制，开始围绕信托制度的功能优势，拓展更多的信托本源业务，如家族信托、慈善信托、养老信托等，这一方面使得信托在财产管理方面的功能得到了更多的展现；另一方面也进一步突显出了建立和完善信托财产登记制度的必要性。

自2016年9月《慈善法》实施以来，慈善信托已经正式成为与慈善捐赠并行的一种新型的行善方式。但是从实践来看，慈善信托的数量整体还比较有限，财产类型非常单一，规模普遍偏小，这与慈善信托税收优惠政策缺乏、信托财产登记制度缺位等有关。从慈善信托的业务实践来看，现实中存在以股权、不动产、艺术品等非货币财产设立慈善信托的需求，但由于制度方面的障碍，这类慈善信托的发展还仅限于一两单的探索，无法真正做大规模，也无法满足委托人以多种财产行慈善之举的需求。建立慈善信托财产登记制度是保障慈善信托财产安全和保护社会公共利益的需要，也是进一步推动慈善信托创新发展的需要，同时还有助于监管机构对慈善信托进行监管，保障慈善信托规范发展。

（二）完善慈善信托财产登记制度的具体建议

1. 慈善信托财产登记的效力模式问题

对于我国《信托法》第十条所规定的“登记生效”条款，理论界及实务界的批评较多，这主要是因为登记生效过于严苛。从日本、韩国及我国台湾等大陆法系国家及地区来看，信托登记都是采取登记对抗主义。对于我国的信托登记应采取何种效力模式，主要有两种观点：一种观点认为应该借鉴日本、韩国及我国台湾地区的做法，将登记生效改为登记对抗，采取登记对抗主义更符合信托法理，也有利于发挥信托制度的灵活性优势；另一种观点认为不能简单一刀切地适用登记对抗主义，特定财产的信托登记效力模式应与该财产的权属登记效力模式相适应，否则就会出现不必要的矛盾①。

对此，我们认为，慈善信托财产登记采取何种效力模式，需要结合对信托财产登记的含义及功能的认识来分析。如果说信托财产登记的目的主要是对信托财产进行公示，受托人在依法办理财产转移登记之外，再办理一项具有生效效力的信托登记，其必要性是毫无疑问要受到质疑的。如果将信托财产登记理解为集财产转移登记及信托登记为一体的登记，即信托登记兼具确认信托财产权属转移及公示的功能，那么，信托登记采取与财产权属登记相同的效力模式具有其合理性，比如对于不动产，权属转移和信托登记都实行登记生效主义，知识产权的权属转移和信托登记都采用登记对抗主义，但不管财产权属登记采取何种效力模式，对信托登记一律采取生效主义则是缺乏合理性的。从日本及我国台湾地区的实务操作来看，信托财产的转移登记与信托事项的登记是在同一登记机构及同一程序下办理，但这两个登记行为在时间上还是有先后顺序的，即确认权属转移的登记在前，信托财产登记在后，在权属转移已经生效的情况下，信托财产的登记实行对抗主义即可，这样既不会影响信托关系的成立，又可实现公示信托财产的目的，保障信托财产的独立性和信托的灵活性。

不过，尽管信托登记采取什么样的生效模式是一个比较重要的问题，但耗费过多注意力在此问题上并无太大的必要。因为《信托法》的修改是一项复杂的工程，牵扯面比较广，需要很长的时间周期，信托财产登记的具体推行可以从更简单可行的环节去破局。另外，从实际操作来看，实行登记对抗还是登记生效主义在登记的具体操作流程上并无差别，因此，不需要将信托财产登记制度的推动建立在《信托法》修订的基础上，那样只会更加拖延其进程，关键是要将信托财产登记真正做起来，效力模式的问

① 周梦峰：《信托登记制度研究》，中国政法大学硕士学位论文，2008 年，第 37 页。

题可放在以后再考虑。

2. 明确慈善信托财产登记的范围

信托财产是信托关系的核心，《信托法》中关于信托成立的要件要求设立信托必须有确定的信托财产且该财产为委托人合法拥有的财产。可用于设立信托的财产类型是多样化的，根据《信托法》第十条规定："设立信托，对于信托财产，有关法律、行政法规规定应当办理登记手续的，应当依法办理信托登记。未依照前款规定办理信托登记的，应当补办登记手续；不补办的，该信托不产生效力。"目前，按照我国法律、行政法规规定，权属转移应当办理登记手续才能生效或对抗第三人的财产类型主要包括不动产，机动车辆、船舶、航空飞行器等特殊动产及知识产权，其具体的法律依据及登记效力模式见表1。

表1　按照法律法规规定需办理登记手续的财产类型

财产类型	财产登记的法律依据	效力模式
不动产	《物权法》第九条：不动产物权的设立、变更、转让和消灭，经依法登记，发生效力；未经登记，不发生效力，但法律另有规定的除外 《物权法》第十条：不动产登记，由不动产所在地的登记机构办理。国家对不动产实行统一登记制度。统一登记的范围、登记机构和登记办法，由法律、行政法规规定 《不动产登记暂行条例》第五条：下列不动产权利，依照本条例的规定办理登记：（一）集体土地所有权；（二）房屋等建筑物、构筑物所有权；（三）森林、林木所有权；（四）耕地、林地、草地等土地承包经营权；（五）建设用地使用权；（六）宅基地使用权；（七）海域使用权；（八）地役权；（九）抵押权；（十）法律规定需要登记的其他不动产权利	登记生效
特殊动产	《物权法》第二十四条：动产物权的设立和转让，自交付时发生效力，但法律另有规定的除外。船舶、航空器和机动车等物权的设立、变更、转让和消灭，未经登记，不得对抗善意第三人	登记对抗

续表

财产类型	财产登记的法律依据	效力模式
知识产权	《商标法》第四十二条：转让注册商标的，转让人和受让人应当签订转让协议，并共同向商标局提出申请。转让注册商标经核准后，予以公告。受让人自公告之日起享有商标专用权 《专利法》第十条：转让专利申请权或者专利权的，当事人应当订立书面合同，并向国务院专利行政部门登记，由国务院专利行政部门予以公告。专利申请权或者专利权的转让自登记之日起生效	登记对抗
股权	《公司法》第三十二条：有限责任公司应当置备股东名册，记载下列事项：（一）股东的姓名或者名称及住所；（二）股东的出资额；（三）出资证明书编号。记载于股东名册的股东，可以依股东名册主张行使股东权利。公司应当将股东的姓名或者名称向公司登记机关登记；登记事项发生变更的，应当办理变更登记。未经登记或者变更登记的，不得对抗第三人 《公司登记管理条例》第三十四条：有限责任公司变更股东的，应当自变更之日起30日内申请变更登记，并应当提交新股东的主体资格证明或者自然人身份证明	登记对抗

根据《信托法》的要求，如果设立慈善信托的财产是不动产，知识产权（专利权及商标权），机动车辆、船舶、航空飞行器等特殊动产，则应进行信托财产登记，对于股权，则需要区分是有限责任公司还是股份有限公司。

根据《公司登记管理条例》规定，有限责任公司的股东身份证明依赖于公司登记机关（工商行政管理部门）具有法律效力的登记记载，有限责任公司的股东名称或姓名应向公司登记机关登记，股东发生变更应通过公司登记机关办理股权变更手续，未经登记或者变更登记的，不得对抗第三人。虽然，在公司登记机关进行的登记为工商登记，不是股权权属登记，但是公司登记为股东身份的对抗证据，因此，根据《信托法》第十条的规定，以有限责任公司股权设立慈善信托的，应当办理慈善信托财产登记。股份有限公司的股份采取股票的形式，根据《公司法》第一百三十九条规定："记名股票，由股东以背书方式或者法律、行政法规规定的其他方式转让；转让后由公司将受让人的姓名或者名称及住所记载于股东名册。”第一百四十条规定：“无记名股票的转让，由股东将该股票交付给受让人后即发生转让的效力。”根据《公司法》，股份有限公司的非发起人股东并非工商登记事项，股份有限公司股份权属转移的生效要件为股东名册变更或交付，也就是说法律法规并未规定股份有限公司的股份变更必须去公司登记机构登记才可对抗第三人，因此，理论上来看，根据《信托法》，以股份有限公司的股份设立慈善信托，不需要进行慈善信托财产登记。

不过，针对以上市股份有限公司的股份设立慈善信托的登记问题还需要专门讨论。从境外来看，一般是对证券信托的登记问题进行专门的特别规定。如日本的旧《信托法》第三条第二款曾规定：关于有价证券的信托，要按照敕令的规定在证券上标明属信托财产；关于股票和公司债券的信托，则要在股东名单或公司债券底账上明确记载属信托财产，否则，无法以此对抗第三者，但由于证券投资类信托的交易频率较高，信托登记造成了较多的麻烦和不便，因此，日本的新《信托法》中已经取消该项规定，不再要求证券信托进行信托财产登记。但在我国台湾地区信托相关规定中，其第四条仍然专门规定：“以有价证券为信托者，非依目的事业主管机关规定于证券上或其他表彰权利之文件上载明为信托财产，不得对抗第三人。”按照《中华人民共和国证券法》以及《证券登记结算办法》第二十九条规定：“证券在证券交易所上市交易的，证券登记结算机构应当根据证券交易的交收结果办理证券持有人名册的变更登记。”《证券登记结算办法》第一百六十条规定：“证券登记结算机构应当根据证券登记计算的结果，确认证券持有人持有证券的事实，提供证券持有人登记资料。”结合《信托法》，以证券设立信托可以纳入信托财产登记的范畴，但是借鉴日本的经验教训，我们认为，应根据实践的需要对不同目的的证券信托进行区分对待。如果该证券信托设立的目的是以获取证券买卖价差为目的，证券交易的频次比较高，强制要求对证券进行信托财产登记就没有必要；如果该证券信托设立的目的是持有并管理，比如以股票设立员工持股信托或是慈善信托、家族信托等，股票持有期至少在一年以上，则应办理信托财产登记。

根据《信托法》第十条的规定，信托财产登记的范围应与物权法律法规要求进行登记的财产类型基本一致，不过，这也并不是说，进行权属登记的物权范围与信托财产登记的范围完全等同。比如根据《物权法》及其他相关法律法规，无论是动产还是不动产的抵押权都需要经登记才能对抗第三人，那么以抵押权设立信托也要进行信托财产登记，但是实际上，只有独立物权才可以设立信托，抵押权只是从属物权，抵押权虽然按照法律法规规定需要进行登记，但它不能作为信托财产，也不是信托财产登记的范围。

慈善信托属于公益信托，慈善信托的财产登记范围应遵循《信托法》第十条的规定，同时未来也需要在规范慈善信托具体开展的《慈善信托管理办法》中进行明确规定。《慈善信托管理办法》由银监会、民政部于2017年7月26日联合印发，这其中尚未涉及慈善信托财产登记的问题。如果未来建立了信托财产登记制度，则需要在《慈善信托管理办法》中明确以哪些财产设立慈善信托需要办理信托财产登记，同时应要求将慈善信托财产登记证明纳入慈善信托备案所需提交的形式审查资料清单之列。

3. 选择现实可行的慈善信托财产登记方式

目前，学术界和实务界对于信托财产登记方式和登记机构的选择，主要有两种方案：一种是建立专门的信托财产登记平台，进行集中统一登记；另一种是依托现有的物权权属登记机关，分别进行信托财产登记。我们认为，信托财产登记方式和登记机构的选择主要取决于对信托登记含义及功能的理解。广义的信托财产登记包含权属转移登记和信托财产登记两个环节；而狭义的信托财产登记仅指对信托财产进行登记公示，表明该项财产为信托财产。如果是基于狭义的理解，设立专门的信托财产登记平台在理论上是可行的；但不管是基于广义还是狭义的理解，依托现有的权属登记机关进行信托财产登记在我国更具现实可行性。

（1）集中统一登记

这种模式是指设立专门的信托登记机构，统一负责所有类型信托财产的登记事项，实现对信托财产信息的全覆盖。集中统一登记的优点在于可以建立统一登记规则和标准，也便于对信托财产登记信息进行集中管理，能够解决我国权属登记分散在各地不同政府机构、登记标准不统一、登记信息分散的问题，无论是何种类型的信托财产，信托当事人只需要在这一个机构进行登记即可，无须周旋于不同登记机构，业务开展会比较便利，效率也会比较高。因此，如果能从国家层面设立一个统一的、全国性的信托登记机构，经法律认可其登记效力可对抗第三人，实现信托登记的功能，这无疑是最为理想的模式，这不仅便于信托当事人开展相关业务，也有助于政府掌握信托财产的整体情况，更好地进行社会管理。

但是，设立专门的信托财产登记机构的前提是国家要充分意识到设立这样一个机构的必要性，而且这个机构应该是行政性质的机构，因为其承担着向社会进行信托财产公示的职能，必须具备公信力。不过，目前来看，国家层面对完善信托财产登记制度的重要性的认识还没有达到推动建立专门的信托财产登记机构的程度。有观点认为银监会新设立的中国信托登记公司或可作为信托财产登记的专门机构。但是，根据《信托登记管理办法》，其主要负责信托机构信托产品及其受益权的信息登记，其组织形式为有限责任公司，股东主要由信托公司组成，无论是从机构性质、职能定位来看，“中信登”都不符合作为一个专门进行信托财产登记的行政机构的条件。

（2）依托现有财产登记部门进行分别登记

鉴于设立专门的信托登记机构的必要性和可行性都比较低，依托现有的权属登记机构进行信托财产登记则显得更为现实。采用这一登记模式，主要还是基于对信托财产登记双重性的认识，即信托财产登记包含财产权属转移登记和信托设立（变更）登记两重行为，前者是具体的；后者是抽象的存在。在大陆法系的日本、韩国及我国台湾地区都是采取这一模式，它们都没有设立专门的信托登记机构，而是依托已有权属登记机关进行信托财产登记，无论从运营成本、便利性，还是公信力的角度来看，这一模式的优势显而易见，实际上相当于在现有物权登记制度体系中加入信托财产这一特殊财产类型。

如果我国也采纳这一模式，那么，以房屋设立信托时，应于地方不动产登记机构办理信托登记；以有限责任公司股权设立信托的，应在地方工商行政管理局办理登记；以知识产权作为信托财产的，应于地方知识产权主管机构办理登记；以机动车车辆、船舶、飞行器等特殊动产作为信托财产的，应分别在登记地车辆管理所、地方海事管理局、民用航空管理局办理信托财产登记。

但是由于目前我国除了《信托法》对信托财产登记进行了规定外，并没有出台其他配套的法规来明确信托财产登记具体应如何操作，登记范围、登记机构、登记规则等都不明确，这就使得信托登记根本无法落地操作。因此，要依托现有权属登记机关开展信托财产登记，还需要解决两大实际问题。

一是信托财产登记授权的问题。目前，各权属登记机构的登记职责范围很明确，但由于信托登记并不在它们登记授权权限范围内，各登记主管机构都无法受理信托财产登记的申请。因此，未来还需要推动国家层面明确授予各权属登记机构在其登记范畴内开展信托财产登记的权限，协调各权属登记主管部门将信托财产纳入现有的登记规则体系之中。

二是信托财产登记的规则制定问题。登记规则的制订有两种方案：其一是在国务院的层面推动制定专门的《信托财产登记条例》，明确信托财产登记的范围、登记机构和登记规则，各权属登记机构以此为依据办理信托财产的登记，这是最简单有效的方法；其二是由各权属登记机构在已有的登记制度规则中，增设信托财产登记的相关规则。

如果能够从国家层面出台一个统一的《信托财产登记条例》，无疑是最理想的，但要促使国家出台这样一个专门的法规，需要有来自社会需求层面的有力推动，要使国家充分认识到信托制度在财产管理中的独特作用，希望拓宽信托的运用范畴。从目前信托在我国社会中的影响力、社会对信托的认识以及国家对信托的重视程度来看，要达到这个层面还存在一定难度。第二种方案要全面实行的难度也很大，由于我国的物权权属登记分散在不同登记机构，各自都形成了相对成熟的登记规则体系，如果要由各权属机构分别制定信托财产登记规则，则需要与这些权属登记部门进行一一协调。比较可行的方案选择是从设立信托的需求比较旺盛的财产类型比如不动产、股权开始，先推动相关的国土资源部和国家工商行政管理总局等政府部门将信托财产登记纳入现有登记体系中，然后再逐步拓宽至知识产权、特殊动产等其他财产类型。从日本、韩国及我国台湾地区来看，它们也没有制定专门的信托财产登记办法，而是在现有物权登记规则体系下增加信托财产登记的规定。例如，日本《不动产登记法》第九十七条、九十八条对不动产信托登记的事项范围、登记方式和登记类型进行了详细规定，台湾的“土地登记规则”也对土地权利信托登记事项进行了专门规定。由于我国的信托法律体系与信托发展实践与上述国家和地区比较接近，因此，在我国依托现有的权属登记机构进行信托财产登记具有较强的可行性。

4. 规范慈善信托财产登记申请主体

信托财产登记申请主体是指应履行信托登记申请义务的主体，我国《信托法》并没有对信托财产登记申请的主体进行规范。从境外国家及地区的实践来看，一般都倾向于将登记申请的义务施加于受托人身上。如我国台湾地区信托相关规定第二十条规定：“信托业接受以应登记之财产为信托时，应依有关规定为信托登记。信托业接受以有价证券为信托者，应依目的事业主管机关规定，于证券上或其他表彰权利之文件上载明为信托财产。信托业接受以股票或公司债券为信托者，应通知发行公司。”

在登记生效模式下，信托财产登记关乎信托生效，而在登记对抗下，信托登记关乎后续信托财产的安全，由于信托财产是信托的核心，无论登记的效力模式如何，都应明确信托登记的申请义务人。

在我国，信托公司是专营营业信托业务的机构，作为专业受托人，信托公司在为受益人的利益或者特定目的管理、处分信托财产时，负有诚实、信用、谨慎、有效管理的义务。由于信托财产登记关系到信托的效力和信托财产的安全，信托公司作为受托人，申请办理信托财产登记是其受托职责所在。因此建议可在《信托公司管理办法》中对信托公司的此项业务做出如下规定，“信托业接受以应登记之财产为信托时，应依有关规定办理信托财产登记”，另外还需要明确“在信托公司违反规定没有及时履行登记义务的情形下，应由其对所造成的信托财产损失承担赔偿责任”。

在公益及慈善信托中，由于这类信托涉及社会公众利益，信托受益人是不特定的，其对于受托人的责任义务的要求比营业信托、民事信托更高，因此也应在相关法律中明确规定受托人为信托财产登记的申请义务人。对于公益信托，应在后续《信托法》修法中，在公益信托的章节中规定受托人的登记义务；对于慈善信托，则应在《慈善法》或是《慈善信托管理办法》中明确慈善信托的受托人应履行信托财产登记的义务。根据《慈善法》的规定，慈善信托的受托人可以由慈善组织或信托公司担任，未来以股权、不动产等非货币财产设立慈善信托的潜在需求会比较多，应明确规定两类受托人办理慈善信托财产登记的义务。

作为信托设立的发起人，委托人应配合受托人进行信托财产的权属转移登记及信托登记。对于委托人而言，信托登记是信托财产安全和信托目的实现的保障，协助受托人办理信托登记是毫无疑义的，出于保障信托目的实现的需要，委托人应督促受托人办理信托登记事项。在民事信托中，受托人一般是委托人选取自己信任的自然人担任，委托人和受托人在主体性质上无差别，不一定要将信托财产登记申请的义务强加于受托人身上，而是可以由双方根据信托设立的需要自由决定，由一方或是双方共同提出申请。

另外，受益人也可以作为信托财产登记的申请人。例如，在信托终止环节，受托人将信托财产转移给受益人，受益人办理财产权属登记的同时，可申请办理信托财产注销登记。但是在慈善信托中，因为其受益人不特定的特点，要求受益人办理慈善信托财产登记则显得不现实，因此，慈善信托财产登记中并不能要求受益人申请财产注销登记。

5. 明确慈善信托财产登记的内容要求

信托财产登记包括信托财产本身的登记以及信托内容登记。在依托现有权属登记机构进行登记的模式下，信托财产本身的登记和权属登记在同一程序下进行，即在将财产权转移至受托人名下后，在权利凭证及权属登记簿上注明“信托财产”的字样，以表明其为受托人受托管理的信托财产，以区别于受托人的固有财产。另外，在对信托财产进行登记公示的同时，为了便于信托当事人及相关第三方或是监管机构了解该信托财产的具体情况，知悉其背后的信托关系，应设立信托专簿，对信托内容事项进行登记。信托内容登记的事项应包括：①委托人、受托人、受益人的姓名或名称和住所；②信托目的；③约定的信托财产管理方式和受托人权限；④信托期限和终止事由；⑤信托终止时的信托财产归属。但上述信托内容登记的事项应不在公示范围内，应设置有限的查询权限。

信托财产的登记问题涉及信托运作的整个环节，不过，在我国的《信托法》第十条，有关信托登记的规定只是针对信托设立，对于信托存续期间买入的信托财产、信托结束时的信托财产变动是否要进行登记没有涉及。而从日本及我国台湾地区有关信托登记的具体制度来看，信托财产登记一般贯穿信托的整个运作周期。例如，在日本的《不动产登记法》中，明确信托登记分为信托设立登记、信托变更登记、信托消灭登记三种情形①。

对于慈善信托来讲，未来制定信托登记的操作规则时，我国也应明确信托设立、变更及终止都需要进行信托财产登记，不同情形下，慈善信托财产登记的内容分别为：

一是慈善信托设立时的信托财产登记。在慈善信托设立时，委托人向受托人转移信托财产的同时，将该财产登记为信托财产。二是慈善信托存续期间的变更登记。变更登记包括信托财产权利变更登记和受托人变更登记、信托内容变更登记。信托财产权利变更登记是指在信托存续期间，受托人买入或卖出信托财产应办理的登记，例如以信托资金买入股权或是不动产，也需要在权属变更登记时进行信托财产的登记，反映信托财产的形态变化。受托人变更登记是指在信托存续期间，如果受托人发生变更，信托财产转移至新的受托人，也需要由新受托人重新办理信托财产登记。信托内容变更登记是指除权利变更事项以外的信托合同的内容变更。三是慈善信托终止时的信托财产登记。信托终止时，信托财产需按照信托合同约

① 参见日本《不动产登记法》第100条、101条、102条和第104条。

定进行处置，如果将信托财产直接转移给受益人，那么该财产就不再是信托财产，而变为受益人的一般财产。此时，主要是做信托财产的注销登记，表明该财产已经不再是信托财产。

（三）不动产以及股权作为慈善财产的慈善信托财产登记

目前，按照我国法律、行政法规规定，权属转移应当办理登记手续才能生效或对抗第三人的财产类型主要包括不动产，有限责任公司股权，机动车辆、船舶、航空飞行器等特殊动产及知识产权。而在慈善信托实践开展中，随着我国民间财富的增长，以不动产和股权作为慈善财产设立慈善信托的需求尤为突出，因此，下面我们将以不动产和股权为例，研究以这两类财产设立慈善信托的财产登记问题。

1. 不动产慈善信托财产登记

就不动产慈善信托财产登记而言，我们在前面已经进行了介绍，日本和我国台湾地区都已经建立了成熟的不动产信托登记制度，日本的《不动产登记法》专门对不动产的信托登记进行了详细规定，台湾地区的“土地登记规则”对土地权利信托登记进行了详细规定，其土地权利转移登记与信托登记在同一程序下进行。基于与日本相同的法律体系和信托运用实践，在我国建立不动产信托财产登记制度具有可行性。

2015 年 3 月 1 日，我国的《不动产登记暂行条例》正式实施，该《条例》整合吸收了土地登记办法、房屋登记办法等有关内容，标志着对不动产统一登记制度正式实施。《不动产登记暂行条例》本身并未将不动产信托登记纳入规范的范围内，不过之后制定并于 2016 年 1 月 1 日正式颁布实施的《不动产登记暂行条例实施细则》还是为不动产信托登记预留了口子。《不动产登记暂行条例实施细则》一共 108 条，其中第一百零六条规定，“不动产信托依法需要登记的，由国土资源部会同有关部门另行规定”，这实际上相当于国土资源部认可了将不动产信托登记纳入其管辖的范畴，但后续有待和相关部门一起推动。我们建议由国土资源部会同银监会一起研究推动，在将来正式的《不动产登记条例》或是《不动产登记法》中增加不动产信托财产登记的规定，即明确以不动产设立信托时，应于所有权登记簿其他登记事项栏标注为“信托财产”，并设信托登记簿记录信托的主要内容事项，包括委托人、受托人、受益人的姓名或名称、住所，信托目的，信托财产管理方式，信托期限，信托终止事由等。

由于《信托法》并未明确要求设立信托时，委托人应向受托人转移信托财产，加之我国信托税制缺乏，转移不动产涉及高额的税负，为了增加推进不动产信托登记制度建立的可行性，按照信托财产权是否发生转移，对不动产信托登记可以有两种制度设计：第一种制度是如果信托财产权发生转移，应当首先办理不动产权利转移登记，同时办理信托登记。在此种情形下，信托财产权登记到受托人名下，为其发放不动产权属证书，而给受益人发放不动产登记证明。第二种制度是如果信托财产权不发生转移，则直接办理信托登记，信托财产的所有权仍然在委托人名下，但要在不动产登记簿上登记该财产为信托财产和信托事项，并在委托人的不动产权属证书上标注该财产已设立信托，为“信托财产”，同时为受托人发放不动产登记证明，用于证明受托人拥有该不动产的管理、运用及处分权限①。

考虑到我国目前没有专门的针对信托设立环节的税收政策，以不动产设立信托，委托人向受托人转移财产权属将视同销售，需要缴纳营业税、契税及所得税（根据我国税法相关规定，转移不动产所有权根据具体情况，需要缴纳1.5%或者3%的契税，根据不动产持有年限需要区分是否缴纳营业税，还需要缴纳不动产增值部分的20%作为所得税），不动产转移中的这些高额税负使得理性经济人一般不会选择以如此高的成本来设立不动产信托，因此，第二种制度设计可能更符合目前中国的实际。

不管信托财产是否转移，对于登记机构而言，不动产信托登记的实施其实并不复杂，可以借鉴不动产抵押登记的规定和操作流程来办，这样不会对现行登记制度造成冲击，也不会带来额外的麻烦。不动产信托登记完全可以依托现有的一套登记操作流程来做，已有的登记申请表和证书、证明样式都不需要做大的改动即可使用。不动产登记簿是活页形式，抵押登

① 蔡卫华、陈敦，《探索建立不动产信托登记制度》，载《中国土地》2016年第3期。

记就专门设了一页，可以新设一页作为信托登记簿页，这样可以节约不动产信托登记办理的成本，有利于不动产信托登记制度的顺利推行。

如果不动产权属要进行转移，则权属转移登记应和信托登记在同一程序下进行，如果不进行权属转移，则直接办理信托登记。登记的具体程序为：①申请。不动产信托登记应由委托人和受托人共同申请；②提交申请材料，主要应包括登记申请审批表、委托人和受托人的身份证明材料、不动产权属证书、信托合同文件以及法律法规要求的其他材料；③受理及审查。登记机构受理申请人的申请并审查申请材料的完整性和真实性；④登记入簿。在不动产权利登记簿中单独设页记载该不动产为信托财产，登记机构应另设信托专簿，对信托的具体事项进行记载并保留信托合同复印本作为附件；⑤发证。发放不动产权利证书和不动产登记证明。

不动产的范畴比较广，包括集体土地所有权，房屋等建筑物、构筑物所有权，森林、林木所有权，土地承包经营权，建设用地使用权，宅基地使用权等，但实践中具有设立信托需求的不动产类型主要为房屋所有权，可以选择将以不动产设立慈善信托作为突破口，推动开展不动产信托财产登记。我们建议由国土资源部先行研究制定部门规章性质的《不动产信托登记规则》，对不动产信托登记的各个方面进行详细规范，并从东部、中部及西部各选择一至两个代表性的省份，由当地不动产登记机构先行开展不动产类型的慈善信托财产登记试点，这类不动产的信托登记应依托不动产登记机构，与不动产权属登记在同一程序下进行（信托财产转移的情形），或是参照不动产抵押登记的程序进行登记（信托财产不转移的情形）。

2. 股权慈善信托财产登记试点

以股权设立慈善信托能够实现所有权和经营权的分离，有助于保持企业股权结构的稳定和保障企业持续经营。在慈善信托实践中，经常会遇到客户以股权设立慈善信托的需求。但由于目前我国的《公司登记管理条例》中没有对以股权设立信托的登记事项进行规范，实践中无法办理股权信托的信托登记业务，这在一定程度上阻碍了股权慈善信托业务的发展。

对于股权信托，应区分公司的类型来进行股权慈善信托登记试点的设计。如果是有限责任公司的股权，根据《公司登记条例》的规定，应在工商行政管理部门办理股权变更登记，未经登记或者变更登记的，不得对抗第三人。因此针对以有限责任公司股权设立信托的情形，建议由银监会向国务院提出申请，协调国家工商行政管理总局，参照《工商行政管理机关股权出质登记办法》，制定部门规章《工商行政管理机关股权信托登记办法》，明确以有限责任公司股权设立信托时，应在股东名册上标注其为受托人持有的信托财产，并在工商行政管理机关办理股权变更登记时办理信托登记，即在公司登记簿上标注该股权为信托财产。股权慈善信托登记具体要点见表2：

表2　股权慈善信托登记制度设计

登记事项	登记类型	登记申请人	申请材料	登记
（1）委托人和受托人的姓名和名称 （2）信托登记的公司名称 （3）设立信托的股份数额	（1）设立登记 （2）变更登记 （3）注销登记	（1）设立及变更登记应由双方共同申请 （2）注销登记可由受托人单方提出申请	（1）信托合同 （2）有限责任公司股东名册复印件（需加盖公司章印） （3）委托人和受托人的身份证或是主体资格证明	登记机关对登记申请应当场办理登记手续并发放登记证明。登记证明加盖登记机关的信托登记专用章

如果是以上市的股份有限公司股份设立慈善信托，则应该在证券登记结算公司进行信托登记。根据《证券登记结算办法》，证券以协议转让、继承、捐赠、强制执行、行政划拨等方式转让的，证券登记结算机构根据业务规则变更相关证券账户的余额，并相应办理证券持有人名册的变更登记。证券因质押、锁定、冻结等原因导致其持有人权利受到限制的，证券登记结算机构应当在证券持有人名册上加以标记。参照上述操作，建议由银监会协调证监会对《证券登记结算办法》进行修订，增加对以证券设立慈善信托进行信托登记的事项，在办理证券持有人名册变更登记时，应在证券持有人名册上标记该股票为信托财产。

（四）慈善信托财产登记制度设计需要注意的问题

1. 慈善信托财产登记与信托私密性的关系问题

信托制度本身具有灵活性、私密性、风险隔离的优势，这是信托在财富传承及财富管理中受到青睐的主要原因。委托人可以根据自身的需求定制信托构架，满足其在财富传承及管理方面的个性化诉求，但是在慈善信托实践中，也遇到委托人希望自己的慈善行为不为人知的情况，希望能将自己的善举保密下来。如果实行强制性的慈善信托财产登记制度，信托财产需要对外公示，并且信托的内容事项也需要在信托专簿中进行记载，这可能会违背委托人的意愿。因此，未来在慈善信托制度设计时，还需要注重保护委托人的隐私，在信托专簿登记事项上简化要求，并在慈善信托财产信息的查询权限上设置要求，如信托专簿信息的查询权限仅对信托当事人、相关第三方开放申请。

2. 完善信托税制与慈善信托财产登记制度的关系问题

财产在办理权属转移登记之前，都要求提供纳税凭证，慈善信托财产登记在我国难以操作的原因，除了现有的财产登记体系不支持信托过户登记外，最主要的原因还在于税收障碍。信托行为可以异化为转让行为来解决权属转移登记的问题，但高额税负是绕不过去的，即便是支持信托过户，也需要明确信托设立环节的税收政策。无论是信托发达的英国和美国，还是移植信托制度的日本，都针对信托设立、存续及终止的各个环节所涉及的各税种的征税问题进行了明确规定。国际信托税制的一个基本原则是“信托导管理论”[①]，即依据信托本质确定纳税，委托人将财产权转移给受托人，受托人只是名义上的所有人，信托财产及其收益归受益人所有。如果是自益信托，针对信托所课的税不应高于委托人自己直接管理、运用及处分财产所产生的税，如果是他益信托，信托本质上被视为委托人对受益人的赠予。由于我国缺乏慈善信托的税收制度，将慈善信托行为视

① 周小明：《信托税制的构建与金融税制的完善》，载《国际税收》2010年第8期。

作转让行为，导致在开展不动产慈善信托业务时，在设立和结束环节都需要缴纳营业税、契税和所有税，产生高额的重复征税问题，这个问题也同样存在于以股权作为慈善财产设立慈善信托的情形中（根据我国法律相关规定，股权转让需要缴纳股权转让合同万分之五的印花税、25%的企业所得税、20%的个人所得税以及转让非上市企业股权产生的增值税，法律对于慈善信托并没有特殊的规定，因此慈善信托财产如果是股权的话，仍然需要缴纳上述税费）。慈善信托相关的税收政策及信托财产登记制度缺失正是造成目前慈善信托财产类型单一、不动产以及股权慈善信托推动困难的原因，不利于慈善信托获得更大的发展。要在财产权属转移登记的基础上进行慈善信托财产登记，如果不先解决税的问题，各种财产类型的慈善信托就很难发展起来。

五、结语

随着国民财富的增加与积累，我国社会慈善需求日益旺盛，在监管制度逐步完善的保障下，慈善信托也正显示出强大的生命力。各种财产类型的慈善需求日益增加，股权、不动产等非货币财产作为慈善信托财产的情形不断出现。然而，信托财产登记制度的缺失对开展多种财产类型的慈善信托形成了障碍，慈善信托的发展亟待信托财产登记制度出台，从而保障慈善目的的实现、保障慈善信托财产安全、保障慈善信托受益人权益。

基于我国法律制度体系、信托业务实践等分析，并结合英美日等国家信托制度、公益慈善信托制度，我们认为，可以依托我国现有财产权属登记体系来推动信托财产登记。在信托实践中，以股权和不动产作为信托财产的情形日益增多，可以尝试从股权信托财产登记和不动产信托财产登记作为突破口，探索建立我国信托财产登记制度，并在此基础上实现慈善信托财产登记。

参考文献

[1] 蔡概还. 独立性登记：信托登记的创新途径 [N]. 上海证券报，2008-2-28.

[2] 何宝玉. 信托法原理与判例 [M]. 北京：中国法制出版社，2013.

[3] 钟向春，周小明. 信托活动中的主要法律问题与对策 [J]. 中国金融，2001 (11).

[4] 赵廉慧. 日本信托法修改及其信托观念的发展 [J]. 北方法学，2009，3 (4).

[5] 蔡概还. 信托财产的法律地位 [N]. 金融时报，2001-6-7.

[6] 梁绍淳. 中国信托登记制度研究 [D]. 华东政法大学，2010.

[7] 汤淑梅. 信托登记制度的构建 [N]. 法学杂志，2008 (6).

[8] 谢玉荣. 论我国公司股权信托存在的主要问题 [N]. 法制与社会，2012 (10).

[9] 陈敦. 我国台湾地区不动产信托登记的经验与借鉴 [N]. 北京政法职业学院学报，2015 (3).

[10] 周小明. 完善信托制度，我们还需要做什么？ [N]. 当代金融家，2017 (3).

[11] 中国慈善联合会. 2015 年度中国慈善捐助报告 [R]. 2016.